EL CORAZÓN INTELIGENTE

Conocer, sentir y entrenar
la ciencia del corazón

Juan Antonio López Benedí

EL CORAZÓN INTELIGENTE

Conocer, sentir y entrenar la ciencia del corazón

EDICIONES OBELISCO

Si este libro le ha interesado y desea que le mantengamos informado
de nuestras publicaciones, escríbanos indicándonos qué temas son
de su interés (Astrología, Autoayuda, Ciencias Ocultas, Artes Marciales,
Naturismo, Espiritualidad, Tradición...) y gustosamente le complaceremos.

Puede consultar nuestro catálogo en www.edicionesobelisco.com

Colección Psicología
EL CORAZÓN INTELIGENTE
Juan Antonio López Benedí

1.ª edición: marzo de 2009

Corrección: *Leticia Oyola*
Maquetación: *Mariana Muñoz*
Diseño de cubierta: *Enrique Iborra*

© 2009, Juan Antonio López Benedí
(Reservados todos los derechos)
© 2009, Ediciones Obelisco, S. L.
(Reservados los derechos para la presente edición)

Edita: Ediciones Obelisco S. L.
Pere IV, 78 (Edif. Pedro IV) 3.ª planta, 5.ª puerta
08005 Barcelona - España
Tel. 93 309 85 25 - Fax 93 309 85 23
E-mail: info@edicionesobelisco.com

Paracas, 59 C1275AFA Buenos Aires - Argentina
Tel. (541-14) 305 06 33 - Fax: (541-14) 304 78 20

ISBN: 978-84-9777-536-6
Depósito Legal: B-5.373-2009

Printed in Spain

Impreso en España en los talleres gráficos de Romanyà/Valls S.A.
Verdaguer, 1 - 08786 Capellades (Barcelona)

Es conocido aquel dicho:
«El corazón tiene razones que la razón no entiende».
Y tal vez vaya siendo ya hora de entenderlo.
Porque, parafraseando a Goethe,
«estamos moldeados y guiados por lo que amamos».

Introducción

La difusión del concepto *inteligencia emocional*, a raíz del famoso libro de Goleman[1] fundamentalmente, abrió la puerta a una nueva forma de ver el conocimiento y la vivencia humana. Se trata de una visión diferente, dentro del entorno de las ciencias empíricas y la psicología cognitiva, de las habilidades naturales, latentes o explícitas, en cada persona; una orientación renovadora y una redescripción de ciertos conceptos, intuidos o vinculados, por lo general, a cuestionables sistemas de creencias. Una nueva visión que se ha ido ampliando y matizando con muchas otras: inteligencia social, ecológica, espiritual, cinestésica, conciencia planetaria, etc. Y todo ello se ha visto respaldado, de ahí su peculiaridad, por las investigaciones de la neurociencia y la neurocardiología; es decir, por la ciencia que se había situado, hasta ahora, en el extremo opuesto de las intuiciones místicas y los sentimientos.

El mundo de las emociones fue durante siglos una asignatura pendiente. Lo fue para las personas que participaron de la cultura occidental, cuanto menos. Y lo sigue siendo aún. A esto ha contribuido la conexión establecida con la moral y la religión. La mayor parte de los conceptos morales y religiosos que se nos han transmitido, en su forma popular y cotidiana, consisten en advertencias temerosas y condenatorias con respecto a los deseos. Se nos enseñó que la mayor parte de las emociones son malas o peligrosas porque escapan al control de la razón. Aprendimos a luchar con nosotros mismos, convencidos de portar o consistir en una parte buena y otra mala. Así dejamos de escuchar el

---

1. GOLEMAN, D.: *Inteligencia emocional.* Editorial Kairós, Barcelona, 1996.

pálpito del cuerpo, de comprenderlo, para filtrar sus impulsos a través de los tamices de diferentes credos, normas y dogmas, a veces contradictorios entre sí. Con el tiempo, hemos llegado a dudar íntimamente de nosotros mismos y a condenarnos, hasta extinguir nuestra voz. Hemos quedado a expensas de preceptos ajenos, que consideramos propios y presumiblemente buenos. Evitaré criticar, no obstante, los buenos propósitos que nos han sido transmitidos, seguramente, por parte de quienes de verdad nos querían y apreciaban, de quienes querían lo mejor para nosotros. De sus buenas intenciones no dudaré jamás, a pesar de habernos llenado de prejuicios y condicionamientos limitadores. Me propongo, en todo caso, reflexionar sobre sus efectos, directos o indirectos, y buscar alternativas prácticas.

Resulta sorprendente observar que frente al amor, la paz, la compasión y la fraternidad universal, conceptos predicados en una u otra forma por todas las grandes religiones, lo que verdaderamente vivamos en el día a día sea la sospecha, el temor, la incomprensión, la soledad, el odio y la violencia. Y no deben echarse las culpas tan sólo a la descreencia religiosa o espiritual, que amenaza nuestros días desde el nihilismo hedonista, desde el imperio del placer, caiga quien caiga.

La mirada ingenua del perfecto salvaje, del que nos mostró Rousseau, por ejemplo, se llenó de sombras. Se llenó de un lodo pantanoso y enfermizo. Y tal vez ocurriera, como dijo Nietzsche, cuando los sacerdotes, desde su más remota antigüedad de brujos y hechiceros, nos enseñaron a ver el mal, a dotarlo de existencia, donde sólo había naturaleza. Y nos llenaron el mundo de espíritus diabólicos. Pero tengamos cuidado para no caer en la misma trampa que tratamos de disolver; para no demonizar de nuevo nada ni a nadie.

También los esfuerzos realizados para alcanzar un conocimiento científico-técnico, admirables y valiosísimos, procuraron amputar el enojoso mundo de las emociones y los sentimientos, vendido a veces al de los intereses económicos. Ocurrió para conseguir el dominio del medio y la mejora en los elementos materiales de la calidad de vida. Nobles propósitos, sin duda, con grandiosos objetivos alcanzados, de los que hoy no quisiéramos ya prescindir.

Por más que los positivismos racionalistas se esforzaran, disfrazados incluso de religiosidad, espiritualidad y moralismo, en marcarnos el camino del control y la represión de los impulsos, de los pálpitos, por más que se pretendiera evitar las mareas y tempestades en el agitado mar de las emociones, con diques y cadenas, seguimos topándonos con la evidencia: no se puede convertir el rugido de los océanos en idílicas brisas de mansos lagos. La vida es voluntad de poder, como escribiera Nietzsche; es pálpito y pulsión. Una voluntad de poder que se encuentra antes y después de los juicios de bueno y malo. Una pulsión vital que necesitamos comprender; con la que precisamos sintonizar y resonar. Sintonizar y no juzgar, para evitar las hecatombes hitlerianas, estalinistas, maoístas, sionistas, del terrorismo islamista o de cualquier otro signo. Esforzarse por acallar tal voluntad o pulsión, a través de creencias discriminatorias, es apuntarse al partido de la muerte. Da igual quién lo haga. El fin o los medios utilizados dan igual. Necesitamos un nuevo rumbo. Un nuevo rumbo con ritmo, conciencia y sintonía de los ecosistemas vitales. Un nuevo mundo en que dejemos de ver la basura, no porque deje de existir, sino porque en ella logremos percibir tan sólo, por todas partes, elementos reciclables. Un nuevo mundo en que la visión del mal sea sustituida por el pálpito de la bondad que en todo existe, por pequeño que sea. Un nuevo mundo que necesitamos construir con urgencia.

Y aunque tal idea no resulte novedosa, su vivencia sí lo es. Necesitamos aprender a vibrar con la vida, en una forma consciente, práctica, cotidiana y constante. Necesitamos aprender a palpitar con el universo entero, sintiéndonos plenamente integrados en él, sin necesidad de pensarlo, pero conscientes de ese pálpito constante, sintiéndolo sin cesar en todas partes y en todo momento.

Ese pálpito no puede ser tampoco un estar ausentes de la vida práctica, un retirarse del mundo. Ha de ser el pálpito completo, donde no se diferencie y condene lo material por lo espiritual o viceversa. Ha de ser un pálpito real, práctico, que nos sitúe con los pies en la tierra, la cabeza entre las estrellas, la visión clara, frontal y esférica del horizonte y el entorno, desde un corazón que nos lleva a abrir los brazos para entregarnos con entusiasmo humano pleno, desde las diferencias y las afinidades, para sonreír en la esperanza y la ternura inteligente. Un pálpito inteligente. Desde él escribo ahora, con unas primeras reflexiones evocadoras, menos estructuradas, entre metáforas y sugerencias, para seguir después con razonamientos y técnicas, como una invitación. Una invitación que deseo sea muy práctica para ti.

Un punto de partida

La vida nos ofrece sus fragancias envueltas en celofanes de magia y de misterio. Aunque, por ello mismo, suelen pasar desapercibidas. Se nos escapa la magia; ni siquiera nos permitimos tenerla cabalmente en cuenta, porque nos parece irreal. Se nos escapa el misterio, porque no resulta práctico, aunque precisemos de ese brillo que conllevan ambos, la magia y el misterio, para mantener encendida la ilusión y las ganas de vivir. En esa forma se nos escapa, con ellos, el pálpito del corazón. Lo evidente, lo pragmático y asequible de inmediato, lo conseguido con facilidad, nos proporciona conformidad y sosiego, en el ámbito de la planificación, del control. Lo que se insinúa y escapa, las ilusiones, los sueños, nos mueven, nos emocionan, nos absorben en una búsqueda idílica, en el mejor de los casos, hacia la satisfacción del deseo; hacia la utopía del paraíso. Pero tales aventuras, próximas en la adolescencia, van quedando recluidas poco a poco, con el paso de los años, en las cámaras umbrías del pasado. La vida adulta y responsable no permite ciertas excentricidades de «jovencitos ociosos», nos dice la vocecilla de la madurez socializada. Cuesta mucho trabajo, esfuerzo y dedicación arrancar al medio, al mundo, los dones del salario. Las ilusiones se van cegando con amargos desengaños y desconfianzas o nos arrastran hacia una irrealidad dependiente, parasitaria.

Y un buen día, en una tarde brumosa, llegamos al famoso umbral de los cuarenta, más o menos. Sentados ante una taza de café, con la mirada perdida, de improviso se insinúa un no-sé-qué ansioso, un pálpito que nos inocula sospechas y temores por entre las entrañas. Desde las vísceras más tiernas nos increpa, con palmaditas en la frente. Y entonces se nos caen el telón y los decorados. Sólo nos quedan los andamios, las cuerdas y los parches de la tramoya: los trapos sucios y ese inquietante y mordaz duendecillo que exclama: «¡qué asco!» Hay quienes prefieren denominarlo *estrés*; *estrés emocional o vacío existencial*. Es un estrés que nos llega por exceso de presión; la presión de las frustraciones. Se va dejando sentir el tufillo de la insatisfacción, de los sueños truncados, a pesar de los denodados intentos por taparlos con impulsos consumistas. Nuestra mente no para de dar vueltas y más vueltas, en la noria de la ansiedad.

Ciertos síntomas depresivos, años después, nos hacen dar tumbos de acá para allá y por fin, tras un empujón cariñoso, terminamos algunos en la consulta de la persona experta en esas cosas: psiquiatra, psicoterapeuta o asistente espiritual. Desde la medicina, en primera instancia, nos encontramos con el o la profesional habituada a ver rostros ojerosos. Sonriente y con algunas prisas, por el número de personas que esperan aún, nos proporciona una baja y unas pastillas para dormir y dejar de pensar en tonterías; cuando tenemos suerte, nos ayuda a regular la serotonina, por ejemplo.

«Tómese unas vacaciones, diviértase» –nos dice– y «volverá como nuevo, como nueva. Por ahí pasamos todos.»

Nosotros, con lo que nos queda de niñez e indefensión, hacemos caso. Hacemos caso en el mejor de los supuestos; en los demás, aguantamos con las pastillas, dentro de la tragedia del no poder parar y sin fuerzas para arrancar del todo.

Los afortunados y afortunadas nos embarcamos en la aventura del descanso idealizado, con una cierta ilusión y morbo. Pensamos en romper con la rutina y aventurarnos en la placidez, en el arte de disfrutar de la vida, por prescripción facultativa, con el beneplácito de la Seguridad Social. Al fin conseguiremos vencer el estrés, nos decimos. Y llega el día *d* a la hora *h*. Emprendemos un viaje a algún lugar exótico, bucólico o pastoril, en función del presupuesto. Unos kilómetros por delante se encuentra el relax: la libertad ansiada. Quedan atrás responsabilidades, deberes y obligaciones. Sin darnos cuenta, sin pensar en ello, creemos encontrarnos ante la chistera de un mago, con libro de conjuros y el resto del material; esperamos ver salir conejos y palomas: la satisfacción de todos los deseos tantas veces frustrados, a la espera de su segunda oportunidad. Lo malo es que pocas veces sabemos con exactitud lo que en verdad deseamos; tal vez que aparezca Santa Claus, Olentzero, Papá Noel, los Reyes Magos, el príncipe azul o la «tía buena» de nuestros sueños y a ser posible todos juntos, con la sorpresa que nos solucionará la vida; alguna de las promesas subliminales de la publicidad. Pero el tiempo pasa y vuelve a pesarnos la vida. Tenemos que recuperar la rutina, tarde o temprano, y los fantasmas regresan con ella.

Unos devaneos perdidos nos encaminan por fin al origen del rescate vital. Estamos sentados en la butaca de un cine, de nuestra casa o de un centro de ocio, introduciéndonos en la emoción de una película de aventuras. Nos crujen en la boca palomitas de maíz, mientras la heroína o el héroe de la pantalla nos invita a abandonar las somnolencias lastimeras y a descubrir la fantasía. Comenzamos a darnos cuenta, como si de una iluminación mística se tratara: no es imprescindible que ocurran grandes cosas; lo extraordinario comienza cuando miramos, sentimos y nos movemos más allá de lo habitual. Toda aventura mágica parte siempre de lo cotidiano; no hay saltos al vacío del tiempo. La única diferencia entre un momento y otro, entre una experiencia y otra, es la forma en que la consideramos, en que nos conmueve. La persona aventurera, la que disfruta y sonríe, sintiéndose en la plenitud de sus emociones y sueños se encuentra entusiasmada con su expectativa. Se lo juega todo; pone toda la carne en el asador. Pero mantiene, al mismo tiempo, un mínimo de serenidad para observar las oportunidades que se le ofrecen; para estudiar la jugada. Y esta combinación de tensión y relajación, de alegría y espíritu de sorpresa, la disposición para saltar como felinos, con los ojos bien abiertos a lo extraordinario, es la forma en que se consigue triunfar de verdad, más allá del dinero y de la posición social o profesional, aunque sin menospreciar nada. Es entonces cuando la inteligencia ofrece sus mejores frutos y se logra el éxito en lo que parecía imposible.

Se ha encendido la bombilla. Frente a la pantalla, la exterior o la de nuestra mente, contemplando nuestra propia aventura, hemos despertado. La emoción, el entusiasmo, amanece por entre las brumas del horizonte. Ahora somos capaces de vivir y todo parece brillar con más intensidad que antes. Estamos en el umbral del paraíso. Una varita mágica ha surgido en nuestras manos y ya sólo falta la dosis adecuada de confianza para dar el paso que transformará nuestra vida; es la llave de la felicidad. De nosotros depende ahora convertirnos en protagonistas de la realidad o que todo, como tantas veces, quede fantaseado en un bonito sueño; un sueño que se irá olvidando paulatinamente. Y cuando es esta última la opción elegida, la vida nos besa en los labios virtuales y nos deja en ellos el recuerdo amargo de la frustración. Pero cuando, sintiendo el pálpito de una sangre vital, nos decidimos a seguir nuestros impulsos, nuestros ingenuos y amables sueños, como aventureros que se arriesgan ante el «qué dirán», entonces el encuentro se convierte en éxtasis. Como si se tratara de un orgasmo interminable, nos sacude y arrastra el entusiasmo por el caudal generoso de la ilusión. Ya no podemos parar. Acabamos de descubrir la aventura de vivir.

Hoy tienes la oportunidad de dar un paso, de tomar una decisión. ¿Qué harás con ella? ¿Hacia dónde te dirigirás? Expresa tu voluntad de vivir como realmente deseas. Escucha tu pálpito inteligente. Aprovecha para mostrarte con determinación; para hacer tuyo, con pleno derecho, el dorado sueño de la felicidad palpable y completa. Hazlo. Materialízalo, sin excusas, paso a paso y con los pies en la tierra. Es posible. Ten confianza. Camina.

Podemos pasar del estrés, de la frustración y la amargura, a la caricia de la ternura, la esperanza y la sonrisa de satisfacción. Podemos dejar atrás la preocupación y la aridez del rostro como espejo del alma. Podemos palpitar eutónicamente, desde una inteligencia integral e integrada; equilibrarnos, jugar, crear y sonreír. Y podemos hacerlo desde el bienestar, para seguir creciendo; para incorporar matices y descubrir alternativas que ayuden a complementar investigaciones, técnicas terapéuticas y procesos creativos, para ayudarnos unos a otros, con espíritu de colaboración y apoyo mutuo. ¿Te apuntas a la aventura?

Pálpito inteligente, pulsión vital e intuición

Todos tenemos sueños, nocturnos y diurnos. Todos necesitamos de ideales, horizontes hacia los que caminar. Si nos faltan, nos perdemos; perdemos las ganas de vivir. Pero nuestro caminar hacia esos horizontes no es fácil. A veces pasamos por bosques y penumbras que nos confunden; a veces, por barrancos que nos asustan con vértigos; a veces, por empinadas montañas que nos cansan. ¿Qué podemos hacer entonces? El sueño de nuestros ideales, de nuestro paraíso, palpita en nuestro interior y necesitamos sentirlo de forma clara y distinta, indiscutible. Si lo hacemos, estamos salvados.

Pálpito: ¿Es preferible reír que llorar?

Parece que la contestación a tal pregunta es evidente, que Peret, el cantante español que se hiciera famoso en los años setenta del pasado siglo, tenía razón cuando lo afirmaba categóricamente en aquella vieja canción. Yo, sin embargo, me lo pregunto. Necesito hacerlo. Y necesito preguntarme si de verdad es preferible reír que llorar porque las evidencias, los datos, las personas con las que me encuentro diariamente, no me lo muestran. Todas ellas, todas esas personas, me responderían que sí; no lo dudarían ni un segundo. Me asegurarían que es preferible reír que llorar. Incluso me mirarían algunas con extrañeza porque me buscan por eso precisamente, porque desean reír y quieren que les enseñe. En su pensamiento, entre sus ideas, lo tienen muy claro. Pero su voluntad parece ir por otro lado. ¿Por qué? Parece evidente que algún tipo de pulsión o pálpito se contradice frontalmente con su voluntad consciente.

El hecho es que la mayor parte de los adultos que pasan de los cuarenta, especialmente las mujeres, confiesan que ríen cada vez menos. La risa, la alegría desbordante y espontánea, se ha ido convirtiendo en una especie de paraíso perdido. Se contempla con añoranza, referida a un pasado nebuloso, tal vez idealizado. Como diría Jorge Manrique, «si juzgamos sabiamente, daremos lo no venido por pasado».[2]

Se llora. Se llora mucho más de lo que se ríe y en muy diversos modos. Hay quienes lloran con lágrimas y quienes lo hacen sin ellas; quienes se derraman en lamentos hacia fuera y quienes lo hacen, en silencio, hacia dentro; quienes alardean de sus males y los exhiben sin pudor, en las circunstancias más diversas: en el descansillo de la vecindad, en la sala de espera del ambulatorio, en el mercado, en la oficina, en la sucursal bancaria, en la parada del autobús, en los programas de televisión... Por todas partes se llora. Se ha puesto de moda y para algunos se ha convertido, incluso, en negocio. Se paga bien el destape lacrimógeno en los medios. Quienes optan por el llanto silencioso, hacia dentro, suelen ofrecer imágenes de languidez victimaria, que estruja los corazones ajenos y dificulta mucho la salud del propio cuerpo. En ello veo un pálpito primario, primitivo, que denuncia la vulnerabilidad de la ignorancia y el desconsuelo.

Es mucho más difícil encontrar el otro caso, el que se afirma preferible: reír. Aunque debo admitir que cierto tipo de personas lloronas gozan también riéndose, de una forma dañina, de prójimas y prójimos. Pero qué bonito sería si fuéramos consecuentes con nuestras ideas y propósitos, los que afirmamos con rapidez, al menos una vez al día, y nos derramáramos en risas y sonrisas; que nos desbordáramos en alegría por todas partes y porque sí, porque nos diera la gana y sin buscar excusas. O tal vez buscándolas allí donde normalmente no se ven: en un velatorio, al ir a pagar los impuestos, al llegar a casa derrengados, al mirar por la ventanilla de nuestro vehículo y contemplar a nuestras compañeras y compañeros en el atasco. Una sonrisa abierta, sincera, sencilla y tierna. Sería bonito. ¿Y por qué no? Así abriríamos la puerta al pálpito inteligente.

---

2. JORGE MANRIQUE: *Coplas por la muerte de su padre*. Puede verse en TROYA MÁRQUEZ, Fco.: *Jorge Manrique: Poesía*, Editorial Casals, Barcelona, 2000. También en recopilaciones de clásicos de la literatura castellana.

Pero hace falta voluntad; voluntad y entrenamiento. No hace falta que nos ayude la suerte, como suele pensarse. Lo de esperar la suerte es una trampa. No hay que esperar. Es el momento de tomar las riendas de la propia vida y ser consecuentes. Si pensamos que es preferible reír que llorar, entonces ejercitémonos en la coherencia de apostar por ello. Palpitemos con la risa, con la sonrisa; con la vida. Y no esperemos siquiera a tener ganas. No esperemos a que nos inunde el entusiasmo de forma milagrosa o a través de nadie. Tomemos la iniciativa. Seamos los verdaderos protagonistas de nuestra vida. Plantémonos y digamos al aire, a la tierra, a las miradas propias y ajenas, desde el respeto y el cariño, lo que de verdad pensamos y deseamos, aunque no lo hagamos con palabras. Palpitemos con la vida, con asertividad. Hagamos nuestra declaración diaria de principios, para afrontar con dignidad los retos, las dificultades y los esfuerzos de cada día: «Río porque deseo vivir; porque deseo compartir la vida y porque sueño con un mundo mejor; porque deseo colaborar en su construcción, con mi voluntad y mi alegría. Me río, aun cuando no tengo ganas, porque deseo mejorar, sentirme bien; porque prefiero reír que llorar».

Pulsión vital: nuestra pareja de baile

Hay un pálpito que propicia la vida y la esperanza; un pálpito inteligente. Pero muy frecuentemente nos encontramos con la pulsión que empuja desde el dolor, el miedo, el rencor o la ira. Y por ella, por esta forma en que se nos retuerce el vientre, después de mucho luchar, temer, justificar y pretender huir, terminamos aceptando que la muerte es nuestra pareja de baile. Parece radical. Parece un exceso. Pero así solemos sentirlo dentro, sin querer confesárnoslo del todo. Es uno de esos pálpitos que deseamos ignorar; que aprendemos a desechar como si no existiera. Aunque no podemos evitar los diferentes tipos de muerte que nos visitan de cuando en cuando: la de las relaciones, la de las esperanzas, la de la buena vida, la del trabajo bien remunerado, la del reconocimiento y la alegría. Muchas muertes nos rondan por la vida. Y no siempre resulta fácil ajustar el paso con ella, con ellas. Solemos tener demasiados condicionamientos y prejuicios. Pero lo cierto es que un día, obligados por las circunstancias, terminamos por aceptar su compañía. Podemos hacerlo sintiendo que «nos ha tocado bailar con la más fea»; que todas las demás parejas posibles se encontraban ya comprometidas. Difícil nos resulta explicarnos cómo nos pudo ocurrir, cómo llegamos a este punto. Creíamos que estábamos a salvo de su sombra; que jamás podría interesarse por nosotros y ni tan siquiera por alguna persona cercana y querida. Estábamos equivocados. Y nos equivocamos también cuando la vemos como el fin. Porque no es más que un tránsito, una etapa: una pareja de baile. Ella mantiene siempre el interés por todos los seres vivos; es caprichosa y enamoradiza. Le gusta jugar, como a todo en esta naturaleza abundante que nos gesta, como una inmensa madre. Y le gusta jugar especialmente, con un sadismo espectacular, con aquellos que se lo toman todo muy en serio: con quienes se olvidaron de jugar y ya no entienden el juego en que consiste la vida.

El día de nuestra primera aventura, comenzamos tal vez con una marcha fúnebre; no podría imaginarse ningún otro ritmo que encajara con ella. Esa experiencia, la verdad, resulta muy poco motivadora. Nos sentimos resignados a padecer por el azar de nuestra mala suerte. Los otros parecen tener entonces a un ser querido para bailar, pero ninguno de los nuestros está disponible. Eso nos hace sentir desdichados. Intentamos buscar excusas y retirarnos de la pista por el cansancio, el dolor de cabeza, la digestión; porque no es nuestro momento. Pero ella nos sujeta con fuerza, sonríe y nos obligaba a seguir con su danza macabra; no hay forma de escapar. Tan sólo podemos entonces recordar: si no puedes eliminar al enemigo, únete a él.

Pero no nos resulta nada fácil aceptar el hecho de unirnos a esa terrible pareja que nos ha tocado en suerte; nos ronda con insistencia un pensamiento: estamos siendo víctimas de una tremenda injusticia. Y aparece también un pálpito, apenas audible. Un pálpito que rechazamos por imposible. Un pálpito que nos seduce con ternura y nuestros prejuicios interpretan como sinrazón.

A veces imaginamos que tomarla por pareja de baile, aceptar su propuesta, es lanzarse a la autodestrucción, al suicidio. Esa idea obsesiva puede rondarnos. Después nos damos cuenta de que se trataba tan sólo de un síntoma: nuestra flexibilidad como bailarines deja mucho que desear. La rigidez de nuestras formas y actitudes nos lleva continuamente de un extremo al otro; no hay gestos intermedios, movimientos progresivos que tracen puentes, con pequeñas formas suaves y armónicas, para unir las orillas de la luz y la oscuridad, lo bueno y lo malo, bonito o feo. Pero nuestra pareja goza de una virtud excepcional. Se mantiene firme con paciencia infinita. Gracias a ella, cuando seguimos el pálpito de la ternura serena, el tiempo llega a concedernos la soltura que necesitamos para triunfar.

Cuando nos centramos en los pasos, en aceptar el presente y vivirlo de la mejor forma posible, comienza a abrirse la puerta. Y por ella penetra un primer rayo de esperanza. Es el ritmo simple del un-dos-tres, de las cosas sencillas de cada día. Así vamos convirtiendo el ritmo en algo habitual, de manera que llegue a surgir solo; tan espontáneo y libre como la brisa en los árboles y en nuestra cara, mientras caminamos por los paisajes de nuestra infancia. Sin necesidad de pensar en él, puede ir soltando nuestra cintura y nuestros brazos, con pequeñas florituras intrascendentes; pequeños gestos sin importancia, aparentemente inútiles, pero simpáticos. Y comenzamos a sonreír discretamente, sin que nadie lo note. A sonreír, convencidos de que no tenemos ganas. Y ella, al fin, nos corresponde con la ternura de una mirada imposible; una mirada de otro mundo, desde sus cuencas vacías. Su regalo nos llega sin necesidad de verlo. Entonces aprendemos a percibir y valorar las cosas de una forma diferente. Ya no le reprochamos su violación; el secuestro de nuestro cariño. No reprochamos, porque tenemos un nuevo pálpito de ternura activo; porque ya no bailamos con la muerte, con esa sombra ingrata, sino con la luz que creíamos haber perdido.

Nuestra pareja de baile se ha transformado, como en el cuento de la bella y la bestia. No sabemos muy bien cómo ocurrió. Ha sido un pálpito de ternura, tras la pulsión del miedo, el resentimiento y el dolor. Aún nos quedan dudas sobre el grado de realidad del proceso, pero lo cierto es que el velo negro se transforma en la puerta del paraíso; un paraíso donde encontramos, eternamente perfectos en su resplandor inmaculado, a todos nuestros seres queridos. Entonces recuperamos, en el pálpito profundo de nuestro corazón, a quienes creíamos perdidos para siempre. A partir de entonces los sentimos más próximos que cuando vivían materialmente cerca. Así aprendemos a bailar. Nos soltamos en la danza y nos damos cuenta de que están siempre dispuestos a que bailemos juntos, en cualquier momento, susurrándonos al oído y paseando entre la brisa de nuestros momentos más felices.

Pensábamos que nos había tocado bailar con la más fea y que nuestro destino era el sufrimiento infinito. Pero no se trataba más que del reflejo del miedo y el egoísmo; un retortijón transitorio del intestino. Detrás del manto negro de la terrible muerte hay un manto blanco, dulce y luminoso, un pálpito inteligente que brota del corazón, donde el amor permanece en su eterno presente: su única realidad. ¿Quieres aprender a bailar?

Intuición: recuperar los sueños y horizontes de sentido

A partir del siglo XII se difundieron una serie de leyendas, cuentos o historias que llegaron a nuestros días y se conocen hoy bajo la denominación general de literatura del ciclo artúrico. Todas ellas versaban sobre el mítico monarca y las aventuras de sus nobles caballeros. Con tal marco narrativo de fondo se introdujeron una serie de pautas, normas, usos y costumbres referidas a la moralidad, la cortesía, el espíritu del guerrero y la cultura, que influyeron hondamente en la constitución de lo que fue el Medievo europeo. De entre las diversas temáticas propuestas en estas «novelas de caballerías», destacaré únicamente las referidas a la búsqueda del Grial. Entiendo que éste llegó a convertirse en su corazón. Pero cabe preguntarse: ¿por muy corazón que sea, qué nos importan hoy tales leyendas? ¿Qué puede aportarnos a nosotros, consumistas avanzados de la revolución tecnológica, la navegación virtual y espacial? ¿En qué forma pueden sernos útiles ahora aquellas amaneradas voces de juglares? ¿Será que seguimos conservando algo del espíritu del Quijote?

La leyenda del rey Arturo sitúa los orígenes del monarca hacia el siglo V de la era cristiana, en un ambiente mágico que, por otra parte, era típicamente medieval. Todos hemos oído hablar alguna vez del mago Merlín, de la forma tan particular que tuvo de prepararlo. Y también recordamos la espada que sacó de la piedra, siendo un muchacho aún, convirtiéndose en el rey por tal motivo, cuando ninguno de los fuertes candidatos que lo intentaron antes pudo lograrlo. El acero incrustado en la roca es ya el primero de los símbolos clave, que más adelante interpretaré y que se ha repetido, bajo diversos aspectos metafóricos, a lo largo de toda la historia de la humanidad. Un símbolo que se relaciona directamente con el pálpito y la inteligencia del corazón. Pero sigamos con el esquema. El reinado de Arturo estuvo siempre rodeado y presidido por las maravillas. Y una de éstas consistía en que, la noche de Jueves Santo, un misterioso cáliz se presentaba ante los caballeros reunidos en la Tabla Redonda del castillo de Camelot, para proporcionarles un alimento perfecto que satisfacía todas sus necesidades e incluso les curaba cualquier enfermedad. Tales son los síntomas o características vinculadas con el pálpito inteligente, por lo que debe entenderse el Grial como aquello que es capaz de activarlo. Pero el ocio y la entrega a los placeres más superficiales de la vida trajeron la envidia, la enemistad y todos los vicios, dando así al traste con la sublime comunidad de caballeros. Estas emociones negativas son la causa de la disonancia con respecto al pálpito inteligente. Por ello, la misteriosa fuente de vida ya no volvió a aparecer más. Y el rey, junto con toda su corte, perdieron credibilidad ante los súbditos del reino, según relata la leyenda. Si ajustamos el significado simbólico del rey con el corazón y su corte con el resto de los órganos que palpitan en nuestro cuerpo, resulta una curiosa alegoría sobre ese pálpito inteligente que nos interesa. Porque vemos en ello una forma de comunicación armónica, empática y resonante, frente a la falta de credibilidad en la disonancia y desarmonía que impide la comunicación, la gestión adecuada de las funciones vitales, como veremos luego aplicado también a las empresas. Tal incurable enfermedad exigía como terapia la recuperación de la maravillosa copa, de la misma forma que hoy se busca la clave de la motivación productiva y eficaz, para la vida personal, social, familiar y empresarial. Razón por la cual, todos se dispersaron para emprender individualmente la hazaña y no podrían volver antes de haber alcanzado su propósito.

En la última noche de Jueves Santo que se reunieron, una nueva espada apareció inserta en una piedra que flotaba sobre las aguas del lago próximo a la corte. Estaba destinada al mejor caballero del mundo. Sólo él recuperaría el Grial, la copa misteriosa. Pero quien osara tocarla sin cumplir la condición requerida quedaba advertido: terminaría muriendo a causa de la herida de su filo. Nadie quería probar suerte. Habían perdido su integridad. Sin embargo, un nuevo joven, vestido de rojo, apareció de improviso para reclamar lo que, en justicia, demostró que le pertenecía. Y él mismo, tras múltiples aventuras, descubrió el secreto del Grial, acompañado por otros dos caballeros.

Éste es el esquema más completo de entre todos los que se difundieron. Hubo otros que presentaron ligeras o grandes variantes, debidas según algunos a que Chrétien de Troyes, el más antiguo y famoso de los glosadores que se conocen del ciclo artúrico, murió sin concluir su obra. Sea como fuere, partiré de la presentación propuesta, que puede encontrarse desarrollada en la obra anónima en prosa titulada *Demanda del Santo Grial*.[3]

La leyenda tenía como propósito transmitir, en clave simbólica, un mensaje que los iniciados en la sabiduría interpretarían y reconocerían como aviso y preparación para la acción, en un determinado momento.

---

3. Anónimo: *Demanda del Santo Grial*. Editora Nacional, Madrid, 1982. Preparado por Carlos Alvar.

Además, por su mediación se difundieron una serie de ideas que contribuyeron a polarizar el pensamiento y las costumbres de la época, en forma subliminal. Y para acercarnos conscientemente a la clave que tuvo como propósito actuar desde lo inconsciente en aquellas gentes del medioevo, pasaré a continuación a analizar algunos de los símbolos fundamentales, con el propósito de extraer su mágico elixir, actualizado.

El ciclo artúrico se presenta como la legendaria constitución del reino de Gran Bretaña, tomando su geografía como escenario en el que se desarrollan sus aventuras. Pero curiosamente, en el siglo xii, Inglaterra y Aquitania, es decir el suroeste de Francia, eran un solo reino. De hecho, los cuentos del Grial, como fueron conocidos a partir de Chrétien de Troyes, se escribieron en su mayoría en romance francés y su ambientación real habría que buscarla más bien en la citada región del país galo. Eschenbach lo hizo así en el siglo xiii, aunque precisamente él escribió en alemán. Simbólicamente, la razón de situar la leyenda en otras tierras, en las islas, en el más allá del mar o las fronteras, establece la resonancia psicológica que abre la mente a la actuación subliminal. Aquello que se consideraba lejano y casi inalcanzable despertaba la imaginación del mundo onírico, como sigue ocurriendo hoy, y situaba la atención en el ámbito de lo inconsciente. En éste, cada personaje, cada símbolo, tomaría la fuerza vital de los deseos, esperanzas, frustraciones y represiones para alcanzar el placentero alivio de liberar lo que estaba preso. Por otra parte, la referencia narrativa a lo ajeno y lejano, sugiere la necesidad de interpretar los hechos relatados desde su apertura a la metáfora poética y no como fenómenos cotidianos, para quienes voluntariamente desean descifrar el mensaje oculto, hacerse conscientes de él y actuar en consecuencia. Éste es nuestro caso.

Como crónica no puede considerarse un documento riguroso que sirviera de base para un acercamiento real a la constitución del reino de Inglaterra. La leyenda nos habla más para la psicología y la antropología que para la historia. Y aun para quien se situara fuera de la investigación en tales materias quedaría el valor, generalmente considerado como esotérico, aplicable a su devenir cotidiano, a su personal economía de la vida, la que aquí nos interesa. Esta aventura en que nos encontramos, para caminar desde el estrés y los vacíos existenciales hacia la felicidad y la ternura no se halla exenta de aquellas manifestaciones usualmente llamadas *extrasensoriales* y que se relacionan con el «poder» de satisfacción de todos los deseos, dentro del ámbito de influencia individual o social. Así nos ubicamos plenamente en el proceso neurocardiológico del pálpito inteligente, relacionado con el lenguaje arquetípico que ayuda a codificarlo.

La búsqueda del Grial representa el proceso consciente que transcurre a través de las experiencias propias de las diferentes edades, con el propósito de alcanzar la felicidad o el estatus de la excelencia: la calidad de vida óptima. Exactamente lo que supone el descubrimiento del pálpito inteligente. En tal propósito no se pueden descuidar ninguno de los factores que intervienen de hecho en la cotidianidad de lo humano. Y así, la leyenda arranca de la situación caótica de la dispersión política, encarnada en las diferentes comunidades o pueblos en pugna dentro de la geografía británica. Resuelta ésta por la aparición del adolescente Arturo, capaz de aportar la clave mágica que separa la espada del yunque o la piedra. Yunque o piedra que simbolizan el pragmatismo, donde quedaron enterrados los ideales, impulsos, sueños y entusiasmo adolescente: la espada. Así, rescatando la ilusión del impulso, de la aventura y la empresa que genera beneficios para todos, se logra la unidad en la corte de Camelot. Allí se reúnen, en torno a la mesa redonda, que no privilegia ningún lugar frente a los demás, los mejores, los auténticos aristócratas de cada pueblo, haciendo posible el gobierno conjunto, basado en la cooperación y el apoyo mutuo. Pero el triunfo en esta primera etapa, la unidad del reino, supone también su muerte, la nueva disgregación provocada por la pérdida de sentido, de meta, al desaparecer el enemigo frente al que luchar. Así tiende a ocurrir con nuestras funciones y procesos analítico--técnicos, que abocan al enfrentamiento, la competitividad y el dominio como utilización de los demás en beneficio propio, la forma tradicional de consideración del poder, que nos ha llevado a la crisis generalizada en que vivimos. La desmembración ocurre en el ámbito de lo moral, donde se pierden los valores tradicionales, imponiendo la necesidad de una reformulación de la ética. Es mejor quien se supera continuamente desde el beneficio mutuo y no quien se conforma con lo alcanzado a costa de cualquier cosa, como por ejemplo la ruina de lo ajeno.

Surge así un nuevo reto ante los caballeros, ante los elegidos. En aquella noche de Jueves Santo ya no son capaces de presentar ninguna aventura que los haga merecedores de la aparición del Grial que genere beneficio para todas las partes implicadas. Pero el misterio acecha. El asiento peligroso, aquel que hasta ese momento había marcado trágicamente el fin de quienes en él se sentaron y había terminado quedando vacío por temor, se encuentra marcado por un mágico cartel, oculto a la curiosidad estéril. Éste, en su debido momento, desvelará el nombre del que ha de venir, del caballero desconocido que asuma la misión de aportar la clave renovadora. Tal situación es también simbólica de la trayectoria vital de cada persona y grupo social o profesional, que debe atender a su desarrollo y progreso autosuperador. Cuando todo se tambalea y ya no queda más aliento para emprender nuevas tareas o empresas, cuando sólo se anhela el descanso y sin embargo las circunstancias nos impelen a seguir actuando y a mantener el tipo, rindiendo como los que más, resulta imprescindible la adecuada apertura de conciencia creativa; eso que ha dado en llamarse *virtud de la esperanza*, es decir, la fuerza que surge del convencimiento profundo de un porvenir abierto y potente: el pálpito inteligente. Es la actitud que nos permite alcanzar la clave oculta, insólita por racionalmente improbable, que nos sitúa de nuevo en el punto culminante de la eficacia.

En la actualidad existen técnicas que nos ponen en tal camino. Pero también la leyenda, cuando aprendemos a leer y actualizar sus símbolos, nos muestra los pasos a seguir. Dejo la sugerencia en el aire, para quienes puedan ver más allá. Y para quienes tengan auténtico interés en profundizar sugiero continuar con la lectura de lo que sigue. Por otra parte y como ayuda a quienes deseen profundizar más en los símbolos de la leyenda, remito a mis escritos sobre la interpretación de los sueños. Tales referencias legendarias, metáforas y alegorías, deberán abordarse de la misma forma que si se tratara de una experiencia onírica. Más adelante trabajaremos también con ciertos ejercicios sobre símbolos y arquetipos. Ahora continuaré con aspectos más generales que me permitan centrar el punto clave de la interpretación filosófico-antropológica que se encuentra detrás de la leyenda del grial.

Aquella última aparición de la copa que sacia, como perfecto alimento y medicina, a la que antes me he referido, les insta, aunque ya ha aparecido Galaz, el caballero perfecto y esperado, a dispersarse por los caminos del mundo. Ya estaban preparados para alcanzar por sí mismos lo que hasta entonces les había llegado de forma gratuita. Habían dejado de ser niños amparados por un padre bondadoso y les llegaba el momento de formarse como adultos, asumiendo la responsabilidad de su libertad y dignidad humanas. Hay que aprender a delegar y asumir funciones con responsabilidad creativa, para propiciar el crecimiento de cualquier estructura y organismo, con el mismo modelo del ecosistema perfecto.

Pero, precisamente por ello, nadie podía decirles dónde buscar ni cómo. Únicamente su criterio, asociado al motor de los impulsos de su naturaleza, su pálpito, les permitiría trazar el camino de la aventura y éste, por tanto, sería el reflejo fiel de lo más auténtico de sí mismos. No servían ya las apariencias ni los títulos heredados o conquistados en el pasado. Era la hora de la verdad. En una soledad completa, en el vacío de referencias, ante el abismo de la nada vital, debían dar el paso confiado de la creación de su propia existencia y sentido. Así abrirían definitivamente la puerta hacia la escucha, la comunicación eficaz, del pálpito inteligente.

Se indica por tal medio la imperiosa necesidad, que todos los seres humanos experimentamos, de afrontar el riesgo y forjar ante él la decisión de invertir en la empresa de nuestra vida para poder ser independientes, autónomos y no esclavos de otros, engañados por la terrible ilusión de la seguridad y la comodidad. El adolescente, para convertirse en adulto, debe ser capaz de prescindir de los cuidados y atenciones de sus padres. El trabajador, para ser empresario, debe estar dispuesto a prescindir de la nómina. El aprendiz, para alcanzar la maestría, debe realizar la obra por sí mismo, sin ayuda. Y nosotros buscaremos también nuestra copa, nuestro particular Grial, para recuperar lo que en algún momento perdimos; para engrandecer nuestro propio reino y llevarlo al punto de máxima eficacia y satisfacción.

Cambiaremos ahora el discurso, para no perdernos entre símbolos. Dejaremos las ensoñaciones, conservando su aroma intuido. Seguiremos nuestro progreso aportando el sentido conceptual y analítico, el de nuestro hemisferio racional, a lo anteriormente sugerido, para conseguir avanzar con ambos pies, hacia nuestros horizontes de sentido, apenas imaginados aún.

1

INTELIGENCIA EMOCIONAL.
Referencias

Todavía sigue valorándose la inteligencia y la genialidad en relación con los títulos que exhibe la persona en cuestión. Solemos decir entonces: «tiene una cabeza privilegiada». Pero cada vez se encuentran más casos que contradicen tal creencia. Y ante ellos también la ciencia ha buscado explicaciones. Investigaciones que nos llevan a postular que la inteligencia y la genialidad no residen sólo en la cabeza. Existen otros centros para la inteligencia en nuestro cuerpo. Esto tampoco quiere decir que la inteligencia racional y cerebral se encuentre en desuso. Lo que sí nos queda claro es que no es suficiente para el desarrollo de la genialidad o de otras sencillas aptitudes imprescindibles para la vida, para alcanzar una adecuada calidad de vida. Un razonamiento más completo y adecuado, unos rasgos incuestionables de genialidad y sabiduría, exigen de la integración y coordinación de otras funciones, vinculadas, por ejemplo, con el intestino y el corazón, como veremos luego.

Uno de los casos estudiados es el de Richard Branson.[4] En su infancia era disléxico y tenía graves dificultades para realizar pequeños cálculos matemáticos. Según él mismo dice, «era bastante inútil» en el aprendizaje tradicional. Por ello dejó el colegio a los 16 años. Aún así, en un estudio hecho público en el Reino Unido, fue calificado como el hombre más inteligente de Gran Bretaña. Nunca permitió que su falta de formación académica lo limitase, haciendo uso de otra forma de ge-

---

4. Handy, C.; Handy, E.: Richard Branson en *The New Alchemists*. Hutchinson. Londres, 1999.

nialidad. En sus primeras actividades no contaba con dinero, pero se dedicó a ellas en cuerpo y alma, siguiendo su pálpito. Y asegura que disfrutaba haciéndolo. Al pasar del siglo XX al XXI su estructura, formada por unas cuarenta grandes empresas, generaba unos ingresos anuales estimados en unos 4.000 millones de dólares. Su compañía aérea estaba considerada como una de las más rentables del sector y su incursión en el sector de los servicios financieros transformó la industria. Había creado más de 25.000 puestos de trabajo, situándose a la cabeza de las empresas privadas de Gran Bretaña. Pero asegura que cuando intenta resolver un crucigrama su mente se queda en blanco y que continúa sin saber en qué consiste la diferencia entre neto y bruto. Su secreto es que aprendió a utilizar de forma coordinada sus tres cerebros, su pálpito inteligente.

Pero no se trata del único caso de genialidad multicerebral. Según un estudio[5] que citaba a cuatrocientos hombres y mujeres destacados del siglo XX, tres de cada cinco habían sufrido graves problemas para pensar o aprender según la enseñanza tradicional de sus respectivos colegios, entre quienes se encontraba, por ejemplo, Albert Einstein. También se estudiaron otros casos de personas menos conocidas.[6]

Frente a la vieja creencia de que todo ocurre en el cerebro, se está planteando otra más amplia. Pero cuando se destina demasiada energía al pensamiento cerebral, así como a la memoria tradicional, se reducen mucho las posibilidades para sentir y experimentar otras formas de conocimiento. Hay casos en que la dependencia excesiva del cerebro pensante puede interferir gravemente a la hora de encontrar una solución adecuada: una respuesta inteligente.[7]

Hacia una definición mejorada de la inteligencia

El primer test de inteligencia moderno fue desarrollado en 1905. Pero no hay una definición única de inteligencia. En general, se puede aceptar que se trata de la capacidad para responder de la mejor manera posible a las exigencias que el mundo nos presenta. Los test de inte-

---

5. Goertzel, V. y Goertzel, M. G.: *Cradles of Eminence*. Little Brown, Londres, 1962.

6. Buchenholz, G.: *Courage is contagious*. J. Kasich, ed. Doubleday, Nueva York, 1999.

7. Claxton, G.: *Wise Up: The Challenge of Lifelong Learning*. Bloomsbury, Nueva York, 1999.

ligencia no se desarrollaron para reconocer genios, sino para filtrar a quienes presentaran carencias. El primer encargo de desarrollo de los tests de inteligencia lo recibió Alfred Binet, por parte del Ministerio de Educación francés. Debía encontrar un método para detectar lo antes posible a los alumnos que no pudieran responder a las exigencias del colegio para tratarlos de forma especial. Por ello, se definió la inteligencia en función de poder responder adecuadamente a las expectativas escolares. El segundo gran paso en los test se dio cuando los Estados Unidos de América participaron en la Primera Guerra Mundial. Para formar el ejército se necesitaba saber si los reclutas eran válidos para poder comprender y cumplir las órdenes. Y también en este caso sirvió para desechar a los menos dotados.

Cociente intelectual

El psicólogo alemán William Stern aplicó una sencilla fórmula al grado de inteligencia descubierto por Binet, por lo que se le considera «inventor» del cociente de inteligencia (CI). Cuando un alumno asimila aquello que se considera adecuado para su edad se sitúa en el valor 1. Si su nivel de asimilación se corresponde con el de un niño de 8 años, por ejemplo, mientras su edad es 10, su nivel sería de 0,8. Y si un niño de 8 años asimila la materia de uno de 10, se situaría en el nivel 1,25. Tales cifras resultan de dividir la edad intelectual por la edad real. El profesor Stern propuso multiplicar por 100 el cociente de inteligencia para hacer más manejables las fracciones. De tales cocientes se llega a una tabla que determina el grado de cociente intelectual desde la imbecilidad (<69) hasta la genialidad (>130). Tal cociente intelectual examina y valora los siguientes puntos:

- Memoria técnica y acumulación de datos.
- Análisis y correlación intelectual.
- Deducciones lógicas.
- Habilidad lingüística.
- Orientación espacial.
- Habilidad cinestésica.

Cociente de inteligencia emocional

No existe un cociente de inteligencia emocional cuantitativo comparable al CI. La referencia al CE es por contraste. Aún hay que determinar si es adecuado encontrar un cociente emocional para filtrar a las personas menos dotadas y protegerlas de la sociedad y de sí mismas. Es mucho más sencillo y factible establecer test que ayuden a las personas a comprobar su inteligencia emocional y a ver cómo la pueden desarrollar. El siguiente paso es descubrir el pálpito inteligente y optimizar los procesos.

Para sacar un buen rendimiento de nuestra inteligencia intelectual necesitamos tiempo y serenidad, concentración, pero no siempre disponemos de ello para resolver los problemas que se nos plantean. Para responder a esta necesidad se desarrolló la llamada *inteligencia emocional* que nos permite tomar decisiones extremadamente rápidas y hacerlo en condiciones confusas para nuestra conciencia, pero que se muestran como absolutamente correctas.

La palabra *emoción* proviene de *exmovere*, que literalmente significa «mover hacia fuera». Suele usarse como sinónima de *sentimiento*, aunque no es del todo correcto, como veremos más adelante. Pero de entre la infinita gama de sentimientos que podemos detectar se considera que sólo siete son los básicos, resultando el resto combinaciones de éstos.

Toda la amplia variedad de sentimientos y emociones que experimentamos, así como los pensamientos, los estados psicológicos, los biológicos y la voluntad de acción que provoca cada sentimiento y emoción concreta hacen que este tema sea sumamente complejo. Las emociones no se pueden separar de los pensamientos y siguen siempre una lógica psíquica, aunque parezca irracional.

Las carencias emocionales, que tienen como resultado el afán de reconocimiento, perfección y seguridad, conllevan ciertas turbulencias mentales y trastornos psíquicos, como el intento de vivir pasivamente y sin responsabilidad. Frente a esto, por otra parte, se encuentra lo que se ha dado a conocer como inteligencia emocional, que conlleva cinco aspectos básicos:

Autoconciencia: Conocimiento y reconocimiento de la propia existencia; el propio sentimiento de vida.

Autocontrol: Disposición para saber situarse desde los propios sentimientos sin caer en la ansiedad. Poder afrontar el miedo y compensarlo. Capacidad para superar las pérdidas, frustraciones y malestar general.

Motivación: Saber permanecer en una tarea sin desanimarse, aunque ésta no salga bien.

Empatía: Entender lo que otras personas sienten. Saber ponerse en el lugar de los demás, aunque no nos caigan simpáticos.

Habilidades sociales: Orientarse hacia las personas, sin contemplar la vida desde la distancia. Sentir alegría al estar entre la gente.

Tabla comparativa

Inteligencia de CI	Inteligencia de CE
Reflexión, análisis	Relacionarse
Acumulación de datos	Crear nuevos significados
Decidir desde la lógica	Decidir desde la experiencia
Tiempo y calma	Rapidez e impaciencia
Centrado en la cabeza	Centrado en el pecho
Datos consistentes	Información maleable
Razonamiento analítico	Razonamiento global
Sentido racional	Sentido emocional
Poner inconvenientes y aplazar	Impulsividad e inmediatez
Revisar y sopesar las decisiones	Seguridad en las decisiones
Palabras y cifras	Personas y situaciones
Asentamiento en el pasado	Orientación al futuro
Carácter frío y definido	Carácter cálido e impreciso
Distanciamiento	Integración
Egocentrismo	Orientación a la colectividad
Aislamiento	Vinculación
Formación intelectual	Formación sensitiva

La inteligencia emocional como pálpito

Cada día se aprende un poco más sobre los misterios de la inteligencia humana y sobre nuevas vías para expandir nuestro potencial y profundizar en él. Se va contando con medios más sofisticados de observación y medición de los procesos neuronales y orgánicos en la neurociencia. Y muchos de los experimentos que se llevan a cabo permiten comprobar antiguas tradiciones filosóficas orientales, místicas y conocimientos esotéricos, en un sentido positivo o negativo para reafirmarlos o descartarlos.

En primer lugar, debemos aceptar que la inteligencia, la mente y la capacidad para conocer, en diferentes formas, se encuentra distribuida por todo el cuerpo. La antigua concepción de la mente y el cuerpo, como elementos separados, se encuentra en entredicho. Una gran cantidad de conocimientos y percepciones no pasan a nuestra conciencia y no tenemos ocasión de reflexionar sobre ellos. Se encuentran vinculados con las redes neurológicas de la región intestinal y del corazón, en conexión con la amígdala cerebelosa.

El proceso evolutivo nos ha dotado con una gran capacidad para disponer de distintos tipos de percepciones, mucho antes de que se desarrollara el razonamiento abstracto. Las regiones neuronales implicadas en las sensaciones viscerales son mucho más antiguas que las delgadas capas del neocórtex, el centro del pensamiento racional, que se halla situado en la parte superior del cerebro. Los presentimientos, los pálpitos, por su parte, se coordinan en una región mucho más profunda, en los centros emocionales que rodean el tallo cerebral. Para mayor exactitud, tales procesos se vinculan con la anatomía y las ramificaciones nerviosas de una estructura en forma de almendra denominada amígdala.[8] Esta red de conexiones, a la que a veces se conoce como amígdala extendida, llega hasta el centro ejecutivo del cerebro situado en los lóbulos prefrontales.

Toda experiencia vital genera una reacción, un pálpito intestinal. Puede tratarse de un mero hormigueo o de un nudo en el estómago producido por la tensión, el estrés o las emociones. Dependiendo de la educación o el entrenamiento de las personas, se puede ser o no cons-

---

8. Duffy, James D.: «The neural substrates of emotion». *Psychiatric Annals*. Enero 1997. LeDoux, J.: *The Emotional Brain*. Basic Books. Nueva York, 1996.

ciente de tales pálpitos en una primera instancia. En cualquier caso, siempre generan reacciones involuntarias. Estas reacciones tienen que ver con gestos, posturas corporales o actitudes que tomamos en relación con lo percibido las cuales fueron estudiadas, entre otros, por Flora Davis[9] bajo el concepto de *comunicación no verbal*. Cuando tales tensiones se mantienen sin respuesta adecuada las notamos en forma de contracción muscular y dolor, local o reflejo. Pero antes de que tales impulsos se conviertan en expresión corporal podemos hacerlos conscientes como «pálpitos» que nos transmiten un conocimiento no verbal y no racional, intuitivo.

Si prestamos atención podemos comprobarlo de forma sencilla. Es suficiente con observar antes de tomar una decisión o llevar a cabo una acción determinada. Podríamos preguntarnos, en tales casos, en función de aquello que estemos viviendo y sin buscar una respuesta razonada, sino sensitiva: ¿es importante esta reunión para mí? ¿Me conviene relacionarme con esta persona? ¿Hay alguna oportunidad disponible? ¿Hay alguna amenaza? ¿Corre algún riesgo mi felicidad?

Conocido como *sistema nervioso entérico*,[10] la estructura neuronal del intestino es independiente del cerebro, aunque se encuentra conectada con él. Los estudios relacionados con las células nerviosas y las sustancias neuroquímicas que se encuentran en el tracto intestinal muestran que hay más neuronas en este conducto digestivo que en toda la médula espinal; alrededor de 100 millones de células. Este complejo circuito permite al intestino actuar independientemente de nuestra voluntad, aprender, recordar e influir en nuestras percepciones y conductas.

Y tras digerir cada experiencia en el sistema nervioso entérico, le toca meditar al corazón. En la década de los noventa, los científicos en el campo emergente de la neurocardiología descubrieron el «cerebro del corazón». Se encuentra integrado por un conjunto de más de 40.000 células nerviosas llamadas *barorreceptores*, más una compleja red de neurotransmisores, proteínas y células de apoyo.[11] Tiene capacidades de cálculo y coordinación de estímulos altamente sofisticadas y, al igual que el cerebro del intestino, utiliza su circuito neuronal para actuar de

9. Davis, F.: *La comunicación no verbal*. Alianza Editorial. Madrid, 1988.

10. Gershon, M. D.: *The Second Brain*. Harper-Collins, Nueva York, 1999.

11. Armour, J. y Ardell, J.: *Neurocardiology*. Oxford University Press, Nueva York, 1994.

forma independiente, aprender, recordar y responder a las interacciones de la vida.[12]

En el feto humano, el corazón se desarrolla antes que el sistema nervioso y el cerebro racional. Los impulsos bioeléctricos de nuestros latidos y la información contenida en el corazón se transmite a cada célula corporal. El corazón es un músculo cargado con energía y cada latido hace que muchos miles de células se enciendan a un ritmo completamente sincronizado. Los recientes estudios sobre procesos de aprendizaje y actividad emocional han descubierto que la coherencia o incoherencia de los ritmos del cerebro y el corazón influye directamente en la eficacia del pensamiento cerebral.[13]

Con cada latido se produce una comunicación instantánea en todo el cuerpo; una onda que viaja a través de las arterias con mucha más velocidad que el flujo sanguíneo.[14] Esto da lugar a otro lenguaje de comunicación interna a medida que las pautas de las ondas varían con cada pauta intrincada y rítmica del corazón. Cada una de nuestras células, de los billones de células del cuerpo humano, siente esta onda de presión y depende de ella de muchas formas.

Además de la vía de comunicación expuesta, hay otra que se produce también a través de la sangre: los mensajeros químicos del sistema hormonal. Una de esas sustancias químicas del corazón es el péptido auricular: un conductor primario de la conducta motivada.[15]

Si no sentimos nuestros valores y objetivos, no podemos vivirlos. Es el corazón, y no la cabeza, el que tiene un papel protagonista en lograr que nos superemos y sobresalgamos, como se venía diciendo desde la Antigüedad. El corazón no sólo se encuentra abierto a nuevas posibilidades, sino que las busca activamente, rastreando con el fin de lograr una comprensión nueva e intuitiva de lo que considera más importante en la vida personal, familiar, social o laboral; así nos hace «palpitar».

12. Childre, D.; Cryer, B.: *From Chaos to Coherence*. Butterworth Heinnemann, Boston, 1999.

13. Pribram, K. H. y Rozman, D.: «Early Childhood Development and Learning: GAT New Research About the Brain and Heart Tell Us». White House Conference on Human Development and Learning. San Francisco, 1997.

14. Armour, J.: Neurocardiology: «Anatomy and Functional Principles». En *Heart-Math: A New Biobehavioral Intervention for Creasing Coherence in the Human System*. R. McCraty, D. Rozman y D. Childre. Ed. Harwood Academic, Ámsterdam, 1999.

15. Telegdy, G.: «The Action of ANP, BNP and Related Peptides on Motivated Behaviour». En *Reviews in the Neurosciences*, 5, 4 (1994) págs. 309-315; *véase también*, Perr, C. A.: *The Molecules of Emotion*. Scribner, Nueva York, 1997.

El pálpito inteligente y el mundo onírico

Se relaciona la prosperidad, el éxito, con los asuntos materiales, con los asuntos prácticos de la vida. Precisamente con aquellos que solemos ver en el extremo opuesto a las emociones y los sueños. Tanto el pálpito instintivo, intuitivo y emocional como los sueños son instrumentos antiguos de los seres humanos que se han dejado de entrenar de una forma voluntaria, hasta llegar a caer en el olvido, en muchos casos, por prejuicios frente al conocimiento racional. Pero ya va siendo hora de superar tales prejuicios y actuar de forma inteligente, sacando el máximo partido a todas nuestras funciones de forma integrada. Ya va siendo hora de dejar de luchar con nosotros mismos para aprender a colaborar y aprovechar todas nuestras cualidades y posibilidades, comprendiendo que el todo es muy superior a cada una de las partes e incluso a la suma simple de éstas.

Cabría preguntarse, desde la mención hecha con anterioridad a Richard Branson, por ejemplo, si realmente existe distancia e incompatibilidad entre el mundo onírico, el mundo que palpita en nuestras entrañas, y el de la prosperidad, el éxito, la abundancia y la riqueza. Y creo que es sencillo alcanzar la conclusión. Casi todos los empresarios triunfadores, ya se trate de hombres o de mujeres, se mueven por impulsos, por pálpitos. La intuición de las personas geniales y expertas es algo muy conocido y proverbial, frente a los gerentes o directores que buscan más el aval de los balances y estudios de mercado. Con ello no sugiero que deba elegirse entre una cosa u otra. Considero que lo más inteligente es usar las dos. Y aprender a usarlas cada vez mejor.

Se mire por donde se mire, aun cuando no se tenga conciencia del mundo onírico, éste se encuentra presente siempre en nuestra cotidianidad. Es absolutamente imprescindible para la vida, para la salud de todo ser humano, aunque jamás se piense en él. No precisa ser pensado. No precisa de nuestro conocimiento o voluntad para existir: palpita. Palpita en una forma inteligente para organizar y mantener la vida en nuestro organismo. Palpita desde el mismo impulso vital que nos inventó, que nos trajo a la existencia, a nosotros y a todos los seres vivos, con independencia de cómo se conceptúe o comprenda, de cualquier ideología espiritualista, religiosa, materialista o atea. Si prescindiéramos de soñar, aunque durmiéramos, moriríamos. Experimentos realizados por los nazis en la Segunda Guerra Mundial lo comprobaron. Con respecto al mundo onírico nocturno, es bien sabido. Pero hay más. Los sueños diurnos, los sueños de nuestras ilusiones y esperanzas, los sueños que nos animan, alegran y motivan son también motor imprescindible de la existencia. Sin ellos, sin su pálpito, nuestro corazón se detiene en la tristeza y la depresión. Todos lo hemos experimentado, con mayor o menor intensidad, en nosotros mismos y en las personas que nos rodean. Si no tenemos sueños palpitando en nuestra sangre, tampoco somos capaces de fructificar en la prosperidad, la abundancia y la riqueza. Y con ello no quiero decir que por el mero hecho de soñar, de tener ilusiones y pálpitos, sea suficiente. También resulta imprescindible actuar, ejecutarlos, construirlos: forjarlos en la realidad objetiva. Si tras la imaginación, la fantasía y el entusiasmo, tras bucear en el pálpito encendido de nuestra sangre, no trazamos la estructura y construimos piedra a piedra, será imposible habitar nuestro palacio. Soñar tan sólo pasivamente, alucinar, nos atrapa en el laberinto de una enfermedad mental.

La salud y los sueños[16]

Para lograr comprender, de una forma sencilla, la manera en que los sueños nos ayudan a equilibrar y mantener la salud, nos acercaremos a la dinámica de las múltiples tensiones que nos asaltan y acosan, conocidas generalmente bajo el término de *estrés*.

En un sentido amplio, las tensiones que nos afectan se relacionan con procesos internos o externos. Los primeros tienen que ver con deseos, emociones, pensamientos o fantasías que, por algún motivo, quedan frustrados, retenidos en círculos viciosos o rechazados por juicios morales o de valor. Tales impulsos encuentran su origen en procesos orgánicos, biológicos o psicológicos naturales que tienen un sentido o precisan de satisfacción, siguiendo el principio básico de la vida: la interacción con el medio. Podemos imaginar la situación con la ejemplificación de una casa. En ella se generan actividades internas de relación por parte de sus ocupantes. Se desplazan de unas habitaciones a otras para hablar entre ellos, compartir la comida, llevar objetos de un lado a otro, etc. Cuando consiguen sus propósitos no hay problema; todo funciona correctamente. Pero si alguien no encuentra lo que busca, no obtiene respuesta al intentar iniciar una conversación o coincide con más personas simultáneamen-

---

16. *Véanse* mis libros: *Cómo interpretar los sueños, Hipnosis y sofrología* y *Regresiones,* en Ediciones Obelisco.

te en una puerta, por ejemplo, se producen conflictos. También pueden producirse porque la velocidad de los intercambios aumente, produciendo choques, errores accidentales o cansancio por una o todas las partes. De la misma forma que aumentaría el malestar entre las personas que se encontraran en las situaciones descritas, también aumenta la tensión en los impulsos nerviosos que no logran su objetivo.

En el caso de las tensiones originadas en relación con elementos externos, el ejemplo sigue sirviéndonos, aunque podríamos ilustrarlo con mayor precisión si consideramos la puerta de entrada de la casa y las personas ajenas que llegan a ella, las variaciones del clima, el intercambio de productos, como los alimentos que entran y la basura que sale, además de muchas otras situaciones que diariamente vivimos. En nuestra persona, teniendo en cuenta las dimensiones física, mental y emocional, las tensiones se generarían debido a la sobrecarga de estímulos sensoriales, agresiones diversas, presión psicológica que nos llega de otras personas o a excesos de actividad muscular no compensados. Cuando surgen los conflictos en esas dinámicas, por interrupciones no deseadas o impuestas, se genera tensión. Las tensiones se van acumulando hasta que superan los límites aceptables para la convivencia o el bienestar de las partes. Entonces aparece el estrés patológico. Y éste genera malestares puntuales o crónicos, que pueden llegar a convertirse en enfermedades; enfermedades psicosomáticas.

Antes de llegar a los procesos patológicos o las enfermedades, se ponen en marcha dinámicas o reacciones de ajuste que buscan el alivio del estrés y el restablecimiento de las funciones normales. Son sistemas de apoyo que buscan alternativas de organización, compensación, satisfacción o negociación, de forma involuntaria. Y entre ellos encontraríamos los sueños, los deseos de cambio de postura, los bostezos, los suspiros, los estornudos, los estiramientos y otros. Pálpitos. Cuando logran equilibrar el sistema se evita la enfermedad.

Podemos entender los sueños como válvulas de escape de la tensión acumulada en el organismo, de la misma forma que ocurre con una olla a presión de las que se usan para cocinar. Y también podríamos entender, siguiendo con la metáfora, que el lenguaje de los sueños se vincula con el aroma del vapor que sale de la olla y que nos da noción de lo que se está cocinando en ella, aunque no lo veamos.

Una de las aportaciones fundamentales de Sigmund Freud fue la conceptualización de lo inconsciente y su detección empírica, a través de lo que denominó *actos fallidos*. Y también apuntó el valor de los sueños como medios para llegar a descubrir los impulsos o deseos reprimidos y ocultos en lo inconsciente, generadores de rasgos o procesos neuróticos. Los sueños tendrían, según él, una función equilibradora para el dinamismo psíquico. Tales impulsos o pulsiones, fueron bautizadas con el nombre de *libido*, en relación con la energía sexual. Y ese término se encontraba ligado a otros cuatro alemanes: *liebe* (amor), *leib* (cuerpo, vientre), *leb* (actividad) y *leben* (vida). Con esta observación podemos acercarnos más a lo que quería indicar a través de él. Una traducción correcta sería: «actividad corporal vinculada con el vientre, que tiene que ver con el impulso vital y con el amor». Los sueños serían, pues, el reflejo de tal actividad o fluir. Su función tendría que ver con la liberación de la energía retenida, que, al tratarse de un impulso físico, irritaría y desgastaría por sobrecarga los órganos en los que se alojara. La comprensión de su lenguaje simbólico, ligado a las impresiones sensoriales y la memoria cotidiana, nos permitiría establecer un código interactivo para ayudar en los procesos de liberación y ajuste para los que el sueño natural se declara como insuficiente por excesos de acumulación de estrés. En este sentido podemos decir que los símbolos oníricos son una forma de lenguaje del pálpito inteligente corporal.

Campos electromagnéticos y pálpitos cotidianos

El organismo humano genera muchos impulsos eléctricos o bioeléctricos a través de los procesos de transmisión neuronal. Y como todos sabemos, todo impulso eléctrico genera un campo magnético. Todos hemos tenido ocasión de comprobarlo a través de sencillos experimentos caseros o escolares con electroimanes. En este sentido, todos los órganos de nuestro cuerpo, en especial aquellos en los que se da un cúmulo especial de neuronas activas, generan campos electromagnéticos. Además del cerebro y el sistema nervioso central, que recorre nuestra espalda desde la columna vertebral, vimos que también el intestino y el corazón se encuentran en este caso. Según las observaciones y mediciones de los neurocardiólogos, el campo electromagnético del corazón es el más poderoso que genera el cuerpo. Sus mediciones apuntan a que llega a ser 5.000 veces mayor que el producido por el cerebro.[17] Los cambios eléctricos en los sentimientos

17. Song, L.; Schwartz, G.; Russek, L.: *Heart-Focused Attention and Heart-Brain Synchronization: Energetic and Physicological Mechanisms. Alternative Therapies in Health and Medicine*, 4, 5 (1998). Págs. 44-62.

y emociones transmitidos por el corazón humano pueden sentirse y medirse, al menos, desde un metro y medio de distancia y a veces, incluso, a tres.[18]

Y de la misma forma que los sueños tienen su lenguaje, a través de los símbolos, representaciones, asociaciones y metáforas, también el corazón genera mensajes inteligentes que transmite por todo el cuerpo, a través de otros códigos asociados. Códigos rítmicos, por ejemplo, que nos hacen pensar en la influencia que tuvo siempre la música en los estados emocionales, como queda reflejado en el dicho popular: «La música amansa las fieras». Y tales comunicaciones, tales pálpitos, influyen profundamente en nuestra percepción del mundo y en nuestras reacciones ante él.[19]

---

18. McCraty, R.; Atkinson, M.; Tiller, W. A.: «The Effects of Emotions on Short-Term Heart Rate Variability Using Power Spectrum Analysis». *American Journal of Cardiology*, 76 (1995). Págs. 1.089-1.093. *Véase también* a este respecto la cita anterior.

19. McCraty, R.; Atkinson, M.; Tiller, W. A.: *New Electrophysicological Correlates Associated with Intentional Heart Focus. Subtle Energies*, 4, 3 (1995). Págs. 251-268; *véase también* Lynch, J. J.: *The Language of the Heart.* Basic Books, Nueva York, 1985.

2

CÓMO CONOCER Y DESARROLLAR LA COMUNICACIÓN DEL PÁLPITO INTELIGENTE

Uno de los primeros inconvenientes que solemos encontrar en esta tarea se relaciona con la saturación de funciones neuronales, que tratamos comúnmente bajo el término *estrés*. Por ello es de primordial importancia que nos ocupemos del mismo. Necesitamos, por una parte, comprenderlo de forma adecuada y, por otra, encauzarlo y gestionarlo con eficacia.

Peculiaridades del estrés

El estrés como aliado

Se habla mucho del estrés en nuestros días. Pero ¿sabemos exactamente en qué consiste y por qué aparece? Esbozaré a continuación la respuesta a tal pregunta, con la esperanza de aclarar ciertas ideas y ayudar a que se conviertan en sugerencias útiles para nuestra vida diaria.

Ante los estados de amenaza o tensión, todas las personas respondemos con unas alteraciones psico-fisiológicas que nos capacitan para la acción. Es una respuesta normal que aumenta el proceso de la respiración y paraliza los parasimpáticos, entre otras cosas. Así comienza el estrés, como reacción adaptativa para un requerimiento concreto. Por su mediación nos hacemos más eficaces en la acción. Si nos faltara, nos volveríamos inapetentes, inactivos; estaríamos siempre medio dormidos. El problema surge cuando estos estados tensionales se convierten en crónicos es decir, que una vez puesto en marcha el motor de nuestra actividad eficaz no sabemos detenerlo. A partir de ese momento, quemamos demasiado combustible, demasiadas energías, desgastamos excesivamente las diferentes partes de nuestro cuerpo y además somos víctimas de frustraciones continuas. No se puede decir por ello que el estrés sea una enfermedad. Se trata más bien de un fenómeno de reacción de nuestro organismo ante determinadas situaciones de tensión que lo afectan.

Cuando los estados de tensión se convierten en crónicos, no podemos recuperar nuestra actividad psico-fisiológica normal. Esto influye en la reducción o eliminación de las etapas de reposo, tan importantes para la supervivencia. Éste es el cuadro ante el que solemos utilizar el término *estrés*, al que le siguen una serie de patologías típicas. Las consecuencias de estas últimas pueden ser muy serias, incidiendo inmediatamente en el empeoramiento de nuestras relaciones laborales, familiares o sociales en general. También repercute seriamente en la salud aumentando, entre otras cosas, el riesgo de infarto.

No todos llegamos a esta situación, y los que lo hacen pueden seguir procesos diferentes. Influye mucho el carácter de las personas; unas tienen gran tolerancia ante cualquier tipo de tensión, y otras se descompensan fácilmente al encontrarse en circunstancias conflictivas. También es determinante la edad, el tipo de alimentación y la actividad profesional que se ejerza.

Las patologías típicas o enfermedades que se derivan de esta situación son: insomnio, cefaleas, estados de agitación o nerviosismo continuo, hipertensión, úlceras, padecimientos cardio-vasculares, problemas actitudinales (como puede ser el deterioro de las relaciones laborales, familiares y sociales en general), obsesiones y debilitamiento de la respuesta inmunitaria, que nos hace más vulnerables a cualquier otro tipo de enfermedad por contagio.

El medio más eficaz de prevenir los desórdenes anteriormente descritos consiste en el incremento de nuestra calidad de vida, lo cual puede lograrse por medio de una preparación adecuada que posibilite la detección de los focos de tensión y su control; es decir, conseguir enfrentarse a los problemas diarios con un talante diferente, con mayor tranquilidad y seguridad. Conociendo la forma de acceder voluntariamente a ellos conseguiremos una mejor solución de nuestros problemas.

Existen técnicas para lograrlo. Y lo más aconsejable es comenzar a practicarlas de la mano de una persona especialista en la materia. No obstante, la finalidad de éstas será evitar toda dependencia. Cada persona debe ser capaz, por sí misma, de superar sus propias tensiones, salir de los «círculos viciosos» de pensamiento, de las pequeñas o grandes obsesiones que surgen en las situaciones de conflicto, sentirse fuerte y equilibrada para afrontar el dinamismo de la vida y aportar soluciones creativas que encajen en su medio particular, sin provocar más conflictos. De esta forma nos realizamos como seres humanos sin caer en las frustraciones habituales, la desmotivación, depresiones, etc. Nuestra sabiduría natural, nuestro pálpito inteligente, tiene la misión de ayudarnos en el logro de tan noble fin.

No es suficiente con saber relajarse de vez en cuando. La clave se encuentra en saber integrar armónicamente los estados de tensión y relajación, al igual que en la música se combinan las notas y los silencios. Este ritmo vital introduce en nuestra cotidianidad una dimensión estética, profunda, que nos acerca a la belleza. Por su mediación y sólo por ella, nos capacitamos para disfrutar verdaderamente de todo lo que nos rodea, ya sea ocio o negocio, y llegar a ese gran arte de la felicidad y la sabiduría natural. El dinamismo del estrés puede sernos de gran utilidad para alcanzar el gozo de la vida y llegar a cotas de placer aún insospechadas, tanto en la actividad sexual, la amistad, o la contemplación de la naturaleza, como en el arte, la ciencia y el trabajo. Y se encuentra al alcance de todos. En nuestras manos está elegir entre la enfermedad, el padecimiento y el dolor, o la salud, el bienestar y el placer.

Vayamos dejando a un lado las fijaciones mentales, obsesiones, fobias y obcecaciones que nos hacen fruncir el ceño y absorben una gran cantidad de tiempo y energía sin procurar ningún resultado útil. Su persistencia nos hace sumergirnos en un estado cada vez más pesimista y depresivo que reduce enormemente nuestro rendimiento y altera mucho todas nuestras relaciones. Confiemos en un especialista, si nos resulta difícil al principio, pero no dejemos pasar ni un instante más; estamos reduciendo innecesariamente nuestra felicidad. ¿Por qué vivir en el infierno si podemos hacerlo en el paraíso? Podemos vivir entre sonrisas, pasando del estrés patológico a la ternura. Podemos equilibrar nuestra vida en el bienestar, sin por ello perder eficacia ni capacidad para la acción. ¡Tú también puedes!

Hoy se habla mucho de creatividad. Y ciertamente es ésta la clave por excelencia para resolver nuestros problemas. Todos necesitamos potenciar y usar más esta cualidad humana. Pero la creatividad ha de entenderse en un sentido amplio y no en el restringido habitual del diseño. Tan creativo puede ser concebir una estructura funcional nueva, por ejemplo una obra de arte, como una situación que mejore la comunicación o el profundo deleite de los sentidos. Lo que no lo será nunca es dejar que los minutos, las horas, los días y los años pasen con la gris monotonía de lo ambiguo. Plantémonos y vivamos cada instante como único. Sin pretender nada, sin esperar grandes cambios, vivamos nuestra risa y nuestro llanto, el trabajo y el descanso, con la admiración y la sorpresa del regalo. Cada momento de nuestra vida encierra un tesoro único e irrepetible, es un regalo de la naturaleza; ¡descubrámoslo! Vivamos creativamente, con el estrés como aliado y no como enemigo. Así podremos llegar a descubrir nuestro pálpito inteligente.

La preocupación

Todos hemos vivido, en mayor o menor grado, un fenómeno que se ha convertido en habitual: la preocupación. Ésta es la *clave de alerta* de toda situación de conflicto. Y siguiendo el rastro consecutivo de tal fenomenología llegamos, por acumulación, a una situación de estrés: alteraciones nerviosas, respuestas violentas, dolores de cabeza, cansancio, problemas digestivos, problemas respiratorios, problemas cardio-vasculares y toda una gama patológica con la que, desgraciadamente, nos estamos familiarizando en exceso.

Pero recorramos ahora el camino hacia atrás, es decir, hacia los antecedentes de la preocupación. Destacaré, en primer lugar, dos grandes tipos: las preocupaciones voluntarias y las involuntarias. Las primeras son fruto de un gran esfuerzo por concentrarse en una cuestión determinada y tal resultado evidencia que el proceso de concentración no se ha llevado a cabo adecuadamente; tras la preocupación voluntaria se encuentra un error metodológico. Por su parte, las preocupaciones involuntarias nos asaltan por sorpresa y nos sumergen en un estado de ánimo indeseable. En este caso no hay ningún intento metodológico equivocado; se trata del campo estricto de las emociones, de aquellos impulsos que nos «mueven» en un sentido u otro.

Preocupaciones voluntarias. Antes de proseguir, quiero volver sobre las afirmaciones que acabo de hacer y reflexionar sobre ellas a modo de justificación. En primer lugar, he dicho que «las preocupaciones voluntarias son fruto de un gran esfuerzo por concentrarse en una cuestión determinada». A tal conclusión llego a través de un sencillo análisis terminológico: *pre-ocuparse* es llevar a cabo algo anterior a la ocupación. ¿Qué es aquello que se lleva a cabo con anterioridad a la ocupación? Tendrá que ser, evidentemente, un pensamiento o deseo no muy claro que no puede llegar al ámbito de las acciones concretas, al que denominamos *ocupación*.

¿Y qué impide a un pensamiento o deseo alcanzar el ámbito de las acciones concretas? La falta de precisión. Cuando una idea es lo suficientemente precisa tiende a convertirse en realidad casi por sí sola. Es más, la mayor precisión se alcanza en el ejercicio mismo de la idea considerada. Recordemos, por ejemplo, si en algún momento se nos ocurrió arreglar un grifo que goteaba o ajustar unos pantalones demasiado largos o preparar el viaje de vacaciones. ¿Qué hizo posible pasar del primer impulso, el deseo de hacer algo, a la satisfacción del mismo? Mientras no haya un mínimo de claridad en lo que se pretende no es posible comenzar a hacer nada, pero sólo llegamos a la precisión y al éxito en nuestros planes cuando comenzamos a llevarlos a cabo y vamos resolviendo los pequeños inconvenientes prácticos que se plantean.

Comenzar por querer ver lo que se pretende como un gran inconveniente irresoluble, por afrontar el problema o el deseo como un todo inmenso y lejano, hace imposible nuestras pretensiones. Examinando cualquier detalle, aunque sea en apariencia insignificante, entramos en la situación, nos concentramos en ella, y nos aproximamos a su solución.

Preocupaciones involuntarias. En el caso de las preocupaciones involuntarias, se ha mencionado el término *emociones* como sinónimo de «aquellos impulsos que nos mueven en un sentido u otro». Pero nuestra experiencia nos muestra que no siempre las emociones inducen la preocupación; en muchas ocasiones, tales impulsos emotivos nos conducen por experiencias de exaltación, bienestar o placer.

Para diferenciar ambas posibilidades, consideraré la última como el resultado natural de una emotividad equilibrada y la primera como desequilibrio emocional. No obstante, y para aclarar esta denominación, retrotraeré aún más los impulsos emocionales llegando a lo que se ha dado en llamar *instintos primarios*, detectados en la raíz misma de la evolución biológica.

Así denominaremos *instinto de autoconservación* al relacionado con la alimentación en sus distintos órdenes y dimensiones, así como a la defensa ante un medio hostil, que resulta complementario con el instinto de conservación de la especie que se relaciona con la reproducción, la sexualidad y el autosacrificio. Nuestras emociones, por tanto, como ejecutoras de estos mensajes instintivos, deben continuamente impulsarnos a una lucha por la vida, aunque en algunos casos llegue ésta a retorcerse en una danza mortal. A veces dejamos de apostar por la supervivencia, propia o de la especie. Es una de las peculiaridades de nuestra voluntad humana, reflejada en las conductas suicidas o en los asesinatos, directos, indirectos o circunstanciales.

Se entenderá, pues, por *emotividad equilibrada* la que permite expresar los dos mensajes instintivos básicos en su orientación vital originaria, mientras que el *desequilibrio emocional* se produce cuando uno de los dos requerimientos se impone en detrimento del otro, de la persona o de la especie.

Cuando los dos requerimientos instintivos primarios no encajan entre sí, en alguna de sus múltiples facetas, surgen contradicciones, especialmente al entrar en contacto con el proceso de socialización inmediato, que inhiben las respuestas emocionales en niveles no conscientes, emergiendo a la conciencia como estados de preocupación e insatisfacción no muy bien definidos.

En tales circunstancias se originan una gran variedad de conflictos que, por encontrarse en el campo de los actos involuntarios o pulsiones inconscientes, operan impunemente manejándonos como a muñecos. Nuestra única arma es la estructuración consciente y organizada; sólo así somos capaces de restablecer el equilibrio en nuestras emociones. Pero tal estructuración no puede ser estrictamente racional, ya que suelen faltarnos conocimientos o datos para ello, por lo que necesitamos abrirnos al lenguaje del pálpito, la intuición o los símbolos oníricos, adecuada y metodológicamente organizados.

Prevención del estrés

Como ya he mecionado, el medio más eficaz de prevenir los desórdenes descritos consiste en el incremento de la calidad de vida de la persona: una preparación adecuada que posibilite detectar los focos de tensión y su control; es decir, conseguir afrontar los problemas diarios con un talante diferente, con tranquilidad y seguridad. Éstos son los factores más importantes, los que conseguirán una mejor solución de problemas.

Cada persona debe ser capaz, por sí misma, de superar sus propias tensiones, de salir de los «círculos viciosos» de pensamiento que surgen en las situaciones de conflicto, de sentirse fuerte y equilibrada para afrontar el dinamismo de la vida y de aportar soluciones creativas que encajen en su medio particular, sin provocar más conflictos, y así realizarse como ser humano sin caer en las frustraciones habituales, la desmotivación, depresiones, etc.

Bajo la denominación de *círculo vicioso* entendemos toda una serie de fijaciones mentales, obsesiones, fobias y obcecaciones que absorben una gran cantidad de tiempo y energía sin procurar ningún resultado útil y sin permitir que la persona salga de ellas. Su persistencia va sumergiendo al individuo en un estado cada vez más pesimista y depresivo, que reduce enormemente su rendimiento y altera sus relaciones laborales, familiares y sociales en general.

¿Cómo conseguir ajustar el estrés? En primer lugar, reconociendo nuestro estado de ánimo y las zonas tensionales. Seguidamente, se aplicará el método de relajación más adecuado a las circunstancias. Tras la relajación se estará en disposición de comenzar a contemplar los distintos pensamientos o pálpitos emocionales de forma desapasionada. A la contemplación se la dotará posteriormente de un orden y a éste de una reflexión organizada y equilibrada. Después se introducirá el juego de la imaginación creativa y, con buen humor, confianza y entusiasmo se resolverá la situación conflictiva, pasando a una acción serena, minuciosa, eficaz y feliz.

Técnicas de autocontrol y relajación

Revisaremos ahora diferentes técnicas y propuestas que nos ayuden de forma práctica en las primeras fases de nuestra aventura hacia el control y la meta de optimizar el estrés como aliado. Así nos acercamos directamente al desarrollo de una de las habilidades que la inteligencia emocional reconoce: el control de las emociones.

Relajación dinámica
Cuando hablamos de *relajación*, solemos entender ésta como algo bueno por sí mismo frente a la tensión o el estrés que nos llevan a los indeseables procesos anteriormente descritos. Sin embargo, nos proponemos

aquí variar ese concepto dicotómico de bueno-malo, para entender la relajación dinámica como el resultado de un sistema equilibrado entre los tres aspectos básicos que conforman nuestra fenomenología humana. Al resultado del equilibrio citado como relajación dinámica, lo denominaremos *estado eutónico*, siguiendo la sugerencia de Gerda Alexander.[20] Tal concepto hace referencia al equilibrio del tono muscular, que es a su vez reflejo del equilibrio mental y emocional.

El triángulo humano

Hemos llegado así a la consideración específica de los tres aspectos básicos de nuestra fenomenología humana, que simbolizaremos en adelante como un triángulo equilátero el cual debe mantenerse dinámicamente en equilibrio para lograr el estado de bienestar indispensable para la mejora de nuestra calidad de vida:

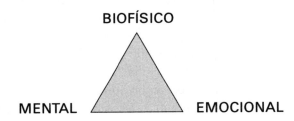

El proceso del estrés patológico o diestrés

El equilibrio se rompe, por exceso o por defecto, en cualquiera de los tres puntos. Así tenemos los 6 tipos básicos de diestrés o estrés patológico.

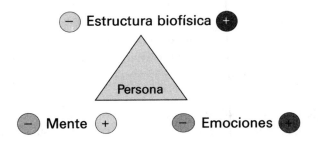

---

20. Alexander, G.: *La eutonía*. Editorial Paidós, Barcelona, 1991.

El diestrés por desequilibrio biofísico

Cuando se produce un deterioro de la salud, por enfermedad orgánica o del tono muscular, se generan toda una serie de excesos de actividad, irritaciones, congestiones o contracturas. Y a su vez tales procesos se encuentran entre las causas de tales deterioros. También el agotamiento por exceso de actividad física y los tics por repetición mecánica se pueden ver entre las causas típicas y los efectos de los deterioros de la salud y los síntomas del estrés. Todo ello centra desproporcionadamente nuestra sensibilidad y conciencia en este aspecto de la persona, en detrimento de los demás.

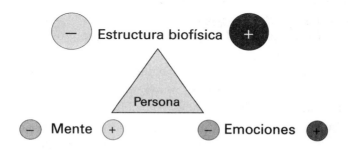

Pero además de absorber o centrar excesivamente la atención de nuestra conciencia, también se producen alteraciones por exceso o por defecto en ella.

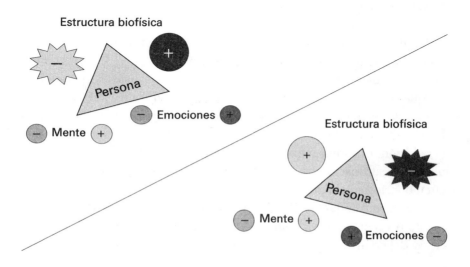

Nuestra mente se desorganiza y nuestras emociones caen, con una tendencia más o menos acusada en un sentido u otro, en función del tipo de malestar biofísico. Veamos algunos ejemplos de este tipo de estrés o diestrés, así como las tendencias naturales hacia el equilibrio que nos sugiere nuestro pálpito inteligente, de forma voluntaria e inconsciente, así como las ventajas que supone escucharlo un poco más y mejor.

Pongámonos en el caso de los excesos de actividad física producidos por un tipo de trabajo o de deporte para el que no tengamos unas condiciones adecuadas o un entrenamiento suficiente. Todos hemos sufrido, en casos semejantes, con mayor o menor intensidad, las llamadas agujetas. Éste es un estrés patológico o diestrés que dificulta o reduce considerablemente nuestro rendimiento físico. Pero también podemos ver en ello la manifestación del pálpito inteligente, que procura evitarnos una lesión. Y lo hace al centrar nuestra atención en los músculos afectados, permitiéndonos reequilibrar el triángulo citado a través de la activación del pensamiento, que ha de organizar una serie de acciones compensatorias eficaces, así como de unas emociones positivas que, a través de la ternura y el buen humor nos proporcionen alivio. Al actuar así, desde la sabiduría natural, compensamos el estrés. Aunque no siempre se actúa en esa forma. Muchas personas, en lugar de escuchar su pálpito inteligente, se dejan arrastrar por el desequilibrio del malestar físico (y ven afectado su pensamiento con dificultades de concentración en otras tareas organizativas, por ejemplo), además de por las emociones negativas, que las arrastran a un círculo vicioso cada vez más grave. Lo mismo sucede con cualquier otro tipo de dolencia orgánica generada por una influencia externa o interna.

En el caso de una carencia de actividad física, su manifestación consiste, por ejemplo, en la disminución del tono muscular. En tales condiciones se nos pueden caer las cosas de las manos o perder el equilibrio porque nuestras piernas no nos aguantan con suficiente fuerza. La respuesta del pálpito inteligente sería reír, respirar con intensidad y bombear sangre hacia los músculos, organizando el pensamiento a través de la reflexión. La forma negativa del proceso genera emociones de aflicción, quejas y reafirmación de condicionamientos negativos, que nos llevan al círculo vicioso de la inutilidad creciente.

Este mismo esquema puede reproducirse con los demás aspectos, la mente o las emociones, como centros originarios del diestrés. En estos casos deberíamos potenciar los aspectos en desequilibrio a través de nuestra voluntad consciente. Nuestro pálpito inteligente tiende a hacerlo de manera no consciente. Pero no siempre lo escuchamos y seguimos sus sugerencias. Para poder hacerlo, necesitamos el equilibrio de todas las partes: un triángulo equilátero.

El diestrés por desequilibrio de lo mental

Se caracteriza por un exceso de análisis racional obsesivo, en forma de círculos viciosos, o bien por una proyección desmesurada hacia el futuro, sin capacidad de análisis. Sus síntomas peculiares son el insomnio y las cefaleas.

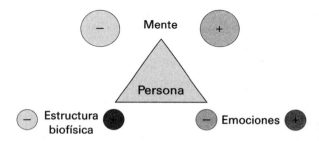

Cuando nos dejamos llevar por la preocupación, en relación con la organización de las tareas y la toma de decisiones, ya sea en el trabajo o en los asuntos sociales, familiares o personales, tendemos a dar demasiadas vueltas a las cosas, sin llegar a conclusiones claras. Esto ocurre porque faltan o se desconocen datos, variables o decisiones, que dependen de otras personas. Se entra así en un bucle de especulaciones que genera inseguridad y nos impide resolver o desarrollar propuestas, planes. El problema de raíz consiste en situar el origen de la voluntad y la seguridad en la mente. Y ésta, para sentirse segura, necesita tenerlo todo controlado, jugar con todas las cartas descubiertas sobre la mesa. Cuando tal situación no se da, que es el 99,99 por 100 de los casos, queda obstaculizado el proceso de avance en el pensamiento y éste comienza a dar vueltas, con un desgaste inútil.

La alternativa del pálpito inteligente será, por ejemplo, tensar los músculos, dar un golpe en la mesa o en la propia frente, respirar con intensidad, reír y tomar la primera opción que aparece. Así se supera el bloqueo y se alcanzan resultados sorprendentes y eficaces, potenciando la actividad física y las emociones en forma creativa y resolutiva.

El diestrés por desequilibrio emocional

Tenemos, por otra parte, la fantasía excesiva, como una borrachera de alegría o de tristeza amenazante. Si ésta nos lleva a situarnos lejos de los asuntos prácticos, quitándonos las ganas de «poner los pies en la tierra», es decir, de concretar y planificar nuestros impulsos y deseos, nos encerramos en un ambiente protegido e irreal. Ahí comienza el desequilibrio que nos arrastra por las pantanosas sendas del diestrés emocional.

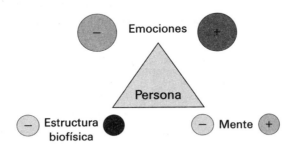

Se caracteriza por un entusiasmo desmedido que ciega la razón o bien por las tendencias depresivas, según su exceso o su defecto. Sus síntomas peculiares son la hiperactividad compulsiva o la desgana y el deseo de dormir. Veamos algún ejemplo.

Cuando una persona recibe una noticia muy agradable e inesperada, por tener pocas posibilidades de lograr un objetivo, se genera una reacción de alegría intensa. Puede ser la confirmación del embarazo para una mujer que lleva tiempo intentando convertirse en madre, la firma de un buen contrato, un premio de lotería, o cualquier otra. En tales casos, el desbordamiento emocional puede llevarnos a cometer errores graves, como que la futura madre salte alocadamente y caiga, produciendo un aborto; hablar más de la cuenta sobre algún asunto inapropiado que genere sospechas en las personas con las que se había firmado ese contrato; emborracharse por la noticia del premio y perder o destruir por error el billete premiado. Éstos serían efectos del diestrés por exceso de emociones, que pueden llevar al consecuente estrés patológico de la depresión por carencia emocional, arrastrando, en cualquiera de ambos casos procesos, físicos o mentales desequilibradores.

Por otra parte, se encuentran esas otras circunstancias en que, directamente, «se nos viene el mundo abajo» por haber perdido a una persona muy querida o nos hemos decepcionado por la frustración o traición de alguna creencia o valor.

En ambos casos, el pálpito inteligente nos llevaría a una moderación emocional, con gestos más contenidos pero de tonificación muscular, respiración intensa y planificación inmediata de las nuevas circunstancias.

Pero la forma errónea de proceder genera quejas, con los consiguientes círculos viciosos de pensamiento obsesivo, por sentimientos de culpa, conductas de autocastigo con enfermedades o procesos psicosomáticos, golpes o accidentes que generan fracturas o heridas abiertas.

Entramos así, de nuevo, en una especie de complejo bucle, o «pescadilla que se muerde la cola», como vulgarmente se dice, en el que pueden combinarse los diferentes desequilibrios estresantes. Para resolverlo, mientras vamos desarrollando el entrenamiento de nuestro pálpito inteligente, veremos a continuación algunas propuestas que nos pueden ayudar.

Primeras técnicas

El propósito de la relajación es aflojar los músculos y soltar la mayor cantidad posible de tensiones físicas, mentales y emocionales. Hace ya algunos años que estas prácticas se pusieron de moda produciendo ciertos excesos, por situarlas como un fin en sí mismas, cuando su valor fundamental era el de ser el medio para producir el equilibrio y el ajuste dentro de la dinámica muscular psicomotriz y refleja. Con respecto al despertar de la sensibilidad, para sintonizar o escuchar el pálpito inteligente y descifrar su lenguaje, la relajación ayuda en el proceso de concentración de la atención y alteración de la conciencia. Esta alteración de la conciencia es imprescindible. Por su mediación se consigue potenciar esta comunicación profunda y desarrollar o conocer su lenguaje o código natural.

A continuación consideraremos algunas de las técnicas que nos permitirán disponer de más herramientas y recursos aplicables a la hora de estructurar una metodología y un procedimiento adecuado para el logro de la experiencia que buscamos: la sensibilidad profunda del pálpito, su interpretación y aplicación.

Método de sensibilización de Jacobson

Partiendo de la diferencia existente entre el estado de relajación y el de reposo, Jacobson propuso un método progresivo dirigido, fundamentalmente, a la musculatura voluntaria, en dos etapas. En la primera se enseña a reconocer las sensaciones de tensión para poder eliminarlas, pasando de un músculo o grupo reducido, como una pierna o un brazo, al resto del cuerpo. En la segunda fase se enseña a relajar ciertos músculos, mientras los demás se mantienen activos.

Este tipo de relajación se puede practicar en casa o en cualquier otro lugar tranquilo, de forma autónoma, donde no exista el temor a ser molestado o interrumpido. Como medidas de precaución, conviene cerrar la puerta de la habitación y desconectar el teléfono. La posición ideal de partida es tumbarse sobre la espalda, con la boca hacia arriba, en una superficie dura, con la cabeza apoyada en un almohadilla, aunque también puede llevarse a cabo sentado cómodamente en una silla. Antes de comenzar conviene estirarse, durante unos treinta segundos, aproximadamente, recordando la forma en que lo hacen los gatos y disfrutando de la experiencia. Seguidamente se observará la respiración, sacando el ombligo al tomar aire y metiéndolo al expulsarlo, durante dos o tres minutos, manteniéndola suave y tranquila a lo largo de todo el ejercicio, para pasar a cerrar los ojos lentamente, con la frente suelta y sin esfuerzo. Acto seguido, se procederá con el ejercicio en forma local para pasar después a la relajación general. Se comienza por levantar la mano derecha, manteniendo la muñeca y el resto del brazo en contacto con el suelo, el sillón o el cuerpo, dependiendo de si la posición de partida es tumbado o sentado.

Experimentando la tensión que supone mantener la mano recta y las puntas de los dedos hacia arriba, se dejará que caiga por su propio peso, repitiéndonos mentalmente al mismo tiempo «tensión», para subir, y «relax», para soltar. Se repite lo mismo cinco veces y se pasa a la mano izquierda, con la que se procede del mismo modo. Después se hace lo mismo con el antebrazo derecho, articulando el codo, para continuar con el izquierdo.

Seguidamente se procede con todo el brazo derecho y el izquierdo, los pies y las piernas, cada cual por separado. El siguiente paso es levantar y soltar, con cuidado, la cabeza. Tras haberlo hecho en forma local, se pasa a la general que consiste en hacerlo con todas las partes (manos, brazos, pies, piernas y cabeza) al mismo tiempo.

La relajación diferencial consiste en desarrollar el mínimo de contracción muscular necesario para la ejecución de un acto, al mismo tiempo que se relajan los músculos cuya actividad no es indispensable para la realización de ese acto.

Se practica con ejercicios de lectura y escritura, aunque resulta aconsejable llevar a cabo primero una relajación general de 15 a 30 minutos. Después, la persona deberá sentarse en una silla, con la espalda recta y apoyada en el respaldo, ante una mesa en la que se ha colocado un libro, unas hojas de papel y un bolígrafo, para hacer lo siguiente:

Primero se comienza a leer el libro, totalmente relajado, sin pretender comprenderlo. Después se hará el esfuerzo mínimo necesario para comprender el texto, manteniendo el estado de relajación.

Entrenamiento autógeno de Schultz

Este psiquiatra alemán, nacido en 1884, se interesó por el estudio de los fenómenos hipnóticos llevados a cabo en el Instituto Neurológico de Berlín. En las prácticas de autohipnosis que allí se hacían constató que muchos pacientes «cultos y con gran sentido crítico» experimentaron sensaciones de calor y pesadez en todo el cuerpo, al pasar del estado de vigilia al sueño hipnótico. Pero llegó a la conclusión de que la desconexión hipnótica no era la causa de tales sensaciones sino la consecuencia de las mismas. Esto fue lo que despertó el interés por la relajación independientemente del contexto hipnótico en el que se encontraba al principio. Su propósito, de donde recibe el nombre de *entrenamiento autógeno* es el de facilitar al paciente su uso individual, una vez que lo ha aprendido de un terapeuta.

Es importante saber que existen ciertas contraindicaciones en personas con alteraciones cardiovasculares, niños, ancianos y enfermos mentales graves.

Los ejercicios han de practicarse en un lugar tranquilo, con una temperatura agradable y una luz indirecta o muy tamizada. La ropa ha de ser cómoda y deben soltarse los puntos de tensión: cuello, cinturón, zapatos... El entrenamiento se debe realizar dos o tres veces al día. Se llevará a cabo sentados en un sillón cómodo, donde pueda mantenerse la cabeza en reposo y equilibrio, o en una silla normal adoptando lo que denominó «la posición del cochero», al observarla en los conductores de los antiguos coches de caballos, llamados *simones*; la utilizaban para dormir entre un trayecto y otro. Consiste en sentarse con las piernas ligeramente separadas, con las plantas de los dos pies bien apoyadas en el suelo. Se mantiene por unos instantes la espalda recta y después se flexiona, dejando caer la cabeza, hasta encontrar un ángulo de inclinación equilibrado. Los antebrazos se apoyan en la parte interior de los muslos y las manos cuelgan suavemente, inmóviles, entre éstos. Una vez adquirida la posición adecuada, se cierran los ojos para facilitar la concentración.

Sensación de pesadez. Se comienza repitiendo seis veces mentalmente: «estoy muy tranquilo/a». Ha de hacerse con un ritmo suave y lento, procurando disfrutar de la sensación. A continuación hay que concentrarse en el brazo derecho (izquierdo para las personas zurdas) para repetir otras seis veces: «mi brazo derecho (izquierdo) pesa cada vez más». Finalmente, se repite la frase del principio («estoy muy tranquilo») una sola vez. Después se saldrá lentamente de la concentración, flexionando y estirando varias veces los brazos y las piernas, a la vez que se respira profundamente, y por fin se abren los ojos.

La duración del ejercicio debe ser de unos cinco minutos y se repetirá durante una semana, dos o tres veces al día. Seguidamente se irá haciendo lo mismo con otras partes del cuerpo hasta pasar, como en el método de Jacobson, de la relajación local a la general, asociando en cada ocasión la zona correspondiente con la sensación de peso.

Experiencia de calor. Este segundo ejercicio comienza como el anterior y ha de hacerse siempre después de haber conseguido un resultado positivo en aquél. Su estructura es la misma: repetir mentalmente seis veces «estoy tranquilo», después otras seis veces «mi brazo derecho (izquierdo) está caliente», generalizándolo progresivamente a las demás partes del cuerpo, y terminar repitiendo una sola vez «estoy tranquilo/a».

Regulación cardíaca. Con la misma estructura y condiciones que los ejercicios anteriores, tras las seis veces de repetir mentalmente «estoy tranquilo», se pone suavemente la mano en la zona del corazón y se formula otras seis veces «mi corazón late tranquilo y fuerte», para terminar con una sola vez: «estoy tranquilo/a».

Ritmo respiratorio. En este caso, manteniendo la misma estructura anterior, la fórmula que se repite seis veces es: «mi respiración es tranquila; algo respira en mí».

Plexo solar. Se trata de potenciar la sensación de calor en la región abdominal, para lo que se repite seis veces la fórmula: «mi plexo solar irradia calor».

Frescor en la frente. Se recomienda utilizar un paño húmedo y fresco, como refuerzo de la sensación y asociación correspondiente. En este caso, la fórmula es: «mi frente está agradablemente fresca».

Otros elementos y fórmulas de ayuda para la relajación física y mental

Respiración rugiente y progresivamente lenta. Comenzaremos, sentados o tumbados, a respirar con fuerza, como si estuviéramos resoplando. Pondremos el énfasis en la expulsión del aire, hasta que se vaya experimentando una sensación de cansancio y desahogo. Entonces se va reduciendo progresivamente el ritmo y la intensidad de la respiración hasta que ésta sea prácticamente imperceptible.

Entonación de sonido profundo. La entonación de un sonido profundo, como el «OM», impulsando el aire desde el abdomen y haciendo que su vibración se extienda por todo el cuerpo, durante diez minutos, facilita la concentración, la seguridad, la intuición y la comunicación con toda la información subconsciente.

Concentración y autorrefuerzo. Con los ojos cerrados, pensaremos que una luz imaginaria gira en el centro de la frente mientras nos repetimos mentalmente: «me encuentro concentrado, muy concentrado y perfectamente preparado para el ejercicio que llevaré, a cabo a continuación». Mantenga este ejercicio durante un período de cinco a diez minutos. Después sentiremos el latido del corazón, nos dejaremos llevar por él durante unos instantes, para atender después a los sentimientos o sensaciones que nos evoque. Si aparecen imágenes, símbolos, recuerdos, palabras o sonidos en nuestra conciencia interior, deberemos anotarlos para trabajar con ellos después.

El hábito del equilibrio eutónico

Conviene adquirir un hábito de relajación y ajuste emocional para compensar las diferentes situaciones de tensión y frustración que vivimos a lo largo del día. Con este propósito se propone una sugerencia de horario. Cada persona, a partir de él, deberá hacer sus propios ajustes. En ningún caso debe convertirse en obligación que potencie el estrés, pero sí debe mantenerse una observación y voluntad consciente para llegar a adquirir un hábito natural.

Despertar. Dedicar entre diez y quince minutos a estiramientos, relajación y respiraciones profundas.

Media mañana. Dedicar cinco minutos para hacer un cambio consciente de actividad, con respiraciones profundas y una relajación dinámica.

Comida. (*Antes de la comida*). Respirar profundo, potenciar el buen humor y la alegría, junto con la visualización y la imaginación potenciadora de entusiasmo.
(*Durante la comida*). Conviene respirar profundo conscientemente, a la vez que se mastica, y llevar a cabo una relajación dinámica parcial.
(*Después de la comida*). Sería bueno sentarse diez minutos y practicar el entrenamiento autógeno.

Media tarde. Dedicar entre cinco y diez minutos a respirar profundo, potenciar la alegría, la risa y la sonrisa, por medio de visualizaciones compensatorias y relajación dinámica.

Cena. Dedicar cinco minutos al entrenamiento autógeno antes de la cena y, durante ésta, entregarse al deleite de los sentidos: sabores, olores, formas, tacto, conversación, buen humor e imaginación con fantasías compensatorias.

A la hora de dormir. Llevar a cabo una relajación recorriendo el cuerpo entero con imaginación lúdica. Repasar de forma contemplativa y con ternura las diferentes actividades, propuestas y encuentros del día.

Estructuras arquetípicas

Como siguiente paso, tras practicar con la relajación y el equilibrio eutónico, pasaremos a ejercitarnos con el pálpito cardíaco, en su vinculación con los símbolos oníricos. Seguiremos la pista de los arquetipos. Esta palabra proviene del griego *argé* o *arqué*, que significa «principio», y de *tipo*, como «forma», por lo que la traducción sería: «forma o tipo originario».

Casi todas las culturas, y en especial aquellas que se consideran «primitivas», parten de una cosmología, de unos mitos, a la hora de transmitir un conocimiento que dé sentido a su existencia. Nosotros también. Siguen existiendo cosmogénesis, mitos y creencias en nuestro mundo tecnificado, en nuestro mundo personal. Pocos nos damos cuenta. La mayor parte de las personas serias, científicas y pragmáticas, se consideran muy alejadas de aquello que consideran estratos primitivos de la conciencia. Pero se equivocan. La procesión va por dentro, como se dice aplicado a otras cuestiones emocionales. Metafóricamente hablando, hay muchas procesiones, de silencio, de tambor y trompetería, que siguen saliendo cada noche, nos guste o no; lo recordemos o no. Y esas procesiones tienen mucho que ver con nosotros; con todos y cada uno de nosotros. De ellas depende, por ejemplo, que descansemos bien; que sintamos alegría o tristeza; que seamos brillantes, creativos y simpáticos o amargados, depresivos, irritables y temerosos.

Existen fórmulas para acercarnos a ese mundo escurridizo y ponerlo a favor de nuestros intereses, sean éstos los que sean. Hay posibilidades de tomar las riendas de nuestra vida desde lo que suele quedar más allá de nuestra conciencia y voluntad. Y además se puede hacer sin depender de ritos y creencias esotéricas. Tan sólo necesitamos aceptarnos un poco más y recuperarnos en nuestro mundo emocional desde la fantasía, los símbolos y nuestra capacidad natural de juego.

¿Te atreves a iniciar la aventura? ¿Quieres aprender a interactuar de forma voluntaria con tu mundo onírico? ¿Quieres aumentar tu eficacia laboral, personal y social? Hace falta voluntad, valentía y un buen saco de sonrisas. Si deseas continuar, te serviré de guía. Procederé, para ello, a sugerirte mi propia cosmología, aunque en un sentido más moderno.

En el principio estaba el punto. Y el punto no sabemos lo que es. Se le puede llamar Dios, chispazo o, sencillamente, óvulo y espermatozoide abrazados. Lo que sí es cierto es que nosotros, todos, nos encontramos con algo así: un impacto vital, posibilitador de algo que denominamos *mente*. Aristóteles decía, y otros también hoy lo consideran así, que la mente humana es una tábula rasa, es decir, una tablilla de cera sobre la que antiguamente se escribía y que se encuentra sin ningún tipo de inscripción al nacer. Los conocimientos, por tanto, van dejando marcas, poco a poco, en esa mente virginal de la persona. Tales marcas son como círculos o elipses que rodean aquel punto central, de manera parecida, en esta analogía, a la concepción clásica del átomo. El punto central sería el núcleo y las impresiones circundantes, las órbitas de los electrones.

Siguiendo con la estructura metafórica, tenemos el punto central como el impulso posibilitador de la vida, que nosotros vincularemos también al genotipo, es decir, el código genético heredado. Esta estructura presenta unas posibilidades dadas de desarrollo a partir del nacimiento. La realización o concreción de tales posibilidades se lleva a cabo a través de otras cosas o elementos que nos encontramos fuera, en el medio, el primero y principal de los cuales es la madre. Tal y como dice Juan Rof Carballo,[21] el sistema nervioso humano se estructura partiendo de esa primera relación afectiva con la madre, a cuyo proceso denomina la «urdimbre afectiva». Éste sería el modo en que se determina el genotipo con el fenotipo, o forma fenomenológica adquirida: lo aprendido desde lo que nos llega del exterior, de lo ajeno a nosotros mismos.

Con lo anterior tendríamos las bases para la concepción de los dos primeros arquetipos, condicionantes posteriores de una serie de estructuras de rol o formas de relación social. Por un lado estaría el punto o impulso, como arquetipo de la unidad original, raíz o propia mismidad, y por otro, la madre como resonancia envolvente, base y filtro de lo que posteriormente será «el mundo». Así sería, al menos, en cuanto al nacimiento natural y cabría preguntarse qué pasaría en la fecundación in vitro, aunque por ahora no entraremos ahí. No obstante, la urdimbre afectiva se desarrolla también con una madre no biológica, como muestran los experimentos realizados o los casos de adopción, incluso entre los animales.

Se han hecho muchos experimentos que demuestran la importancia, la absoluta necesidad, de la relación afectiva con la madre para el desarrollo normal o sano de la vida animal y humana. En Prusia, en el siglo XIX, se

21. ROF CARBALLO, J.: *Urdimbre afectiva y enfermedad*. Editorial Labor, Barcelona, 1961. Asociación Gallega de Psiquiatría, 1999.

aisló a cien niños recién nacidos, a los que se iba alimentando a las horas debidas y con las proporciones adecuadas para su edad y peso, pero sin vinculación afectiva alguna. El resultado fue que ninguno de ellos sobrevivió, muriendo todos a los pocos meses. También se realizó otra experiencia más reciente, en la década de los sesenta, con tres crías de chimpancé de la misma madre. A una de ellas se la alimentaba por medio de un biberón sujeto a la jaula a través de un alambre. La segunda tenía el mismo tipo de artilugio pero recubierto con piel de chimpancé. La tercera fue alimentada por la madre. El resultado fue que la primera murió, la segunda sobrevivió con manifiestos trastornos de conducta y la tercera se desarrolló con normalidad. Con ello se comprobó que la presencia de la madre era determinante para la adecuada organización fenomenológica de la vida.

Observemos ahora, recuperando nuestro esquema analógico de acercamiento a los arquetipos, que en el desarrollo del niño aparece posteriormente, como estructura de conocimiento, un elemento más de diferenciación: el padre. Pero éste, en principio, no es más que «lo otro de la madre». En esta primera etapa, la figura del padre no tiene una definición clara. Y la siguiente fase, que coincide aproximadamente con los tres primeros años de vida, es la del surgimiento, también absolutamente elemental, del yo. De hecho, este pronombre aparece por entonces en el lenguaje incipiente de la niña y el niño. El reconocimiento de la propia identidad amplía el reconocimiento de la propia imagen, que comienza en torno a los catorce meses, cuando el bebé es capaz de reconocer su imagen en un espejo. De ahí que el espejo sea observado como un símbolo de vinculación arquetípica importante, razón por la cual se encuentra presente en muchos rituales mágicos.

Los arquetipos serían estructuras susceptibles de adquirir forma, al igual que aquello a lo que Aristóteles podía denominar la «materia prima». Pero en estas estructuras los impulsos no vendrían sólo de fuera, aunque tal influencia queda indudablemente aceptada, sino que también vendrían de dentro. Estos impulsos internos, estos pálpitos, tienen que ver con lo que Freud denominaba «pulsiones» y guardan relación con nuestros deseos y necesidades, en relación directa con nuestro cuerpo o estructura somática. El proceso básico, como queda dicho, aparece ya en los tres primeros años de vida y lo encontramos reflejado en muchos ámbitos simbólicos de diferentes culturas y épocas, como puede ser la del mundo cabalístico, por ejemplo, con las tres letras madre del alfabeto hebreo. Éstas se consideran raíces fundamentales, que también Carl Jung asocia directamente con los arquetipos. Pasado este ciclo de tres, postulado como evidencia observada por eminentes psicólogos, como Jean Piaget y la psicología evolutiva actual, nos encontraríamos con otro de siete años que marcaría ya una constante cíclica humana. En el cabalístico árbol de la vida, tras los tres primeros *sephirots* o impulsos emanantes de lo uno, el punto, el Big Bang o la unidad de creación, aparecerían los siete siguientes, como los simbólicos siete días del Génesis, a través de los cuales la Creación se manifiesta.

Seguiremos con esta cuestión. Seguiremos desarrollando la cosmogonía arquetípica de nuestro mundo. Pero antes de continuar, y para evitar un empacho teórico, propondré unos ejercicios básicos que nos ayuden a preparar y entrenar nuestra capacidad de interactuar con nuestro mundo onírico.

Experiencia 1. Tómate cinco minutos de tu ajustado horario. Prepárate con bolígrafo y papel, además de una mesa y una silla según tus gustos y posibilidades. Necesitas un reloj con alarma. ¿Lo tienes ya? Ajusta el tiempo a un minuto y comienza a escribir alocadamente para reunir el mayor número de palabras y frases, antes de que suene la alarma, como el despertador mañanero. ¿Ya? ¿Cuántas palabras y frases has logrado reunir, sin hacer trampas? Entrénate hasta conseguir al menos cien palabras. Después continúa ejercitándote procurando introducir en tu redacción rápida el agua, el aire, el fuego y la tierra.

- *Sentido del ejercicio.* Se pretende entrenar la capacidad de escribir sin pensar, sin reflexionar sobre lo que dices, dando primacía a la descripción sensorial frente a los juicios de valor o conceptos abstractos. Si lo consigues, estarás sintonizando con tu material onírico. No resulta nada fácil. Como podrás comprobar, tenemos una fuerte inercia a hablar de las cosas como una enciclopedia, en lugar de hacerlo como un relato visualizable, que es la forma en que tienen lugar los sueños. Ya veremos después qué pasa con ello. Cada cosa en su momento. Si das los pasos en el orden propuesto y logras los objetivos, te garantizo una agradable sorpresa final de dominio, autocontrol y descubrimiento de tesoros ocultos que harán de tu vida un mundo maravilloso, interesante y práctico.

Arquetipos y estructuras de relación

En la evolución humana, los siete años que transcurren entre el terce-
ro y el décimo, se van formando una serie de estructuras abstractas en
la mente. Si ponemos en conexión analógica la biología, la psicología, la
física, las matemáticas o la simbología cabalística, como en este caso, resulta curioso observar los paralelismos que se establecen y que, sin ser
determinantes necesarios o empíricos de la realidad, sí se constituyen
en constataciones fenomenológicas que nos permiten intuir la presencia de algún elemento nouménico, es decir, esencial en el sentido que le
daba el filósofo Inmanuel Kant, que se nos escapa. Tales son las aproximaciones que podemos establecer a los arquetipos, inaprehensibles en su
mismidad pero innegables por las conexiones que desde esa intuición se
establecen. Se convierten así en un límite matemático de una serie infini-
tesimal. En esta forma podemos entender también aquello a lo que Pitágoras llamaba *números*, con una significación esencialmente distinta a lo
que hoy solemos entender por tal término. Los números, decía, son dioses.
Y como dioses también sería necesario entender la concepción predicativa
griega de aquello que perdura, de lo trascendente al devenir humano y que
al considerarlo nos vuelve con una substancialidad trascendental o noumé-
nica. Estos números, estos dioses o arquetipos, se vinculan con el pálpito
inteligente, como impulsos vitales rítmicos. Por ello también Pitágoras puso
las bases de la armonía, que hoy se siguen usando en la música occidental.

Las diferentes culturas tradicionales, sus esquemas cosmológicos,
muestran planteamientos similares que han sido estudiados por eminentes antropólogos y que Jung rastreó magníficamente en conexión con
aquello que denomino el *inconsciente colectivo*[22] o substrato común de la
humanidad. Tanto en Australia como en América, el Cáucaso, Grecia o
Israel, entre otros lugares, existen y pueden verse con claridad, dentro de
sus mitologías, estructuras arquetípicas que Jung detectó empíricamente
en las manifestaciones mentales, pictóricas y oníricas de sus pacientes.
En éstos se manifestaron tendencias con las que no habían tenido contacto cultural previo y que se correspondían con esquemas netamente
orientales, como los mandalas, absolutamente impropios de las culturas
occidentales.[23]

---

22. JUNG, C. G.: *Arquetipos e inconsciente colectivo.* Editorial Paidós, Barcelona, 1984.

23. JUNG, C. G.: *El secreto de la flor de oro.* Ed. Paidós. Barcelona, 1982.

Todo esto quedará como una mera sugerencia, que algunos podrán mirar con escepticismo intelectualista. Remito, además, en este sentido, a los estudios llevados a cabo por antropólogos como Lévi-Strauss y Mircea Eliade, por citar a dos personalidades reconocidas y con orientaciones diferentes.

En otros ámbitos más objetivables y cercanos, también podemos observar que desarrollamos diferentes tipos de roles, en función de las interacciones que realizamos con el medio. En unas personas se dan de manera más compleja que en otras, confeccionando modelos que podríamos representar siguiendo el esquema de la tabla periódica de los elementos químicos. Desde el hidrógeno hasta los elementos radiactivos, se va aumentando en complejidad la posibilidad de interaccionar con el medio, debido a la potencia y asimilación formal de las diferentes estructuras. Su paralelismo químico serían las valencias, por ejemplo. Además de éstas, cuando las estructuras son muy complejas, los electrones parecen volar con suma facilidad, dando lugar a los cuerpos radiactivos que, entre los seres humanos serían aquellos que van dejando partes de sí mismos, de su simpatía, inteligencia o creatividad, afectando a otros; marcando y transformando el medio en el que se encuentran.

Para que todo lo anterior se dé, tanto entre los átomos como entre las personas, se necesita algo imprescindible: energía. Una persona con poca energía o vitalidad tiene pocas posibilidades de alcanzar un desarrollo complejo. Por otra parte, alguien que viva en un medio demasiado estable, donde no haya crisis o tensión suficiente, tenderá a desarrollarse poco. Tales son las dos formas inmediatas de la energía: la interior, o vitalidad, y la exterior, o presión del medio.

Los roles se van estructurando en base a un esquema básico, de madre-padre-hijo/a, en torno al punto central o chispazo originario. La madre, desarrollándose en la plenitud de lo femenino, se observa también bajo tres aspectos, derivados de la observación cotidiana de las mujeres, en su sentido más primario relacionado con su «poder fecundador»: la niña, doncella o virgen; la joven fecunda o mujer grávida, y la anciana o infecunda. Esto, evidentemente, se da y deriva de culturas elementales, de las llamadas *primitivas*. Nosotros hemos tendido a distanciarnos mucho de estos esquemas tan simplistas, por las relaciones abstractas que hemos ido desarrollando en medios urbanos. Sin embargo, podemos entender que de alguna manera permanecen en nuestra herencia cultural y genética como potencialidades de relación o tendencias arquetípicas. Lo mismo ocurre con el padre, en cuanto a las asociaciones psicoanalíticas del superego descubiertas por Freud. Vemos aquí también la trilogía en el aspecto masculino, que se relaciona con la asimilación y estructuración de lo social, racional o ajeno, al igual que lo femenino se encontraba vinculado con lo sensible, emocional, personal, fecundo, creativo e íntimo. Las tres fases de lo masculino, en su sentido primario, serían las del aprendiz o niño, el profesional o trabajador y el experto, anciano o sabio. En la etapa infantil citada, la de los siete años que transcurren entre los tres y los diez, lo normal es que se produzcan ensayos de roles, en relación con las estructuras arquetípicas mencionadas, a través de diferentes juegos de imitación, además de los electrónicos y virtuales, tan corrientes hoy. Estos juegos van organizando, con ayuda de la fantasía, las estructuras de relación arquetípica de la mente. Sobre estas estructuras básicas tendemos a desarrollar después nuestra visión y sentido del mundo y de la vida. Por otra parte, tales dinámicas tienden a mantenerse en nuestro lenguaje y mundo onírico.

Cada sistema cerebral posee un período óptimo durante el cual la experiencia configura sus circuitos. Los sistemas sensoriales, por ejemplo, se establecen básicamente durante la temprana infancia, mientras que los asociados al lenguaje maduran más tarde. La mayor ventana temporal para la configuración cerebral afecta al córtex prefrontal, que sigue madurando anatómicamente hasta el comienzo de la edad adulta. Por ello mismo, las personas que rodean al niño tienen una ventana temporal de décadas para dejar su impronta en los circuitos neuronales de la vía superior. Cuantas más veces se produzca una determinada interacción en la infancia, más profundamente quedará impresa su huella en los circuitos cerebrales y mayor será su adherencia cuando el niño termine convirtiéndose en adulto; es decir, las rutinas más usuales terminan convirtiéndose en los senderos cerebrales automáticos. Pero el hecho de que el cerebro humano encierre tantos circuitos en tan poco espacio impone la necesidad continua de extinguir las conexiones cerebrales en desuso, para dejar así espacio a otras nuevas. Es como si las neuronas que ya no se emplean fuesen como ramas secas que acaban podándose.

El esquema analógico presentado puede seguirse dividiendo y estructurando hasta alcanzar cada uno de los tipos, caracteres o representaciones humanas concretas, partiendo siempre de la estructura arquetípica correspondiente y englobándose finalmente en el círculo de la totalidad envolvente, como resonancia del punto original, para entender así la expresión de «el alfa y el omega», el principio y el fin, a que se alude en el cristianismo.

Pero se puede también presentar, desde una perspectiva más sencilla, como evolución o desarrollo de la individualidad. Desde el nacimiento, como surgimiento básico y posibilitador de la vida, se van dando una serie de etapas que, aunque sean sumamente difíciles e incluso traumáticas en la primera fase de desarrollo, como el control de los esfínteres, por ejemplo, se producen dentro de un ambiente protegido.

Experiencia II. Volvamos a la mesa y la silla de tus experimentos con las palabras tejidas más allá del pensar. Se supone que ya tienes soltura para conseguir relatos rápidos, un tanto surrealistas lo más seguro. En el mejor de los casos puede ser que lleguen a describir escenas, sin pretender ningún valor literario. Veamos ahora si has logrado coherencia sensorial en torno a situaciones relacionadas con el agua, la tierra, el aire y el fuego. Escribe otro relato rápido, de cien palabras en un minuto, con tales términos y cuenta después cuántas veces has mencionado cada uno de ellos. Es decir, cuántas veces aparece mencionada el agua, en una forma directa o indirecta, como lluvia por ejemplo, y así también con la tierra, el aire y el fuego.

- *Sentido de la experiencia*. El aire, el agua, el fuego y la tierra, fueron considerados en la Antigüedad como los cuatro elementos de los que estaban compuestas todas las cosas. Evidentemente nosotros ya no lo consideramos así en un sentido físico pero sí podemos hacer uso de esta tradición en sentido simbólico. Porque cada uno de estos elementos nos aporta significados sensoriales, metáforas, que representan otras funciones abstractas, como el pensamiento, las emociones, la actividad transformadora y el sentido práctico o financiero. Probemos. Por alguna peculiar razón, este método proyectivo tiende a reflejar con mucha fidelidad nuestras tendencias actuales conscientes, preconscientes e inconscientes. Propongo seguir jugando unas cuantas veces más y con la siguiente experiencia presentaré una fórmula de interpretación, para pasar después a otra de retroalimentación eficaz.

Símbolos

La forma en que interiorizamos las relaciones o interacciones con el mundo, hasta que se convierten en símbolos oníricos, es decir, en el lenguaje de representación interna del pálpito, las pulsiones o los impulsos arquetípicos, tiene que ver con los sentidos, con la percepción primaria sensorial, común a todos los seres humanos. Curiosamente, en el cabalístico alfabeto hebreo, a cuya tradición me he referido con anterioridad, se consideran tres letras «madre», que tienen valor triple, a la vez que actúan como raíces arquetípicas. Se asocian con los colores rojo, azul y amarillo, que son los colores primarios, desde cuyas combinaciones pueden obtenerse todos los demás. De hecho, ésta es la base para la composición de los tonos en las imágenes de la televisión. A su vez, estas letras y colores se relacionan con tres de los elementos mencionados antes: el fuego, las emociones y el pensamiento. El cuarto elemento, la tierra, proporcionaría estabilidad a esta terna dinámica, que podemos apreciar también en el ciclo climático natural: el fuego del Sol calienta el agua de ríos, lagos y mares, produciendo así las nubes que se acumulan como vapor en el aire, el cual caerá después en forma de lluvia. Estas experiencias sensoriales simbolizadas, que se repiten constantemente para los circuitos neuronales del cerebro de todos los seres humanos, se van constituyendo en la base de nuestro lenguaje onírico. Después, según las diferentes culturas, épocas y experiencias personales, van matizando sus significados de manera preconsciente. Los símbolos van desarrollando, desde las combinaciones básicas, arquetípicas, estructuras más y más complejas, como ocurre con los colores. Pero también aquí, como hacen los pintores, podemos entrenarnos para descubrir las estructuras básicas y alcanzar en esta forma un significado universal. Estos significados universales son la base del lenguaje del pálpito inteligente, común a todos los seres humanos. Por medio de este lenguaje se puede interactuar con él, es decir, se puede llegar a reconocer y comprender; se pueden formular preguntas y lograr respuestas sabias como la vida.

Por ello, otro de los entrenamientos básicos para recuperar consciente y voluntariamente el lenguaje de nuestro pálpito inteligente es la sensibilización sensorial. Propondré a continuación algunos ejercicios que nos ayuden en este sentido.

Caricias imprescindibles

Desde aquel consuelo tierno de la infancia, desde la indecible calidez del claustro materno, nuestra vida suele pasar a convertirse en un desgarro, en una separación paulatina del contacto amable. El del bebé es aún ese estado prolongado en el que unos brazos te acogen. Ya no es la misma envoltura placentera del líquido amniótico, pero es algo más que el añorado recuerdo que nos queda tras los años. ¿Quién nos mima ahora con la misma entrega y gratuidad que aquella buena madre de las horas insomnes en el llanto nocturno? Y cuántas veces hemos llorado desde entonces, de una u otra forma, con la esperanza de recuperar aquel sentir. Como mucho, en nuestra búsqueda consciente o inconsciente, hemos encontrado preguntas, distracciones, regalos o tal vez risas. Y siempre, sin saber por qué, un sentimiento de incomprensión queda latente y se transforma en frustración continua. Nadie volverá a mecernos en sus brazos para acariciarnos y amarnos en el silencio más desprendido. ¿O tal vez sí?

La racionalidad implícita en la estructura y organización de la sociedad moderna tiende a aislarnos y a alejarnos del contacto. Cuando un compañero de trabajo o de estudios, un vecino o conocido «toca demasiado» solemos mirarlo con extrañeza y desconfianza; comenzamos a dudar de la «nobleza» de sus intenciones. Pero al mismo tiempo, en nuestra soledad nostálgica, fantaseamos sobre las caricias que no nos atrevemos a solicitar ni a conceder. ¿Qué está pasando? ¿De dónde vienen tales contradicciones?

Al nacer comienza a estructurarse nuestro sistema nervioso. Cada uno de los abrazos y demás muestras de afecto que recibimos a través del tacto, va creando redes neurológicas que nos prepararán para el desarrollo sano de la vivencia humana en lo que Rof Carballo ha dado en llamar «la urdimbre afectiva», como he dicho con anterioridad. Cuando falta la presencia del contacto, cuando el hambre de sentir no queda suficientemente satisfecha, se manifiesta el raquitismo afectivo que deforma nuestra personalidad y se convierte en causa de nuestros problemas de relación. Pero tal debilidad no llega a ser suficientemente consciente y, si aparece ante nuestra atención como déficit, procuramos olvidarla, o reconvertirla neuróticamente, para no sufrir. Esta atrofia en la capacidad de expresarnos y relacionarnos a través del tacto nos va aislando progresivamente y puede llegar a recluirnos en un mundo imaginario totalmente aislado de la realidad. Aunque no hay que pensar que inevitablemente llegaremos a este punto extremo y patológico. Podemos poner remedios mucho antes de adentrarnos en las situaciones críticas de las llamadas *enfermedades mentales*.

En primer lugar debemos comprender que no conseguiremos nada con echar la culpa a nuestros padres. Aunque es cierto que este raquitismo emocional pudo comenzar en la infancia, la actitud de rechazo hacia nuestros progenitores tan sólo nos inducirá a agravar la situación. Antes que eso, sería mucho más útil para resolver nuestro problema procurar pensar en todas las veces en que se sacrificaron por nosotros y nos dieron muestras de afecto. Siempre encontraremos algún momento así, por escasos que pudieran ser, en la memoria o en la razón. Es decir, podemos conservar el recuerdo de besos, abrazos, miradas y sonrisas compartidas tiernamente, o bien llegar a comprender que, aunque ellos tuvieran problemas afectivos y no hubieran logrado hacernos sentir su amor por medio de gestos concretos y evidentes, también es cierto que el hecho de que ahora nos encontremos aquí reflexionando sobre aquellos días tuvo que costarles más de un esfuerzo y sacrificio que ignoramos. En resumen: para comenzar a recuperar nuestra afectividad y hacer que se desarrolle hasta su plenitud y madurez, evitemos los reproches y sintamos gratitud por lo recibido.

El segundo paso es centrarnos en nuestro presente para considerar en aquellas ocasiones en que sentimos el impulso de acariciar y no nos atrevimos. Si no podemos recordar ninguna, probemos a hacerlo con el número e intensidad de nuestras fantasías en este sentido. Y si tampoco resulta posible, será evidencia de que nuestra represión es fuerte. Podremos medir en tal caso el índice de rechazo que experimentamos hacia el contacto físico y procurar buscar la orientación de una persona especializada en tales asuntos. Pero si aún podemos ser plenamente conscientes de nuestras limitaciones a la hora de dar salida a nuestros impulsos de acariciar o reclamar el gesto amable, nos será de gran utilidad comenzar con un entrenamiento de juegos sensuales. Un primer paso puede ser acudir a un profesional para que nos de un masaje en la espalda, con el propósito directo de aliviar las tensiones que siempre se acumulan en torno a la columna vertebral, consiguiendo indirectamente ir despertando nuestra piel al tacto. Tras esta experiencia podemos ofrecernos a practicar con nuestra pareja o amigos a través de masajes sencillos en el cuello, la espalda, las manos y los pies, siempre con mucha suavidad para evitar problemas y sustituyendo poco a poco la técnica por el afecto. A partir de aquí nos resultará fácil comenzar a improvisar para que el masaje sea cada vez más sensitivo, más cómodo y más relajado en el tiempo y las circunstancias ambientales. Una vez hecho esto, iremos alcanzando progresivamente la madurez afectiva que podrá mejorar nuestra calidad de vida permitiéndonos disfrutar más, estar más relajados y sonrientes, enfadarnos menos y tener un trato más amable que nos ayude a conseguir más y mejores amigos, nuevas oportunidades profesionales y un ambiente familiar más sano y equilibrado, donde el afecto se desarrolle de forma natural favoreciendo la formación de personas libres, capaces de trabajar en equipo, seguras de sí mismas, creativas y amables. Tal vez con nuestras caricias, día a día, podamos aún transformar este mundo en el paraíso tantas veces imaginado en la utopías.

Antes de terminar este pequeño apunte o sugerencia, me siento urgido a profundizar yo mismo en esta caricia imprescindible. Pues no sólo se acaricia con los dedos que entran en contacto directo con la piel. Hay otras caricias que están también ahí, abriéndose en un mundo cálido para quien sabe atenderlas con paciencia. Quedan aún momentos en los que el tiempo se desvanece y comenzamos a soñar conducidos por la palabra. Cuando aprendemos a pronunciar, a saborear el lenguaje, el pensamiento y la literatura se transforman en caricia en nuestros labios, en la boca toda, en el cerebro, en el sentir íntimo entre la garganta y el pecho. Entonces el mundo, que antes estaba allí, externo, se te mete dentro como un ser entrañable. Y así, subrepticiamente, quiero colarme de rondón en tu sentir y acariciarte desde dentro para ser, en este encuentro, por tu voz, tu alimento afectivo. Porque por mucho tiempo que pase, por muy lejos que nos encontremos, cada vez que leas estas líneas estaré presente ante ti, como una sombra desconocida a la que podrás poner la imagen que prefieras y disfrutar, en la intimidad de tu silencio, de una caricia dulce, serena, que no pide nada y pretende tan sólo ofrecerte este momento eterno, en el que tú y yo somos uno en el afecto más sincero.

Experiencia III. Volvamos a nuestro laboratorio de silla, mesa, papel y bolígrafo. Ya habías conseguido hacer relatos rápidos de cien palabras y contar las veces que mencionabas en ellos el aire, el agua, el fuego y la tierra. Por si no lo habías adivinado ya, te diré que con este recuento podrás observar, en un sentido básico pero cuantitativo, las carencias y excesos en relación con tu pensamiento, emociones, actividad o estrés y consolidación material. Ahora, en el caso de haber encontrado un déficit de aire, de agua, de fuego o de tierra, escribe voluntaria y tranquilamente un relato en que se potencie tal elemento, de manera que al mismo tiempo goces de tu narración y descripción. Así podrás reescribir y reconectar en tu cerebro y en tu estructura vital aquello que te falte. Practica, juega y diviértete. Cuanto más lo hagas, mayor será el progreso en tu bienestar.

Más interacciones arquetípicas

Supongamos que, en una segunda fase, nos encontramos con la presencia de un rechazo fuerte. Es como la sombra que acompaña a la luz más intensa o el obstáculo frontal ante cualquier intento de progreso. Podemos simbolizarlo por la bota que nos pisa. Cuando esto ocurre, cuando se vive la opresión, ¿qué opciones le quedan al individuo desde la perspectiva del pálpito inteligente, que se orienta hacia la ternura? ¿Qué puede hacerse cuando la agresión llega al punto en que puede convertirse en exterminio?

Existen dos posibilidades, relacionadas con la descripción que hace Jung de la personalidad: la extroversión y la introversión. En el primer caso, la respuesta es la lucha contra el opresor; y en el segundo, la transformación interior de autosuperación creativa. Éstas son las dos formas en que yo planteo la comprensión del desarrollo personal frente, o complementariamente, al compromiso social. Y no será una mejor que la otra, sino tan sólo dos opciones posibles, de las que cada cual tomará el camino que le sea fenomenológicamente adecuado. La mirada hacia el interior, la sensibilización con respecto al pálpito inteligente, como planteamiento opuesto a la guerra, no quiere decir sin embargo que produzca necesariamente la paz o el nirvana búdico de la ausencia de deseos.

Dejando a un lado la respuesta de lucha hacia el exterior, la revolución o reivindicación agresiva, que vinculo con el pálpito de respuesta primaria y que todos los estudiosos de la inteligencia emocional relacionan con nuestra codificación genética de supervivencia en la época de las cavernas, tomaré el camino de la transformación interior hacia la trascendencia o lo transpersonal, como sentido del pálpito del corazón inteligente, sin por ello caer en los extremos del aislamiento o rechazo del mundo exterior o social, puesto que la comunicación afectiva y la empatía son elementos fundamentales en su desarrollo sano. Cuando alguien decide que no puede o no desea enfrentarse a la tiranía o a la presión externa y opta por dirigir su camino hacia dentro, necesita tener una forma adecuada para lograr que esa interiorización se convierta en desarrollo y no en enfermedad o locura. Alguien que se encierra dentro de sí, perdiendo toda comunicación con el mundo exterior se convierte en un enfermo. De ahí deriva incluso el término: enfermar, «encerrar». Tal encerramiento, como productor de la crisis vital, abre el camino de la terapia y de los diferentes procesos desarrollados a través de las técnicas de desarrollo personal. Otra alternativa es la sublimación de la pulsión frustrada o reprimida, que Freud describe como posible a través de la investigación científica o de la creatividad artística. En el primer caso, se abriría una vía a través de la mente, de la racionalidad, para la energía bloqueada; y en el segundo, sería a través de las emociones y la sensibilidad. Y por supuesto de la ternura y el amor. El enamoramiento es bueno para resolver las crisis, cuando éste es auténtico y pleno.

Por cualquiera de estos caminos se van produciendo acercamientos a las raíces arquetípicas, a los códigos del pálpito de la sabiduría. Y desde la Antigüedad, este proceso, a través de ritos, se llevaba a cabo por medio de la iniciación mística, cuya forma exterior han constituido las religiones. Estos medios utilizan claves simbólicas transpersonales, con el propósito de lograr la más profunda resonancia de las estructuras arquetípicas, del pálpito vital, hasta alcanzar la transformación continua de la persona; lo que ha dado en llamarse la *piedra filosofal*, que puede transmutar el plomo de la opresión en el oro de la liberación. Pero el camino es largo y difícil. Las pruebas y tentaciones, continuas. Por eso terminamos recurriendo, una y otra vez, a la guerra: la guerra física, la guerra psicológica, la agresión verbal y la violencia directa, indirecta o colateral.

Pensando en utopías y recuperando viejas tradiciones, creencias y anhelos, me propongo proseguir con el entrenamiento del pálpito inteligente, de la sabiduría natural, hasta que logremos superar cualquier tipo de guerra; hasta que logremos vivir en paz los unos con los otros y con nosotros mismos. ¿Te atreves a recorrer este complicado camino para alcanzar la piedra filosofal, la que te proporcionará la auténtica riqueza: el oro de la calidad de vida plena?

La ternura redentora

La ternura es una experiencia íntima. Por ella logramos la redención de nuestro sufrimiento, de cualquier sufrimiento, como le ocurre a la madre que recibe en sus brazos a la criatura que acaba de parir. No puede encerrarse entre palabras. Hay que nacer a ella, en ella. Y a todos nos puede ocurrir en ciertos momentos; sería deseable. Te lo deseo a ti, que lees ahora. La cuestión es darse cuenta. Darse cuenta, recordar y evocar los momentos de ternura, voluntariamente, para poder redimirnos del dolor, la injusticia, la soledad, el aislamiento, la crueldad, el desamor, las pérdidas y tantas otras cosas que nos asaltan por el camino. Por ello quiero invitarte a compartir un momento íntimo, un momento de ternura. Invitarte y moverte a recuperar los tuyos, hasta sentir el pálpito de tu corazón y que sea él, y no yo, quien te hable. Que sea tu propia ternura, y no mis palabras, quien te muestre el camino. Desnudaré mi alma ante ti. Tan sólo espero que puedas mirar con ternura, respetando este secreto. Respetando la textura delicada de mis sentimientos, que me atreveré a poner en tus manos.

Esta mañana he amanecido abrazándote. Tu piel junto a mi piel, tu calor, tu aroma, despertaban como un regalo del nuevo día. Nuestra tibieza, ligera, brillante, era el rocío que nos bañaba, nos rejuvenecía y nos sanaba, como elixir alquímico y perfume. Cuando sentía tu cuerpo entre mis brazos y mis dedos soñaban con soñar tus rasgos, tus formas, tu figura y la más tierna imagen de tus labios descansando, dormidos, como todo tu ser, como tu seda, y tu espalda amparaba mi pecho, que latía ansioso y a la vez calmado; cuando te hablaba con mis parcos besos, en silencio, para dejarte volar entre la brisa de la noche, la que ya se fue sin avisarte, entonces me di cuenta. Comprendí asombrado que un milagro nos sacaba del mundo para llevarnos lejos, muy lejos, en el presente, hacia lo eterno. Un mar de lamedoras olas, de susurros, nos sorprendió sin exigencias y nos dejamos ir por él para quedarnos quietos, permaneciendo en paz. Y dentro, muy dentro de mi pecho, una extraña sensación, mitad placer mitad nostalgia, me sembró de lágrimas que jamás brotaron, aunque me ahogaron en ternura y suavidad, y te apreté despacio, muy despacio y muy firme, te estreché temblando con rumor de océanos lejanos. Mis palabras manaron sin sentir para sumirse en tus oídos y yo te hablé, embriagado de pasión, de luz, de imágenes claras que se abrían y me hacían entenderlo todo. Y te dije entonces: «ya conozco el sentido de acurrucarme en ti al amanecer, de acercarnos hasta sudar y mantenernos juntos; ahora lo comprendo todo». Y entonces me pregunté por la magia de este abrazo, por la magia de este pálpito que lo inundaba todo, para dejar que las palabras se construyeran a sí mismas y nos hablaran y nos contaran, nos desvelaran los secretos que siempre estuvieron ahí, esperando, palpitando, con la sonrisa en los labios y aroma de eternidad.

3

PAUTAS PARA EL DESARROLLO
DEL PÁLPITO INTELIGENTE

La inteligencia intelectual y la emocional son complementarias. No se trata de elegir o desarrollar una en detrimento de la otra, sino de mantener el equilibrio y el desarrollo compensatorio adecuado entre las dos. La formación escolar tradicional, volcada hacia los conocimientos intelectuales, debe complementarse con una formación de tipo humanista; un humanismo no dogmático, sino vivencial. Un humanismo que no pretenda inculcar ideologías o creencias, sino que enseñe a escuchar, a escucharse y descubrirse cada uno a sí mismo, hacia la integridad, la coherencia y la construcción, desde la propia vida, desde los propios y auténticos valores. Hay que aprender a escuchar el pálpito inteligente de la sabiduría, que nos hizo nacer, nos hace crecer y nos abre horizontes de sentido hacia la felicidad, por si queremos disfrutarla, junto con la serenidad, cada día.

En este camino de aprendizaje y progreso existen pasos, etapas y habilidades, que han sido descritas, en forma exhaustiva, por reconocidos investigadores. La expresión inteligencia emocional fue acuñada hace años por el psicólogo Peter Salovey, de Yale, y por John Mayer, de la universidad de Yale de New Hampshire, para describir cualidades como la comprensión de los propios sentimientos, la comprensión de los sentimientos de otras personas y «el control de la emoción de forma que intensifique la vida». Daniel Goleman, psicólogo por Harvard y redactor científico del *New York Times*, sugiere que el cociente intelectual puede importar menos que lo que en su día se llamó *carácter*. El cociente emocional no es lo opuesto al cociente intelectual. Lo que los investigadores intentan entender es cómo se complementan el uno al otro; cómo la capacidad de una persona para controlar la tensión afecta a la capacidad de concentrarse y usar la inteligencia.

Neurocientíficos y evolucionistas son quienes explican mejor el comportamiento más irracional. Las respuestas emocionales primitivas tienen las claves de la supervivencia: el miedo hace que la sangre llegue a los músculos; la sorpresa permite que los ojos reúnan más información sobre lo inesperado. La vida emocional se desarrolla en la zona del cerebro llamada *sistema límbico*, concretamente en la amígdala, donde se originan el deleite y el asco, el miedo y la ira. Si hay una piedra angular de la inteligencia emocional, es la conciencia de uno mismo, ser inteligentes a la hora de sentir. Los científicos hacen referencia al *metahumor*, la capacidad de reconocer lo que se siente. Para Goleman, esta conciencia es una capacidad crucial, porque nos permite ejercer el autocontrol.

La idea no es reprimir los sentimientos, sino hacer lo que Aristóteles decía en la *Ética a Nicómaco*. «Cualquiera es capaz de enfadarse, eso es fácil. Pero enfadarse con la persona adecuada, en el grado adecuado, en el momento adecuado, con el propósito adecuado y de forma adecuada, eso no es fácil». La comprensión actúa como un amortiguador de la crueldad.

¿Seríamos más felices, tendríamos más éxito como personas y seríamos más civilizados como sociedad si prestásemos más atención al pálpito inteligente o al menos a la inteligencia emocional? Los estudiantes con problemas para ser aceptados por sus compañeros tienen más posibilidades de abandonar los estudios; las estadísticas lo reflejan. Por otra parte, una incapacidad a la hora de controlar la frustración se relaciona con los desórdenes alimentarios en las jóvenes.

Pero mi pretensión no es seguir teorizando ni contrastando investigaciones neurológicas al respecto. Mi intención es mostrar un camino para poder profundizar y desarrollar todas estas condiciones y cualidades, sin importar el punto en que cada cual se encuentre. Todos los puntos de partida son buenos; son adecuados. No hay juicios ni comparaciones. Tan sólo debe haber ganas de caminar, jugar y disfrutar con el progreso de cada día.

Como forma de comprobación y estímulo de los cinco aspectos básicos de la inteligencia emocional, se pueden hacer ejercicios y test. Pero nunca debe olvidarse el sentido de escucha de nuestro pálpito personal. Por ello, además de todas las sugerencias, propuestas y ejercicios, que serán muy útiles como entrenamiento de la mente, escúchate siempre, cada día. No trates de recorrer el camino pensando, sino sintiendo; sintiéndote palpitar. Mírate al espejo, al físico y al interior, para leer constantemente, en tu mirada tierna y sincera, la respuesta que necesitas, en los ejercicios y en la vida cotidiana.

Juan Antonio López Benedí

Neurocientíficos y evolucionistas son quienes explican mejor el comportamiento más irracional. Las respuestas emocionales primitivas tienen las claves de la supervivencia: el miedo hace que la sangre llegue a los músculos; la sorpresa permite que los ojos reúnan más información sobre lo inesperado. La vida emocional se desarrolla en la zona del cerebro llamada *sistema límbico*, concretamente en la amígdala, donde se originan el deleite y el asco, el miedo y la ira. Si hay una piedra angular de la inteligencia emocional, es la conciencia de uno mismo, ser inteligentes a la hora de sentir. Los científicos hacen referencia al *metahumor*, la capacidad de reconocer lo que se siente. Para Goleman, esta conciencia es una capacidad crucial, porque nos permite ejercer el autocontrol.

La idea no es reprimir los sentimientos, sino hacer lo que Aristóteles decía en la *Ética a Nicómaco*. «Cualquiera es capaz de enfadarse, eso es fácil. Pero enfadarse con la persona adecuada, en el grado adecuado, en el momento adecuado, con el propósito adecuado y de forma adecuada, eso no es fácil». La comprensión actúa como un amortiguador de la crueldad.

¿Seríamos más felices, tendríamos más éxito como personas y seríamos más civilizados como sociedad si prestásemos más atención al pálpito inteligente o al menos a la inteligencia emocional? Los estudiantes con problemas para ser aceptados por sus compañeros tienen más posibilidades de abandonar los estudios; las estadísticas lo reflejan. Por otra parte, una incapacidad a la hora de controlar la frustración se relaciona con los desórdenes alimentarios en las jóvenes.

Pero mi pretensión no es seguir teorizando ni contrastando investigaciones neurológicas al respecto. Mi intención es mostrar un camino para poder profundizar y desarrollar todas estas condiciones y cualidades, sin importar el punto en que cada cual se encuentre. Todos los puntos de partida son buenos; son adecuados. No hay juicios ni comparaciones. Tan sólo debe haber ganas de caminar, jugar y disfrutar con el progreso de cada día.

Como forma de comprobación y estímulo de los cinco aspectos básicos de la inteligencia emocional, se pueden hacer ejercicios y test. Pero nunca debe olvidarse el sentido de escucha de nuestro pálpito personal. Por ello, además de todas las sugerencias, propuestas y ejercicios, que serán muy útiles como entrenamiento de la mente, escúchate siempre, cada día. No trates de recorrer el camino pensando, sino sintiendo; sintiéndote palpitar. Mírate al espejo, al físico y al interior, para leer constantemente, en tu mirada tierna y sincera, la respuesta que necesitas, en los ejercicios y en la vida cotidiana.

74

Toma de conciencia

Ésta es una de las habilidades vinculadas a la inteligencia emocional. Consiste en la capacidad de saber lo que sentimos en cada momento, reconocer nuestras preferencias y dejarnos guiar por éstas, a la hora de tomar decisiones, teniendo en cuenta nuestras capacidades y confiando en nosotros mismos. A continuación mostraré una serie de pautas que nos ayuden a desarrollar tal habilidad.

Las investigaciones que llevó a cabo Paul Ekman,[24] pese a partir de la hipótesis contraria, la de los rasgos y gestos emocionales aprendidos, lo llevaron a la evidencia de que existen estructuras emocionales arquetípicas. Él no utiliza esta denominación, pero el significado es equivalente con respecto a lo que previamente he citado al hablar de Carl Jung, desde campos de investigación y modelos diferentes. Ekman y muchos otros psicólogos,[25] cuyos trabajos le sirven a él como medio de verificación y contraste de resultados, unidos a sus propios trabajos de campo con diferentes culturas y asentamientos geográficos de todo el mundo, concluyen que hay respuestas fisiológicas universales con respecto a las emociones, congénitas en todos los seres humanos. No se aprenden. Lo único que se adquiere, en los diferentes procesos de aprendizaje y socialización característicos de cada cultura, son sus variaciones y elaboraciones.

1. Reconocimiento de las emociones

Es difícil no comportarse emocionalmente cuando es mucho lo que está en juego. En tales circunstancias nos inundan emociones intensas. Y en muchos de estos casos, las emociones son nuestros mejores guías; forman parte del pálpito inteligente. Nos dirigen para que hagamos y digamos exactamente lo correcto, en una situación determinada. Pero no siempre es así. Este camino hacia el pálpito inteligente se encuentra obstaculizado. Por ello es muy importante aprender a reconocer las diferentes emociones. Éste es el primer paso para lograr el ajuste o corrección, optimizando nuestros recursos. En ocasiones desearíamos no haber hecho o dicho lo que una determinada emoción nos obligó a hacer o decir. Por otra parte, si fuésemos capaces de apagar o eliminar las emocio-

---

24. Ekman, P.: *¿Qué dice ese gesto?* Editorial Integral, Barcelona, 2004.

25. Scherer, K. R.; Schoor, A.; Johnstone, T.: *Appraisal Processes in Emotion*. Oxford University Press, Nueva York, 2001.

nes, aunque sólo fuera temporalmente, las cosas podrían empeorar; las personas que nos rodean pensarían que somos indiferentes o incluso «inhumanos». Experimentar emociones, preocuparnos de lo que sucede mientras nos comportamos de forma tal que ni nosotros ni los demás notan nuestra emotividad en la expresión es muy difícil. Como contraste, hay personas que padecen exactamente el problema inverso: no se emocionan, no se preocupan, pero expresan lo que sienten de la forma que los demás esperan. Se tiende a pensar en esos casos que se trata de un «hipercontrol».

Cuando respondemos emocionalmente perdemos la capacidad de elegir nuestro aspecto, el tono de nuestra voz o lo que nos vemos impulsados a hacer o decir, en contraste con otras circunstancias en las que sí tenemos las riendas. No obstante, aunque las emociones siempre se manifestarán de forma espontánea, podemos aprender a moderar nuestro comportamiento emocional. Especialmente aquél del que luego podemos arrepentirnos. También podemos aprender a no quedar sometidos a la esclavitud del hipercontrol. Lo adecuado sería que pudiésemos aprender a escoger lo que sentimos y la forma de expresar nuestras emociones para poder manifestarlas constructivamente. En ese momento es cuando conseguimos ajustar el pálpito inteligente.

Con ese propósito iremos avanzando con ejercicios y prácticas de apoyo. Estos ejercicios deberán repetirse con una cierta constancia y regularidad, para lograr resultados evidentes. Como sugerencia mínima, debería repetirse cada uno de ellos todos los días durante una semana. Es decir, que se dedicará una semana en exclusiva a cada ejercicio, contando con prácticas diarias. Unos resultarán más sencillos que otros, en función del desarrollo actual de cada persona. Si se encontraran muchas dificultades con alguno, se debe repetir la práctica diaria durante una semana más.

Ejercicio. Pasear durante quince minutos, mínimo, manteniendo la conciencia centrada en el ritmo respiratorio y contando del 1 al 10. Cada cual debe encontrar su propio ritmo, procurando concluir la serie dentro de la inspiración-expiración.

Al terminar la serie, se comenzará de nuevo. Ejemplo: Se toma aire y se comienza a contar: 1, 2, 3, 4, 5… Sin dejar de contar, se suelta el aire: 6, 7, 8, 9, 10. Y de nuevo se toma aire, manteniendo el ritmo al contar, pero comenzando de nuevo: 1, 2, 3, 4, 5…

Es una forma clásica de la meditación vipassana. Ayuda a despejar la saturación emocional y potencia la concentración, abriéndonos a las sensaciones corporales. En lugar de vivir permanentemente en la cabeza, comenzaremos a desarrollar más facilidad para escuchar el pálpito del corazón, del vientre y otras emociones vinculadas con diferentes partes del cuerpo. Parece muy fácil, pero hay personas que, cuando caen en la cuenta, han seguido contando mecánicamente hasta el 150 o más.

Prestar atención a las sensaciones físicas que provocan las emociones. Cada una de las siete emociones fundamentales posee una expresión facial diferente y universal.[26] Estas emociones son: la tristeza, la ira, la sorpresa, el miedo, la repugnancia, el desprecio y la felicidad. Cada una de ellas, a su vez, puede matizarse con expresiones que representan toda una familia gestual e intencional, teniendo en cuenta su intensidad y el modo, por ejemplo, aunque no ha quedado probado aún el sentido universal de los gestos, en estos matices. En ellos tiende a influir el aprendizaje cultural y social.

Además de las expresiones en el rostro, también se dan una serie de condiciones y procesos corporales asociados a cada una de tales emociones. Respecto de la tristeza, pero no en la angustia, se da una pérdida general de tono muscular; la postura se hunde, retrayéndose, perdiendo interés por la actuación. En el menosprecio aparece el impulso de mirar desde arriba hacia abajo: «por encima del hombro», como se suele decir. En la sorpresa y el asombro se produce una atención fija sobre aquello que nos llama la atención. En el alivio hay una relajación de la postura corporal. En el placer sensorial táctil se da un movimiento de acercamiento a la fuente de estimulación. En el resto de las sensaciones placenteras se produce también ese impulso de acercamiento, aunque puede quedarse en una simple mirada. Cuando se logra un objetivo difícil tiende a producirse un movimiento hacia la acción, generalmente en las manos. La risa que surge como consecuencia de una gran alegría produ-

---

26. Tal hecho quedó probado en las investigaciones llevadas a cabo por Paul Ekman, al que anteriormente cité, en lugares tan diversos como Papúa Nueva Guinea, Estados Unidos, Japón, Brasil, Argentina, Indonesia y la antigua Unión Soviética. Y fueron contrastadas posteriormente por otros investigadores, en lugares diferentes y con una amplia gama de orientaciones culturales y vitales, llegando siempre a los mismos resultados de identificación de emociones y gestos.

ce movimientos corporales repetitivos, acompañando a los espasmos o carcajadas. Todos estos procesos nos ayudan a reconocer emociones. Son involuntarios y universales, al igual que las señales faciales y las tonalidades de la voz.

Sería bueno que prestáramos una mayor atención a la observación de tales procesos, en nosotros mismos y en los demás. Aprenderemos, de esta forma, a mejorar nuestra capacidad para identificar y distinguir unas emociones de otras, así como los matices y diferencias de modo e intensidad. En este sentido puede sernos de mucha utilidad llevar una especie de diario en el que, al final del día, escribamos nuestras impresiones, observaciones y vivencias más destacadas de la jornada. Después, por la mañana, sería un buen complemento anotar los sueños que hayamos tenido durante la noche o practicar el ejercicio propuesto como «Experiencia III», en páginas anteriores. Con ello avanzaremos rápidamente en nuestro propósito de reconocer los diferentes estados emocionales.

2. Valoración de uno mismo

Todos nosotros tenemos una serie de cualidades que nos vinculan con el entorno, con el mundo en que vivimos. Y estas cualidades nos permiten brillar, destacar como personas. Para vivir en consonancia con tal hecho necesitamos tener claros, conocer y apreciar, nuestros propios valores, así como entender y aceptar los de los demás. Una cosa es estar vivos, sobrevivir, y otra muy distinta es vivir y trabajar de forma coherente con lo que realmente somos, en lo más profundo de nuestra intimidad.

No suele ponerse el corazón en lo que se hace. Nadie puede hacerlo si no cree en ello, si no se valora de alguna forma. Se puede actuar desde la mente, desde los recursos técnicos aprendidos, e incluso hacerlo bien. Pero esto no supone que seamos personas íntegras, que seamos fieles a nosotros mismos. Y cuando tal es el caso, terminamos pagando un alto precio. Cuando nuestros valores personales no encajan con la vida que llevamos o con la dirección que seguimos, frenamos lo mejor que hay en nosotros mismos y terminamos sintiéndonos vacíos o estresados. Es muy importante detenerse para tomar conciencia de cuáles son nuestros valores y la forma en que nos valoramos. Por ello, propongo realizar un pequeño test, como punto de partida.

Test de autovaloración. Diseñado por el doctor Robert Spitzer, jefe de investigación biométrica del Instituto Psiquiátrico del Estado de Nueva York, la prueba PRIME-MD puede realizarse sin ayuda de un médico.
Contestar:

a. Casi nunca

b. Varios días

c. Más de la mitad de los días

d. Casi cada día

Durante las dos últimas semanas, ¿con qué frecuencia ha sentido incomodidad por lo siguiente? (Si no siente seguridad en sus respuestas, lleve un diario durante las próximas semanas y marque cuántos días sufre los siguientes síntomas):

1. ¿Le faltó interés o disfrutó escasamente con pequeñas cosas?

2. ¿Sintió abatimiento, depresión o desesperanza?

3. ¿Ha tenido problemas para conciliar el sueño, para dormir o ha dormido demasiado?

4. ¿Ha tenido sensación de agotamiento o se encontró con poca energía?

5. ¿Tiene poco apetito o ha comido en exceso?

6. ¿Se siente mal con usted, piensa que es un fracasado o se ha dejado abatir por su familia?

7. ¿Tiene problemas para concentrarse, a la hora de leer el periódico o de ver la televisión?

8. ¿Se mueve o habla tan lentamente que otras personas se han dado cuenta? O bien lo contrario: ¿siente tanto nerviosismo o inquietud que se mueve bastante más de lo habitual?

9. ¿Alguna vez ha pensado en las dos últimas semanas que estaría mejor muerto, o en hacerse daño a sí mismo de alguna forma?

Diagnóstico. Si ha contestado «d» a la pregunta 9, debe consultar de inmediato a un buen psiquiatra, que lo examine más meticulosamente, para determinar si su actitud es realmente suicida u homicida.

Si ha contestado a la pregunta 1 o 2 con «casi cada día» y a cinco o más preguntas desde la 2 hasta la 8 con «casi cada día», es probable que sufra una depresión. Si eso le sorprende, recuerde que, la mayor parte de la gente con depresión clínica permanece sin diagnosticar o recibe un diagnóstico incorrecto. De hecho, el 20 por 100 de la población sufre actualmente depresión y esa cifra es muy probable que aumente. Es una triste realidad que la mitad de quienes se han sentido deprimidos durante veinte o más años no han tomado nunca un antidepresivo. Lo mejor es que consulte con un buen profesional y analice con su médico los beneficios que le pueden aportar la psicoterapia y la terapia farmacológica.

Si ha contestado «varios días» a dos o más preguntas anteriores, sufre de un estado de ánimo bajo. Así pues, le resultará difícil pensar positivamente sin variar antes su estado de ánimo.

John Ratey, de la Universidad de Harvard, acuñó la expresión «depresión en la sombra» para referirse a quien cuenta con menos criterios de los necesarios para que se le diagnostique una depresión clínica, a pesar de lo cual sufre verdaderas dificultades para afrontar los desafíos de la vida y se acusa a sí mismo de sus fracasos sociales, académicos y profesionales. El doctor Spitzer va incluso más lejos al decir que la depresión se produce a lo largo de un espectro, de un modo muy similar a lo que sucede con el colesterol elevado o la presión arterial alta. El hecho de que la elevación sea suave no significa que no se pueda tratar. Si no tiene depresión, pero su estado de ánimo es bajo, quizá desee consultar con su médico la cuestión de la psicoterapia o la terapia farmacológica.

Independientemente de los resultados del test anterior, sería conveniente hacerse las siguientes preguntas y tomarse tiempo a la hora de responder, tratando de escuchar el impulso del corazón: ¿quién soy? ¿A dónde voy? ¿Qué deseo?

Y aunque las respuestas no sean muy precisas o la incertidumbre ante ellas sea demasiado grande, convendría hacer un listado preciso de puntos fuertes y debilidades. Para llevarlo a cabo, se debe dividir una hoja de papel en dos partes, con una línea central, e ir apuntando en ella, a medida que vayan llegando a la mente, lo que se consideren puntos fuertes, valores o cualidades, así como las limitaciones o debilidades. Pudiera darse el caso de que algunas cosas aparecieran en ambas columnas. Entonces habrá que matizar su sentido o el momento en que se aplica.

Como dice el refrán, «la experiencia es la madre de la ciencia». En consecuencia, nos conviene entregarnos a experimentar nuestra propia vida, nuestras tendencias y deseos, analizar las consecuencias de nuestros actos o propósitos y reflexionar para aprender a conseguir la integridad y la coherencia, sin necesidad de condenarnos moralmente. Todos tenemos demasiadas contradicciones internas, debido a la diversidad de influencias que nos han marcado en nuestra vida. No es necesario que nos juzguemos por ello como buenos o malos. Lo que sí resulta imprescindible es encontrar cuanto antes nuestra propia coherencia; que no nos traicionemos a nosotros mismos y que vivamos de forma consecuente con nuestros valores. Si descubrimos que aún nos encontramos lejos de tal propósito, sencillamente tracemos un plan, un camino, para alcanzar nuestras metas y démonos tiempo, desde la constancia y el esfuerzo gozoso de cada día. Porque el esfuerzo se convierte en gozo cuando sentimos la satisfacción de ir avanzando hacia lo que realmente nos importa en la vida.

En este sentido, nos será de mucha utilidad abrirnos a:

* críticas constructivas,
* nuevas perspectivas,
* aprendizaje constante,
* crecimiento personal,
* sentido del humor y
* una distancia sana sobre nuestra vida.

Consideremos cuáles son los cinco valores que mejor nos describen o definen lo que defendemos como calidad o sentido de la vida. Para ello, escojamos cualquier palabra o expresión para describir estos valores. Escribámoslo en nuestro cuaderno de trabajo o diario. Pensemos en lo que somos y la forma en que actuamos cuando nadie nos mira. ¿Hasta dónde llegan nuestras raíces y se extienden nuestras aspiraciones? ¿Qué palabras nos llegan primero a la mente y al corazón? ¿Qué nos gustaría que dijesen los demás de nosotros?

3. Confianza y seguridad

Según las investigaciones llevadas a cabo por Jerome Kagan,[27] uno de los indicadores del perfil neurológico de la timidez parece ser la mayor actividad en los colículos, una región de la corteza cerebral sensorial que se activa cuando la amígdala detecta algo anómalo y posiblemente amenazador. Pero estos circuitos neuronales también se activan cada vez que percibimos una discrepancia, cualquier cosa de naturaleza extraña o anómala.

Los niños que muestran una baja reactividad en estos circuitos tienden a ser extravertidos y sociables, mientras que los que muestran una eleva-

---

27. KAGAN, J; SNIDMAN, N.: *The Long Shadow of Temperament.* Harvard University Press, Cambridge, Massachusetts, 2004.

da reactividad, por su parte, se asustan de las novedades y, en consecuencia, tienden a huir de las cosas que les parecen inusuales. Este tipo de tendencias suelen, en el caso de los niños pequeños, ser autorreforzantes, como también sucede, por ejemplo, con la sobreprotección, lo que impide a los niños tímidos acceder al aprendizaje social que podría ayudarles a desarrollar otro tipo de reacciones.

En sus primeros estudios, Kagan descubrió que cuando los padres alientan e incluso, en ocasiones, obligan a sus hijos a estar con compañeros a los que de otro modo evitarían, pueden llegar a superar, la mayor parte de las veces, la predisposición genética a la timidez. Tras décadas de investigación, Kagan ha descubierto que sólo un tercio de los niños que, poco después del nacimiento, fueron identificados como «inhibidos», seguían siéndolo al alcanzar la edad adulta. Para él lo que ha cambia no es tanto la hiperreactividad neuronal subyacente, porque la reacción de su amígdala y de sus colículos sigue siendo desmesurada, sino lo que el cerebro hace con ese impulso. Los niños que, con el paso del tiempo, aprenden a resistir el impulso y a reconducirlo, son capaces de superar la inhibición y comprometerse más plenamente consigo mismos y con su entorno.

Según esto, es importante tener en cuenta que puede haber, y de hecho los hay, pálpitos o tendencias innatas que nos condicionan de una forma restrictiva o menos inteligente de lo que sería deseable. Pero que tales condiciones se pueden mejorar y educar para conseguir optimizar nuestras respuestas. Y ya que se trata de entrenarnos en función de nuestras metas, a pesar incluso de nuestras tendencias innatas o la herencia genética, es de fundamental importancia que ajustemos bien tales metas y valores. Por ello he propuesto con anterioridad las preguntas sobre nuestra identidad profunda, nuestra orientación de sentido en la vida y nuestros deseos, impulsos y motivaciones auténticas. Si aún no se han encontrado tales respuestas, con la integridad del pálpito de nuestro corazón, el intestino y el pensamiento racional, debemos tener paciencia y seguir buscando en nuestro interior. Porque ésa es la llave fundamental para abrir las puertas del éxito. Por medio de ellas logramos el convencimiento, la seguridad y la voluntad que nos hace casi invulnerables. No obstante, mientras llegan, podemos seguir caminando. Y para ello nos fijaremos en las cualidades de aquellas personas que destacan en nuestro entorno y a quienes podemos ponernos como ejemplos de éxito. No se trata de imitar a nadie, sino de observar las cualidades que muestran para entrenarnos en ellas y sólo en aquellos aspectos que nos interesan. Nadie es perfecto ni debemos esperar que lo sea. Si lo hiciéramos, terminaríamos por decepcionarnos o sentirnos traicionados y frustrados, lo cual no nos conviene como meta. El camino del crecimiento y la superación, el camino del pálpito inteligente, es absolutamente personal.

Lo primero que necesitamos en nuestro caminar es sentir nuestra presencia; sentirnos presentes en todo momento. Parece evidente. Nadie puede caminar si no se encuentra presente en su camino. Y sin embargo hay quienes pasan por la vida sin sentir, sin pena ni gloria, como suele decirse. Debemos sentir que el fuego de nuestro hogar está encendido, que nuestro corazón late sereno y fuerte, aunque nadie más parezca notarlo. No es cuestión de lo que los demás opinen, sino de lo que nosotros sabemos. Es un rasgo universalmente contrastado: las personas triunfadoras, en cualquier sentido, tienen confianza en sus decisiones y no se preocupan demasiado sobre si otros las aprueban o rechazan. Muestran igualmente una tendencia mucho menor que el resto de las personas a lamentarse por las dificultades o desastres del pasado, así como a preocuparse por futuras amenazas que no pueden controlar. Tampoco reaccionan exageradamente ni generalizan para justificarse cuando las cosas salen mal.

Otra característica observada en las personas de éxito es que se encuentran mucho más orientadas a la acción que el resto. Su pálpito inteligente los lleva a buscar constantemente el modo de resolver los problemas de una forma eficaz. Cuando se encuentran con un desafío, lo afrontan poniéndose a trabajar de inmediato, y si cometen un error, lo corrigen lo antes posible para no perder impulso. Tampoco son ingenuamente optimistas. Conocen o se esfuerzan por conocer los obstáculos y límites de los procesos y retos que afrontan, como medio eficaz para encontrar soluciones, sopesando los peligros o amenazas, pero sin detenerse ante ellos. Se muestran con entusiasmo, confianza, energía y disposición para asumir los riesgos, apoyándose en el buen humor.

Y ahora propongo un juego. Jugar es una de las experiencias clave de todos los seres vivos –y no sólo de los humanos– para aprender, entrenar y mejorar en sus habilidades. Juguemos a que ya somos personas de éxito que tenemos incorporadas las características descritas; escribamos un pequeño guión de actuaciones con aquellos rasgos que deseemos practicar en cada ocasión. Hagámoslo en períodos controlados, de tiempo y lugar, como ocurre en cualquier juego. Y en esos momentos interpretemos nuestro papel, como si fuéramos los protagonistas de una película:

la película de nuestra vida. En ella podemos ensayar escenas y corregir, hacer todas «las tomas» que sean necesarias, como en el cine, hasta que logremos la secuencia perfecta. Y ya que se trata de un juego, divirtámonos mientras lo hacemos. Gocemos de jugar a vivir tal y como deseamos hacerlo.

Podemos jugar a presentar asertivamente nuestras decisiones, asumiendo que podemos equivocarnos y que, si es así, si otra persona nos muestra nuestro error, lo tomaremos en cuenta y aprenderemos o mejoraremos. Esto resulta muy fácil decirlo o pensarlo. Pero hacerlo es mucho más difícil para quienes suelen dudar de sí mismos, porque nuestros condicionamientos y emociones negativas nos frenan; por ello, debe hacerse como un ejercicio lúdico aplicado a momentos y ambientes concretos, en los que tampoco asumamos grandes riesgos al principio, mientras adquirimos confianza en el proceso. Podría ser algo tan simple como invitar a un amigo, amiga o pareja a ir al cine. Expresar directamente nuestra propuesta en la forma: «Quiero ver esta película hoy, ¿me acompañas?». Estaría bien jugar a decirlo con diferentes tonos de voz y gestos, implicando a la otra persona como cómplice en nuestro juego, hasta que logremos la expresión más eficaz. Después repetiremos esta última en diferentes momentos, entre sonrisas íntimas de satisfacción. Hay quienes ya lo hacen de forma natural, por lo que deberían practicarlo quienes no tienen incorporada tal habilidad.

Otro juego pudiera ser asumir el compromiso de explicar a alguien las ventajas que tuvo para nosotros una situación traumática o desastrosa del pasado. Habría que hacerlo diariamente, a una hora determinada, seleccionando personas y hechos diferentes. Un ejemplo: a las tres de la tarde explico hoy, a un compañero del trabajo, que siento gratitud por mi timidez porque gracias a ella he podido desarrollar una mayor capacidad de observación, análisis y reflexión que ahora aprovecho para escribir. Mañana elegiré comer con mi pareja y comentar con ilusión y ternura la oportunidad que se me abrió a los dieciocho años, cuando murió mi padre y tuve ocasión de asumir las riendas de la familia, como un trampolín maravilloso para madurar con rapidez y sentirme orgulloso de lo que era capaz de hacer. Ayer podría haber estado a las tres de la tarde con mi madre para agradecer su confianza y paciencia por los errores que cometí como adolescente, porque gracias a esas oportunidades aprendí a diferenciar por la experiencia, y no sólo por sus consejos, lo que era útil en mi camino y responsabilizarme de ello. Y siempre en un ambiente distendido, entre bromas y juegos gestuales graciosos, desde el respeto y la ternura del pálpito inteligente.

Autorregulación de las emociones

Las reacciones emocionales dependen de factores específicos íntimamente vinculados con el aprendizaje. Veamos qué factores son éstos. El primero es la memoria: la diferida y la inmediata. Cuando hablamos de memoria hemos de destacar que hay una memoria funcional con la que nos desenvolvemos habitualmente, para poder recordar acontecimientos de nuestra vida cotidiana, y una memoria de índole cultural. A ellas hemos de añadir un tercer grupo, el de la memoria emocional.

Cuando percibimos emocionalmente se produce una actividad coordinada de los factores específicos de la inteligencia emocional. Podemos considerar tales procesos como «la experiencia emotiva», que puede ser de carácter interno o externo. La de carácter interno es la memoria emocional y la de carácter externo es la respuesta emotiva. A partir de estas premisas, podemos determinar que los factores específicos vinculados con la emotividad son inductores de la memoria emocional, que provoca de modo directo o indirecto la respuesta como adquisición de la experiencia. Y comprobaremos que una incorrecta capacidad funcional en la concentración puede afectar de modo específico al desarrollo de la comprensión de un proceso vivencial. Para poder determinar esta reacción, debemos especificar que el factor concreto de aprendizaje que denominamos *concentración* se describe como la actividad de un solo pensamiento hasta la conclusión del mismo. Y su modo de desarrollo se encuentra vinculado con otros factores del aprendizaje.

Dichos factores son los siguientes:

1. **Confianza**. La sensación de controlar y dominar el propio cuerpo, la propia conducta y el propio mundo. La sensación de que tenemos muchas posibilidades de éxito en lo que emprendamos y que podemos recibir ayuda en esa tarea.

2. **Curiosidad**. La sensación de que el descubrimiento de algo es positivo y placentero.

3. **Intencionalidad**. El deseo y la capacidad de lograr algo y de actuar en consecuencia. Esta habilidad se encuentra ligada con la sensación y la capacidad de sentirse competente, de ser eficaz.

4. **Autocontrol**. La capacidad de modular y controlar las propias acciones en una forma apropiada; la sensación de control interno.
5. **Relación**. La capacidad de relacionarnos con los demás; una capacidad que se basa en el hecho de comprenderlos y de sentirnos comprendidos por ellos.
6. **Capacidad de comunicar**. El deseo y la capacidad de intercambiar verbalmente ideas, sentimientos y conceptos con los demás. Esta capacidad exige la confianza en los demás y el placer de relacionarse con ellos.
7. **Cooperación**. La capacidad de armonizar las propias necesidades con las de los demás en las actividades grupales.

Teniendo todo esto en cuenta, debemos conseguir regular nuestras emociones de tal manera que nos faciliten la tarea que estemos llevando a cabo y no interfieran negativamente en ella. Pongamos un ejemplo. Según los estudios realizados por científicos de la Universidad de Leuven, en Bélgica, publicados por la revista británica *Proceedings of the Royal Society*, la visión de una mujer atractiva es todo cuanto se necesita para arruinar la capacidad de decisión de un hombre, y cuanto mayor sea el nivel de testosterona, peor. Así lo afirma el doctor Siegfried Dewitte, uno de los responsables del estudio. Se observaron las reacciones de 176 voluntarios varones de entre 18 y 28 años. En una primera etapa contemplaron imágenes de mujeres y esto provocó errores a la hora de tomar decisiones sencillas. Pero el mayor índice de error se produjo cuando las imágenes presentaban estímulos de insinuación sexual. En paralelo, se hizo otro estudio similar con mujeres, pero en ellas no se encontraron estímulos visuales que las afecten a la hora de tomar decisiones.

Otro de los síntomas de inteligencia emocional, con respecto a la autorregulación emotiva, hace referencia a la capacidad de recuperarnos con rapidez del estrés emocional. Éste se encuentra producido fundamentalmente por las pérdidas afectivas. En ellas tiende a generarse una tristeza dolorosa, junto con tendencias depresivas. Hay muchos tipos de pérdidas que nos pueden afectar de manera intensa a lo largo de la vida. Puede tratarse de un fallecimiento, el final de una relación amorosa, un despido laboral, una ruina financiera, la frustración de un deseo importante o cualquier otra de entre los cuarenta tipos de pérdidas que se han catalogado. Ese dolor emocional es el resultado de las sensaciones contradictorias que experimentamos cuando sucede un cambio en lo que era un patrón habitual de comportamiento o cuando terminan una serie de situaciones que nos mantenían en un equilibrio satisfactorio. Y es contradictorio porque se puede llegar a entender racionalmente la lógica del proceso y su conclusión necesaria, incluso comprendiendo, en algunos casos, que era lo mejor que podría ocurrir. Y sin embargo, una explosión de rabia, de indignación y vacío, nos arruina e impide llevar a cabo nuestra vida normal. La intensidad del estrés emocional se encuentra en función directa de la dependencia que se diera en relación con lo que se pierde. Y la posibilidad de superarlo se vincula con la autoestima, así como con la capacidad de llenar los huecos desde la propia fuente de afectos y emociones positivas que seamos capaces de generar. Veamos cómo podemos entrenar estas habilidades.

1. Canalización de emociones

Necesitamos aprender a tomar las riendas de los sentimientos impulsivos y de las emociones perturbadoras. Repasemos, en primer lugar, los factores de aprendizaje ya señalados para profundizar en ellos, con aplicaciones prácticas y orientaciones hacia el día a día.

Confianza. Un pequeño ejercicio puede ayudarnos a pensar en la cantidad de confianza que depositamos en la vida. Tracemos un círculo y escribamos dentro los nombres de las personas en las que confiamos plenamente. Hagamos una pausa, tras anotar cada uno de ellos, para sentir el pálpito sobre el grado de confianza que nos merece esa persona. A continuación deberemos preguntarnos si estamos satisfechos con los niveles de confianza que hemos creado. ¿Nos encontramos con personas fuera del círculo que nos gustaría tener en su interior? Si es así, ¿qué se puede hacer para generar más confianza en ellas? Después debemos preguntarnos por el nivel de confianza que otras personas tienen depositada en nosotros. ¿De cuántos círculos pertenecientes a otras personas quedaríamos excluidos? ¿Nos satisface la situación? Si no es así, ¿qué podemos hacer para cambiarla?

Las relaciones de confianza expanden y extienden nuestras capacidades de tantas formas que no podemos permitirnos esperar a que los demás nos muestren que son de confianza. Tenemos que iniciar deliberadamente tales relaciones y reafirmarlas. Necesitamos dar pasos con valentía para confiar en los demás mucho más de lo que necesitaríamos hacerlo. Podemos ofrecer alguna oportunidad diariamente a otras personas. Comprometámonos y comprometamos a los demás, con responsabilidad y un sentido sagrado de la consecuencia. Demostremos continuamente lo que representa confiar en nosotros. ¿Confiamos lo suficiente en los demás como para que los demás nos concedan su confianza?

Curiosidad. La curiosidad nace como fruto del interés y el gozo, para lo cual se necesita haber despertado al entusiasmo desde la pasión por la vida. Veamos. Reflexionemos un poco; interroguemos a nuestro pálpito vital. Planteémonos qué es aquello que nos gusta tanto que podríamos hacerlo gratis, aunque nos supusiera una gran dedicación y esfuerzo. ¿Qué cosas nos proporcionan tanto placer que nos gustaría hacerlas una y otra vez? Si tenemos dificultades para hacer una larga lista, es el momento de indagar y curiosear entre las múltiples opciones que nos proporciona la vida. ¿No sería una lástima terminar la existencia dándonos cuenta de que se nos quedaron cosas pendientes porque ni siquiera nos dimos tiempo para pensar en ellas? ¿Cuáles eran nuestros sueños y anhelos de la infancia? ¿Qué es lo que nos motiva más, nos hace reír al practicarlo, aunque no se nos de muy bien? ¿Qué nos genera mayor satisfacción una vez conseguido? Cuando nos dejamos llevar por la fantasía ¿hacia qué parajes y situaciones nos lleva el corazón? ¿Qué es aquello que dibuja una sonrisa en nuestro rostro, encendiendo nuestra mirada y erizándonos la piel?

Se debe comenzar, al menos, con cinco impulsos apasionados. En el camino de búsqueda, podremos ir desechando y clarificando lo verdaderamente importante. Centrémonos en las pequeñas cosas cotidianas, de la vida familiar y del trabajo. Hay cientos de instantes y detalles que dejamos pasar cada día. Y al dejar pasar tales momentos exclusivos, los que gozamos sutil e intensamente para pasar después a otro asunto práctico, es como si tiráramos a la basura diamantes. Una inmensa riqueza nos espera. Porque en esos recuerdos de instantes mágicos se encuentra la medicina que necesitamos en los momentos tristes, apesadumbrados o de soledad. Aprovechémosla.

Propongo hacer, en primer lugar, una lista diaria de al menos diez momentos que nos hicieron sonreír con ternura. Momentos sencillos, como sentir un perfume de flores, el de alguna persona que pasó cerca o el aroma del café en el silencio de la mañana, sin prisas. Pueden ser también las luces del amanecer, el atardecer o los rayos del sol filtrándose entre las nubes, en una tarde tormentosa. Hay quienes tienen la habilidad y posibilidad de convertir muchos de esos momentos en arte, a través de la fotografía, la pintura, la música, la danza, la escultura, la arquitectura. Y gracias a muchas de esas obras que tenemos hoy como legado histórico, podemos respirar a veces. Nuestras propias obras de arte, fruto de la curiosidad y del pálpito de un instante, siguen viviendo también en nuestro interior. Y si nos alimentamos diariamente con su evocación o vivencia, si aumentamos el tiempo de su presencia en nuestra vida, viviremos mejor.

Intencionalidad. Ligada a la indagación anterior, una vez que la curiosidad y el entusiasmo apasionado nos abren las puertas, aparece esta voluntad de implicación con lo que nos satisface y motiva. Es hora de pensar en incrementar los beneficios que las oportunidades nos proporcionan. Para ello resulta imprescindible aprovechar el tiempo de forma inteligente. Veamos cuál es la situación de partida con un sencillo test.

Ahora se deben marcar las afirmaciones con las que nos identificamos:

- Mi factura telefónica es muchas veces más alta de lo esperado.
- Algunas personas se han quejado porque mi teléfono comunica continuamente. Debo admitir que tienen razón.
- Cada día tengo más cosas que hacer de las que puedo realizar.
- Me preocupo tanto por mis obligaciones que apenas me divierto.
- A menudo tengo que interrumpir una conversación importante porque el deber me llama.
- Mis obligaciones me impiden disfrutar de momentos alegres y despreocupados con otras personas.
- Cuando las personas hablan mucho, aumenta mi nerviosismo.
- Paso demasiado tiempo con personas que no me aportan nada.
- Estoy demasiado disponible para personas que quieren desahogarse conmigo pero con las que no tengo nada en común.
- Una visita imprevista puede alterar mis planes para todo el día.
- La mayor parte de las veces aplazo las obligaciones desagradables.
- De vez en cuando me activo mucho durante el día, pero por la noche las cosas importantes aún no están terminadas.
- Todo lo que hago debe ser perfecto.
- En el trabajo suelo perderme con nimiedades.
- Me gusta hacerlo todo por mí mismo y raramente pido ayuda.
- Cuando otras personas hacen algo para mí, controlo permanentemente si lo hacen de forma correcta.
- Por la mañana no sé por qué tarea debo comenzar.
- Tengo mucho desorden en mi entorno y pierdo mucho tiempo buscando cosas.

- Soy tan poco puntual que los demás se quejan por ello.
- Cuando empiezo una nueva tarea no sé determinar si para hacerla precisaré mucho o poco tiempo.
- No sé calcular el tiempo que necesito para hacer trabajos rutinarios.
- No sé holgazanear. Cuando tengo pocas cosas que hacer, alargo inconscientemente las tareas durante todo el día.
- Por la noche suelo sentir un gran cansancio y casi nunca sé por qué.
- Frecuentemente pienso: «Esto no lo conseguirás, es demasiado difícil para ti».
- Me distraigo fácilmente.
- Me fijo objetivos, pero no siempre los mantengo.
- La mayor parte de las personas de mi entorno desconocen mis auténticos talentos y cualidades.
- Mi concentración disminuye cuando algo se complica.
- Me concentro mal en tareas puramente rutinarias.
- Alguna vez me he hecho una planificación del tiempo.
- Más de una vez he rehecho algunos de estos planes.
- Ninguno de estos planes ha funcionando correctamente.

Valoración del test:

Menos de 10 afirmaciones: Aprovechamiento muy razonable del tiempo. Buena concentración en las tareas esenciales. Adecuada aplicación en las tareas pendientes, aunque sean aburridas. Dinamismo para resolver cuanto antes las tareas desagradables y olvidarlas. Buena dedicación a los propios intereses y al tiempo de ocio. Aprovechamiento apropiado del tiempo libre para renovar energías y acometer con rapidez y precisión las obligaciones.

De 10 a 18 afirmaciones: Algunas veces se malgasta el tiempo. Hay ideas erróneas sobre que estar ocioso es perder el tiempo. Todos necesitamos hacer pausas de vez en cuando. El tiempo perdido es absorbido por personas ajenas. Se necesita distinguir mejor entre la vida privada y el trabajo. Las conversaciones suelen adquirir tintes personales y se hacen interminables. Se da imagen de que cualquier persona tiene derecho a aprovecharse de nuestro tiempo libre y lo hacen.

Más de 18 afirmaciones: Perdemos muchísimo tiempo. Se hacen muchos planes para evitarlo pero nunca salen bien. Tendencia a verse de forma caótica. Pero con exceso de rigor detallista. Dificultad para aceptar que se pierde mucho el tiempo. La razón se encuentra en un exceso de autoexigencia. Para solucionar el problema, debe hacerse cada día una lista con las siete cosas más importantes, en orden de importancia. Después se irán resolviendo una a una en ese mismo orden, sin comenzar ninguna mientras no se haya terminado con la precedente. Al día siguiente se hará una nueva lista de siete y se procederá de igual modo. Este sistema ha de mantenerse durante cuatro semanas para resolver los problemas de pérdida de tiempo, consiguiendo así mejorar en la intencionalidad.

Autocontrol. Una de las paradojas de la vida es que para seguir adelante con eficacia resulta esencial saber cuándo y cómo parar. Aprendiendo a hacer pausas estratégicas se experimentan palpables aumentos de energía biológica. Y esta energía renovada influye en nuestro pensamiento, en los sentimientos, en la atención y en las acciones, logrando una clara estimulación. Saltarse los descansos estratégicos supone una gran pérdida de energía vital. Y cuando decae la energía, las emociones tienden a polarizarse de forma negativa.

La diferencia entre pausas y descansos reside en la frecuencia y el tiempo requerido. Una pausa estratégica de menos de medio minuto es ideal cada media hora a lo largo del día. Por su parte, los descansos esenciales requieren, como mínimo, de dos a tres minutos y deben realizarse por lo menos dos veces al día. Una pausa o un descanso revitalizador contiene seis elementos más uno:

1. Relajarse y hacer respiraciones profundas.
2. Cambiar la concentración visual y aprovechar mejor la luz.
3. Reequilibrar la postura y desentumecerse.
4. Beber agua fría.
5. Disfrutar de un momento de humor.
6. Renovar la inspiración o sugerencias creativas.

El séptimo elemento se debe hacer en las pausas del final de la mañana y de la noche y consiste en comer con inteligencia.

Relación. Necesitamos relacionarnos adecuadamente con nosotros mismos, para poder hacerlo con los demás. Necesitamos entendernos, especialmente desde nuestros arrebatos irracionales, para poder comprender y permitir que se tiendan puentes hacia la paz, en lugar de estallar inadecuadamente y desencadenar guerras innecesarias, que dejan víctimas y profundas heridas.

No es fácil aprender a considerar atentamente nuestras propias emociones, pero es posible; con tiempo y esfuerzo resulta más fácil, usando las herramientas adecuadas.

Una de esas herramientas es la reevaluación. Consiste en ampliar las opciones y justificaciones que dieron lugar al estallido emocional, buscando juicios erróneos y explicaciones constructivas. Cuando se logra, los comportamientos emocionales indeseables se detienen de inmediato y dejan paso a otra reacción, impulso o sensación más apropiada.

Pero cuando la emoción negativa es muy intensa, entramos en un período refractario en el que resulta imposible cualquier tipo de consideración o reflexión. Entonces debemos darnos tiempo y buscar un desahogo en solitario, antes de retomar la relación. En este desahogo se utilizarán gestos, sonidos guturales y expresiones corporales de tensión y exageración. Si logramos convertirlos en pantomimas que nos lleven a la risa,[28] se puede reducir con rapidez el período refractario.

Por otra parte, cuando no podemos reevaluar lo que está ocurriendo, cuando seguimos creyendo que nuestros sentimientos están justificados, podemos elegir no interrumpir nuestras propias acciones ni dejar de hablar unos instantes, y al mismo tiempo no dar rienda suelta a nuestras emociones. Podemos hacer que disminuyan las señales del rostro y de la voz, resistirnos a los impulsos que nos conducen a la acción y establecer una censura sobre lo que decimos. Pero controlar voluntariamente un comportamiento involuntario no es nada fácil, especialmente cuando sentimos una intensa emoción. Sin embargo, detener el habla y la acción es posible; mucho más que borrar cualquier rastro de emoción en el rostro y en la voz. Y es la atención, darnos cuenta de que nos encontramos en un proceso de alteración emocional, lo que puede impedir que perdamos el control de lo que decimos o hacemos. De esa forma, evitaremos actuar de manera que luego podamos lamentar.

Una vez pasada la primera fase y conseguida una mínima reevaluación, conviene respirar profundo antes de hablar. La respiración profunda reduce el ritmo de la emoción que tiende a arrastrarnos y aumenta la empatía, la paciencia y la curiosidad. Seguidamente, debemos respetar el tiempo de la otra persona. Es importante evitar la tendencia que nos hace alargar las explicaciones. Un breve comentario puede ser suficiente para

---

28. *Véase* mi libro *Reír, para vivir mejor.* Ediciones Obelisco, Barcelona, 2005.

asegurar a la otra persona que comprendemos su preocupación desde la nuestra y podemos comprometernos para hablar más tranquilamente en otro momento más adecuado. Y cuando sea posible, es mejor sentarse que permanecer en pie. Los neurocientíficos han averiguado que en muchos entornos en los que las personas siempre tienen prisa, el cerebro está programado para percibir una conversación de pie como menos auténtica que una conversación que tiene lugar sentados. Un minuto de pie puede no ser apreciado por la otra persona y pasar muy rápido. Ese mismo minuto sentados proporciona la sensación de que se trata de mucho más tiempo.

Capacidad de comunicar. Hay personas que trabajan con el público y se ganan inmediatamente su consideración y aprecio. Muestran un talento natural para sintonizar con el ritmo y el estado de ánimo de sus clientes, generando una perfecta empatía. Tal empatía, tal capacidad de sintonización emocional es la clave de la comunicación. A partir de ella conseguimos que nos escuchen, que se preste atención al mensaje que deseamos transmitir y al mismo tiempo nos abrimos para comprender mejor lo que los demás nos dicen.

Podemos practicar esta capacidad de sintonía empática desde los gestos. Probemos a ajustar nuestro ritmo respiratorio con el de la otra persona; mirar a los ojos y sonreír suavemente, con delicadeza y ternura, hasta conseguir el reflejo de la sonrisa en ella. Los psicólogos sociales han descubierto que, cuanto más naturalmente coordinados se hallen los movimientos de las personas que se relacionan, más positivos son sus sentimientos. Pero se trata de conseguir espontaneidad en la imitación de los gestos y posturas de nuestros interlocutores. Si se fuerza el proceso, los resultados se invierten. Por ello mismo es muy importante hacerlo desde el corazón y no desde la cabeza; desde la ternura y el respeto, mejor que desde una estructura planificada.

Después, por supuesto, será imprescindible que aquello que se dice sea adecuado; que aporte algo a la otra persona, que la haga sentir valorada, comprendida y respetada. Practiquemos con pequeños juegos imaginarios, en los que nos sintamos libres para ensayar diferentes alternativas, antes de la conversación real, hasta que logremos la que mejor nos haga sentir, la que más serenidad, alegría y ternura nos genere. Una vez conseguido no hay que tratar de memorizar el proceso. Debemos tener confianza y dejarnos llevar por nuestro pálpito inteligente. Al hacerlo, surgirá espontáneamente la palabra justa en el momento preciso. Es como si fuera magia. La magia que nos convierte en personas amables, entrañables, empáticas. La verdadera magia natural.

Cooperación. La cooperación es esencial para los seres humanos. Gracias a ella conseguimos superar situaciones muy difíciles en nuestro camino de evolución como especie; seguimos haciéndolo, en el mejor de los casos, en nuestras dificultades diarias. Y para que exista auténtica cooperación debe darse una sintonía, una empatía suficiente. Sin ella, como acabamos de ver, los mensajes de coordinación, los acuerdos para la comunicación y actuación consecuente, pueden encontrar dificultades insalvables. Sabemos que este asunto es algo que implica, al menos, a dos personas. Y en lugar de esperar a que sean los demás quienes actúen de manera correcta, nos conviene anticiparnos para favorecer al máximo las circunstancias en las que deba darse la cooperación. En este sentido, y especialmente cuando notamos que la actitud de la otra persona no es la mejor, podemos prestar atención a cuatro aspectos básicos en el proceso de comunicación:

1. Reconocer y expresar que la otra persona hace esfuerzos por valorarnos.

2. Mostrar con ejemplos la forma en que nos gusta obtener el reconocimiento. Podría decirse algo como: «Me gustaría hablarte de una ocasión en que sentí que me respetaron y valoraron…» Debe describirse la situación de forma clara. ¿Cuándo ocurrió? ¿Cómo nos hizo sentir? ¿Qué sentido tuvo? ¿Cómo se convirtió en elemento de motivación para futuros esfuerzos? Porque hay personas que necesitan que les ayudemos en este punto. No saben leer la mente, por mucho que a nosotros nos gustara que lo hicieran. Necesitan nuestras ideas para saber cuál es la mejor forma de valorar y respetar nuestros esfuerzos, consiguiendo así una colaboración más intensa por nuestra parte.

3. Marcar el rumbo. Podríamos adelantarnos declarando las expectativas que tengamos, con algo como: «Sé que esperas que colabore más y que aporte lo mejor de mí mismo, esforzándome al máximo en esta relación (laboral, personal o familiar)».

4. Dar forma a nuevos procesos de relación y cooperación. «Para que pueda trabajar mejor, me ayudaría mucho que la próxima vez agradecieses mis esfuerzos». Lo más probable es que la persona en cuestión responda favorablemente y además se haga más consciente de nuestros

esfuerzos futuros. De forma significativa, conseguiremos ser más visibles a sus ojos. Después deberemos actuar de forma recíproca.

Lo que hemos visto hasta ahora, en relación con la canalización de las emociones, debería servirnos para lograr los mínimos de presencia y ajuste, con una sonrisa, en las situaciones más difíciles. También debería resultarnos útil para poder pensar con claridad, sin perder la concentración, en los momentos en que nos encontremos bajo presión. Pero debemos seguir adelante. Avanzar un poco más, sobre la conciencia y las prácticas anteriores; considerar otras opciones y factores, en la autorregulación emocional, mientras seguimos practicando los ejercicios propuestos. Ajustar la memoria emocional no es tarea fácil y nunca debe ser considerada así. Es importante armarse de paciencia y constancia. Siempre pueden quedar rastros de dolor, condicionamientos o asociaciones que se disparan, desatando tormentas emocionales que parecían controladas. Si esto ocurre, no debemos caer en la trampa de pensar que todo lo hecho hasta el momento se ha perdido. No es así. Lo único que debemos hacer es darnos más tiempo y seguir practicando con paciencia y constancia.

2. Honestidad

Actuar éticamente y por encima de todo reproche es uno de los elementos clave para conseguir reconocimiento, aprecio por parte de los demás y autoestima; es decir, para sentirnos bien, obrar con eficacia y de forma brillante. Pero suele haber una gran confusión y ciertos prejuicios a la hora de afrontar la ética y la moral. Veamos qué podemos hacer para potenciar este aspecto, procurando escapar de imposiciones moralistas, autocríticas y comparaciones «odiosas».

En primer lugar, propongo realizar un test que nos sirva de orientación sobre nuestra situación de partida, evitando contradicciones internas o falsas expectativas en nuestros enfoques.

Señalemos, de entre las afirmaciones que siguen, las que se encuentren más en consonancia con nuestra forma de ser, pensar y actuar:

- He corrido durante 20 minutos. Después me siento para el arrastre.
- Una mujer busca un compromiso sólido. Dos hombres pasan con sus coches: un deportivo y un utilitario. Ella sube al utilitario.
- Las fiestas, las celebraciones y la gente alegre me abruman. Cuando los demás celebran algo, la mayoría de las veces no me encuentro bien.

- Un niño se ha propuesto una tarea difícil. Si se desesperara, lo animaría a continuar hasta que tuviera éxito.
- No me gusta que me ayuden, incluso cuando realmente necesito ayuda.
- Soy más hábil solucionando los problemas de otras personas que los míos propios.
- Cuando tengo éxito no sé alegrarme.
- A menudo tengo altercados con otras personas.
- Me aburren las personas que constantemente son amables conmigo.
- A menudo uso un tono de voz tan duro que los demás se sienten heridos.
- Cuando la gente quiere hacer algo bueno por mí, la mayoría de las veces lo rechazo.
- Los amigos me han decepcionado muchas veces.
- En las fiestas raramente llevo la voz cantante.
- Soy una persona muy tranquila. Pero si alguna vez reviento de rabia la gente se asombra por mi agresividad.
- Soy tan servicial que incluso ayudo a los demás cuando no necesitan mi ayuda en absoluto.

Valoración del test:

Menos de 4 afirmaciones: Adecuada manera de cuidar los propios intereses. Orientación honesta, dando importancia a lo propio, sin aprovecharse de los demás. Mantener este estilo de vida es deseable para que todos podamos ser más felices.

De 5 a 11 afirmaciones: Escasa valoración personal. Hay un exceso de supuesta bondad. Este comportamiento hace a la gente fácil de contentar. Algunas personas resultan útiles para quienes las rodean porque no dan ningún problema, pero no saben disfrutar de la vida.

Más de 11 afirmaciones: Tendencia a actuar en contra de los propios intereses. Exceso de adaptación a los demás, a través de favores y deseos de complacencia, sin obtener valoración suficiente. Existe un dicho aplicable al caso: «Si te conviertes en alfombra, no te sorprendas de que te pisen». Se necesita equilibrar la balanza prestando más atención a los propios intereses. Tal vez se necesite revisar cuáles son y definirlos mejor.

Es fácil actuar como si fuéramos veletas, cambiando siempre de ideas y palabras, para intentar complacer a quienes nos rodean. Pero todos nacimos para ser faros. La honestidad debe comenzar en el acto de reconocer nuestra luz, nuestras cualidades y limitaciones, sin alardes ni humillaciones. El brillo propio es el que se manifiesta cuando nadie nos ve. Imaginemos un eje vertical que contiene el centro del corazón, llega hasta nuestras raíces más profundas y alcanza nuestras aspiraciones más elevadas. Ése es nuestro faro. En su interior se encuentra la luz de nuestro pálpito inteligente. Y esa luz existe para alumbrar, fundamentalmente, en la oscuridad y en las tormentas. Cuando permitimos que fluya de manera íntegra, actuamos éticamente. Y cuando buscamos esa misma luz en los demás y comprobamos su brillo, nos relacionamos éticamente.

Esa luz tiende a brillar, por sí misma, sin necesidad de que hagamos propaganda de nuestras virtudes. Se refleja en nuestros gestos, en nuestro tono de voz, en los contenidos de nuestros mensajes y en nuestros actos. Si aprendemos a confiar, como ya se ha visto, seremos capaces de inspirar confianza, reafirmando nuestra honestidad. Practiquemos el sencillo ejercicio diario de sentirnos como una luz que ilumina desde nuestro corazón y se expresa, sencillamente, a través de una mirada y una sonrisa de ternura.

Eso no evitará que sigamos cometiendo errores; son parte del camino del aprendizaje hacia la sabiduría. Admitir los propios errores y mostrar a los demás los suyos, sin juzgar ni condenar, es un acto de honestidad. A veces ocurre, no obstante, que sólo hablamos de los errores o pensamos en ellos cuando nos enfadamos, con nosotros mismos o con los demás. En esos casos, la supuesta honestidad puede convertirse en crueldad. Antes de que eso ocurra, deberíamos observar nuestro estado emocional y transformar las emociones negativas en positivas, aprovechando, por ejemplo, los recuerdos más agradables y tiernos de nuestra memoria emotiva, aquellos diamantes que ya no tiramos a la basura, llenándonos así de sentimientos adecuados. Sólo entonces deberíamos pensar o hablar de los errores propios o ajenos. Sólo entonces estaríamos en condiciones de no traicionar nuestra honestidad.

Cuando nos encontremos evaluando los puntos débiles de otra persona, o los propios, sería conveniente que no nos dejáramos arrastrar por inercias competitivas, que terminarían sembrando la guerra y la destrucción en nuestro interior. Los fallos de los demás pueden hacernos creer que vamos por buen camino y que tenemos una posición ventajosa en relación con ellos, pero puede que no sea así. Es posible que tan sólo estemos estancados y que no nos equivoquemos porque hayamos dejado de actuar. Pero eso tampoco nos va a llevar a ninguna parte. Defender los valores propios, aunque no sean aceptados, es un acto de valentía y honestidad imprescindible. Aunque primero debemos tener muy claro cuáles son. Preguntémonos ¿cuáles son esos valores por los que merecería la pena dar la vida, sin que sea un suicidio, para seguir brillando? Si aún no están claros, sigamos ejercitándonos en su busca. Y desde luego conviene tener presente siempre que nuestro camino es personal y no admite comparaciones. En eso consiste la verdadera ética. No es necesario que los demás pierdan para que nosotros ganemos. Podemos y debemos ganar todos. Pero, en cualquier caso, nuestra victoria debe estar basada tan sólo en los valores y esfuerzos propios. Si no es así, no nos sirve, aunque otros pudieran quedar satisfechos. Juguemos a salirnos de lo convencional, a no tener miedo a equivocarnos, buscando siempre el acierto. Juguemos a considerar lo inesperado, tanto en nosotros mismos como en los demás. Y desde ahí, ampliemos continuamente nuestros límites. Para lograrlo es fundamental que nos divirtamos haciéndolo. En esto consiste la construcción ética de la vida, desde la sonrisa de ternura.

Como veíamos antes, resulta fundamental el respeto que nos tengamos y que tengamos hacia las demás personas. Y una de las formas más claras de ser consecuentes con ese respeto es cumplir con los compromisos y las promesas. Al hacerlo aumenta nuestra autoestima y nuestra seguridad personal. Para ello, para poder ser consecuentes, deberemos ser también muy conscientes de nuestros límites, de nuestras posibilidades, para que las promesas y los compromisos se ajusten a nuestra realidad. Si nos ponemos el listón demasiado alto, tendremos más posibilidades de fallar. Con entrenamiento adecuado, como cualquier atleta, podremos ir superándonos a nosotros mismos. Pero si nos lesionamos, no llegaremos jamás. Cada día debemos ejercitarnos en los compromisos, madurar en ellos y ampliarlos cuando sea conveniente, pero desde la humildad y la honestidad. Esto es hacernos responsables de nuestra vida; tener responsabilidad para alcanzar los objetivos.

3. Actitud positiva

Cuando las cosas se ponen feas y los problemas parecen no tener solución, resulta de gran ayuda saber afrontar la situación con una sonrisa que le quite dramatismo. El sentido del humor es un mecanismo psicológico muy sofisticado que nos permite aumentar la eficacia con la que afrontamos las situaciones que se nos presentan en la realidad de nuestro día a día. Desde el auténtico sentido del humor se potencian el optimismo y la esperanza, que nos impiden caer en la apatía, la desesperación o la depresión, frente a las adversidades. Los pesimistas consideran que los contratiempos constituyen algo irremediable y reaccionan ante la adversidad asumiendo que no hay nada que ellos puedan hacer para que las cosas les salgan mejor. Con tal actitud se resignan y no hacen nada para cambiar la situación, aunque por otro lado se quejen y maldigan su «mala suerte». Los pesimistas y pusilánimes deberían tener en cuenta que esa actitud no es algo innato e inamovible, sino que es algo que podemos cambiar a cualquier edad. Somos responsables de nuestras propias actitudes y, aunque no sea tarea fácil, se pueden transformar. Debemos estar siempre dispuestos a mejorar. Goleman sintetiza la actitud positiva de la siguiente forma: «Es la combinación entre el talento razonable y la capacidad de perseverar ante el fracaso lo que conduce al éxito».

Como expongo en mi libro *Reír, para vivir mejor*,[29] ya nadie duda de los efectos positivos del optimismo y el buen humor sobre la salud en general y sobre nuestra felicidad. De aquí arranca la auténtica actitud positiva, que va más allá del «pensamiento positivo». En este último pueden darse reacciones emocionales negativas, como consecuencia de condicionamientos, hábitos inadecuados y prejuicios muy arraigados, que contrarresten las buenas intenciones y sugestiones. Por ello, si deseamos potenciar la eficacia del pensamiento positivo, asegurémonos antes de que nos encontramos de buen humor.

Si creemos que no podemos lograr algo, lo más probable es que no lo logremos. Esta situación denominada «profecía autorrealizada», puede ser modificada por medio de una actitud positiva ante la vida y el pensamiento. Cualquier cosa que deseemos lograr, como un nuevo trabajo, perder peso o ganar estabilidad financiera, dependerá mucho de nuestras propias convicciones para tener éxito y materializar tales sueños. Los pensamientos negativos se terminan convirtiendo en acciones negativas. Desde el mismo momento en que pensemos que no podremos hacer lo que sea de ningún modo, nos predispondremos hacia la acción concreta de no intentarlo y, si ni siquiera se intenta, será imposible conseguirlo, con lo cual se cumplirá la profecía autorealizada.

Vivir en el mundo actual no es nada fácil, y no son pocas las personas que sucumben, disminuyendo su autoestima y perdiendo confianza en sí mismos. En ese momento dejan de creer en sus posibilidades e

---

29. *Op. cit.*

incluso pueden llegar a convencerse de que no merecen ciertas cosas. Por eso mismo, lo primero que se debe hacer para romper este círculo vicioso, es recuperar la confianza con ayuda del sentido del humor. Esto ayudará a abandonar muchos pensamientos negativos. Así, poco a poco, el círculo vicioso se transformará en «círculo virtuoso». Siguiendo este camino, con paciencia y constancia, se irán alcanzando pequeñas metas. Y desde tales logros aumentará la confianza para intentar otros mayores. Así se asciende, con los pies en la tierra, por la escalera del éxito.

Toda derrota o adversidad, haya sido provocada o no por nosotros mismos, contiene la semilla de un beneficio equivalente. Si mantenemos la confianza ante la adversidad y nos abrimos a la posibilidad de aprender algo positivo de ella, terminaremos aprendiéndolo. No importa si al principio el panorama se tiñe de una densa oscuridad. Debemos recordar entonces que somos «faros» y que una vez que nuestros ojos se acostumbren a nuestra propia luz, todo se irá aclarando.

Necesitamos comprender que lo que nos hiere no es la derrota, sino la actitud que tenemos hacia ella. Practiquemos el arte de buscar la semilla del beneficio equivalente que hay en todas las decepciones a las que nos enfrentamos.

Ejercitar el cuerpo, con el propósito de mantenernos en forma, nos ayudará. Asimismo nos interesa fortalecer los hábitos de la ternura, la tolerancia, la sonrisa, la serenidad y la paz. Para ello debemos recurrir a nuestra memoria emocional positiva, es decir, a los mejores momentos vividos en todos estos sentidos. Y mantener la mente abierta a todas las cosas y todas las personas, sin importar su raza o creencias. Nos conviene aprender a sintonizar con las personas y apreciarlas tal y como son, en vez de exigir que sean como deseamos, lo cual no es fácil. Pero nos ayudará recordar que también ellas son faros luminosos, aunque puedan encontrarse momentáneamente confusas.

Confiemos en que podemos encontrar soluciones adecuadas para todos nuestros problemas, a través del pálpito inteligente. Y aceptemos el hecho de que tales alternativas nos pueden resultar extrañas.

Nos ayudará entrenar nuestra capacidad de improvisación, con la que comenzamos a experimentar en aquellos ejercicios de conseguir, en un minuto, escribir el máximo de palabras posibles e incluso ir componiendo pequeñas historias, aunque fueran surrealistas.

Por otra parte, con sentido lúdico y buen humor, podemos ponernos un poco de música —merengue, por ejemplo— que nos ayude a ejercitarnos en el movimiento de caderas. De esta manera, pensando en todo lo anterior, conseguiremos mayor flexibilidad ante la visión de los hechos, mejorando la adaptación de reacciones y tácticas a situaciones cambiantes, con optimismo.

Comprobemos ahora nuestro grado de actitud positiva ante la vida, con un sencillo test. En esta ocasión, se debe marcar la respuesta que consideremos adecuada.

1. ¿Se detiene alguna vez porque algo hermoso le ha llamado la atención?
   Sí [ ]   No [ ]
2. ¿Cree que la humanidad podrá solucionar sus grandes problemas?
   Sí [ ]   No [ ]
3. ¿Puede llegar a comportarse de forma tan tonta que los demás terminan riéndose de usted?
   Nunca [ ]   Algunas veces [ ]   Con frecuencia [ ]
4. ¿Se siente feliz en este momento?
   Sí [ ]   No [ ]
5. ¿Ayer estuvo más bien alegre [ ]   o más bien triste [ ]?
6. ¿Los últimos días ha estado más bien alegre [ ]   o más bien triste [ ]?
7. Si le atacan injustamente, ¿lucha por sus derechos aunque cause molestias y pueda tener problemas?
   Sí [ ]   No [ ]
8. Si le molesta algo malo, ¿consigue normalmente encontrar en ello algo positivo?
   Sí [ ]   No [ ]
9. ¿Repercute positivamente en su salud un buen estado de ánimo?
   Sí [ ]   No [ ]
10. ¿Cuenta con la posibilidad de que alguna vez un amigo le ataque por la espalda?
    Sí [ ]   No [ ]
11. ¿Le resulta simpática la mayoría de la gente a primera vista?
    Sí [ ]   No [ ]
12. Si en el tren le observa alguna persona extraña, ¿se siente mal?
    Sí [ ]   No [ ]
13. ¿Elogia a otras personas más frecuentemente que las critica?
    Sí [ ]   No [ ]

14. ¿Quiénes son las diez personas más importantes de su vida? (Anote los nombres que se le ocurran de forma espontánea).
15. Anote ahora, sin pensarlo demasiado, diez acontecimientos del último mes que fueron importantes para usted.

Valoración del test:
Calcule su puntuación.
1. Sí = 3 puntos; 2. Sí = 3 puntos; 3. Nunca = 0 puntos; Algunas veces = 2 puntos; Con frecuencia = 5 puntos; 4. Sí = 1 punto; 5. Más bien alegre = 1 punto; 6. Más bien alegre = 3 puntos; 7. Sí = 5 puntos; 8. Sí= 3 puntos; 9. Sí = 3 puntos; 10. No = 3 puntos; 11. Sí = 3 puntos; 12. No = 3 puntos; 13. Sí = 5 puntos; 14. Si aparece su propio nombre en la lista: 10 puntos; 15. Anote 1 punto por cada suceso agradable que haya anotado. Resultado total:_____

Significado:
Menos de 25 puntos: Ve demasiados obstáculos en su vida. Tiene una tendencia pesimista que le impide confiar en los cambios positivos.
Entre 26 y 35 puntos: Tiene la posibilidad de realizar cambios positivos en su vida, pero no sabe cómo hacerlo. Confía más en un milagro que en sus propias fuerzas.
Entre 36 y 45 puntos: La mayor parte del tiempo piensa de manera positiva. Incluso todavía ve algo positivo allí donde muchas otras personas tan sólo ven problemas. A pesar de todo, no es una persona ilusa y mantiene muy bien los pies en el suelo.
Más de 46 puntos: Mantiene una actitud positiva central en su vida. Pero también corre el peligro de tender a la despreocupación y confiar ciegamente en los demás sin que éstos lo esperen o sin que realmente pueda surgir algo de esa confianza.

4. Asumir responsabilidades

Una persona responsable toma decisiones conscientemente y acepta las consecuencias de sus actos con total disposición a rendir cuentas por ellos. Para que exista responsabilidad, las acciones han de ser realizadas libremente. En este sentido, ni los animales, ni los locos, ni los niños pequeños son responsables de sus actos, pues carecen de uso de razón. Por otra parte, debe existir alguna norma desde la que se puedan considerar los hechos realizados. La responsabilidad implica rendir cuentas por los propios actos ante alguna persona, que también podemos ser nosotros mismos, con la que hayamos alcanzado algún tipo de acuerdo.

Como ya se ha visto, las responsabilidades y los compromisos, asumidos y cumplidos, potencian las relaciones de confianza, la autoestima y la seguridad. Cuando pretendemos escapar de la responsabilidad disminuye nuestra libertad. Porque nos hace huir de la responsabilidad todo aquello que entorpece la voluntad y el entendimiento, que son las facultades necesarias para realizar acciones libres: la violencia, la ignorancia o el miedo, por ejemplo. Para conseguir un adecuado sentimiento de integridad necesitamos sentirnos personas libres, ser dueños de nuestros actos, capaces de tomar decisiones y de asumir sus consecuencias.

Pero la idea de responsabilidad nos suele traer malos recuerdos. Normalmente se relaciona con errores o castigos, pues cuando la consecuencia de una acción es un premio no suele hablarse de responsabilidad, sino de mérito. Aunque, en realidad, el mérito exige una responsabilidad previa. Por otra parte, responder ante otros parece ir contra la propia libertad. Pero ambas cosas van unidas: sin libertad no hay responsabilidad. Sólo quien es dueño de sus actos puede responder de ellos.

Responder ante nosotros mismos suele verse como algo contrario a las apetencias, comodidades o deseos. Pero ser esclavo de las apetencias conduce al egoísmo y, tarde o temprano, a la frustración e impotencia. La responsabilidad se suele ver como opuesta a la diversión. Aunque sólo se opone a cierto tipo de diversión desenfrenada o sin medida; pues una persona responsable sabe divertirse en momentos y modos adecuados.

El camino más rápido para mejorar en relación con la responsabilidad es tener claro que de nuestro comportamiento dependen cosas importantes: nuestros ideales y valores; aquello que puede dar sentido último a nuestra vida. Las personas con ideales y metas elevadas se responsabilizan enseguida de sus decisiones.

Hay varias condiciones, actitudes o virtudes que se relacionan directamente con la responsabilidad. Destacaremos dos: la valentía y la humildad.

La valentía nos permite dar cuenta de los propios actos. Hace falta valor para superar el temor al castigo.

La humildad nos ayuda a reconocer nuestros errores, mientras que el orgullo dificulta pedir perdón y termina induciéndonos al engaño y la pérdida de integridad.

Con la edad solemos vernos obligados a tomar decisiones más importantes. Esto hace que la responsabilidad aumente. Pero no necesariamente mejora, lo cual puede conducirnos a la traición o la corrupción, como solemos ver diariamente en las noticias. El simple paso de los años no nos hace madurar. Terminamos siendo el fruto de los hábitos que vamos adquiriendo a lo largo de la vida. Es nuestra decisión.

Las personas que toman sus propias decisiones y no se supeditan a agentes o condicionamientos externos son aquellas que han desarrollado el hábito de la proactividad. Viktor Frankl,[30] psiquiatra judío, define la proactividad como «la libertad de elegir nuestra actitud frente a las circunstancias de nuestra propia vida». A pesar de las torturas que vivió en los campos de concentración nazi, donde estuvo confinado, nadie pudo arrebatarle su libertad interior: decidir de qué modo le afectaría lo que le estaba pasando. *Proactividad* no significa sólo tomar la iniciativa, sino asumir la responsabilidad de hacer que las cosas sucedan; decidir en cada momento lo que queremos hacer y cómo lo vamos a hacer. Las personas proactivas se mueven por valores cuidadosamente meditados y seleccionados: pueden pasar muchas cosas a su alrededor, pero son dueñas de la forma en que desean reaccionar ante esos estímulos. Además, centran sus esfuerzos en el círculo de influencia: se dedican a aquello con lo que pueden hacer algo. Su energía es positiva, lo que les ayuda a ampliar su círculo de influencia. Esto no significa que tengan que actuar de prisa, de forma caótica y desorganizada, dejándose llevar por los impulsos del momento. Las personas que tienen el hábito de la proactividad no son agresivas, arrogantes o insensibles, como defienden algunos tópicos, sino todo lo contrario: se mueven por valores, saben lo que necesitan y actúan en consecuencia.

Para tomar conciencia de nuestro grado de proactividad tendríamos que analizar en qué invertimos nuestro tiempo y nuestras fuerzas. Probemos a hacer un listado de nuestras actividades diarias. En nuestro cuaderno de trabajo, escribamos a la izquierda todas las horas del día, desde las siete hasta las veinticuatro. Después, a la derecha, pongamos columnas para ir detallando los siguientes puntos: dónde estuve, con quién estuve, qué hice, ¿por qué? Si lo hacemos durante un par de semanas, al menos, nos ayudará a tener una idea de nuestros intereses y esfuerzos. Observemos. Cuando nos dejamos controlar por el entorno, en lugar de usar nuestra capacidad, nuestra voluntad interior, para decidir y asumir

30. FRANKL, V. E.: *El hombre en busca de sentido*. Herder Editorial, Barcelona, 1980.

responsabilidades, nos volvemos reactivos. La característica fundamental de las personas reactivas es la gran influencia que tienen sobre ellas las circunstancias. Se ven constantemente afectadas por el medioambiente. Si el tiempo es bueno, se sienten bien; si no lo es, presentan problemas en sus actitudes y en su comportamiento.

La proactividad nos permite modificar las dificultades que afrontamos; responder con habilidad ante diferentes situaciones. A pesar de la evolución y el desarrollo obtenido, esta facultad subyace y permanece oculta. Al no hacer uso de ella tendemos a cargarnos con padecimientos innecesarios. Despertarla es distinguirnos de los animales. Ellos carecen de tal recurso. Pero nuestra naturaleza es proactiva. Ahora bien, los condicionamientos del entorno hacen que nos repleguemos en patrones conservadores, limitados y repetitivos. Por decisión consciente o por omisión, elegimos otorgar a lo que nos rodea, a las circunstancias o las situaciones, la capacidad de controlarnos. Cuando desarrollemos el propósito sincero de despertar la proactividad, nos acercaremos mucho al pálpito inteligente. Existe una vinculación directa entre ambos.

Hay personas que se mueven con energía y parece que terminan consiguiendo siempre lo que se proponen; suelen ser admiradas socialmente por sus progresos, en especial en cuanto a la economía se refiere. Parecen proactivas. Pero hay una diferencia fundamental entre quienes lo son y quienes no: la disposición para el sacrificio útil. Hay casos, a los que antes me refería, de personas que evolucionan en el mundo de los negocios y consiguen acumular verdaderas fortunas, desde el egocentrismo, desde la subyacente idea de «ganar, caiga quien caiga». Recientemente tuve ocasión de ver una película que reflejaba esto, interpretada por Nicolas Cage: *El señor de la guerra*, dirigida por Andrew Niccol.

En resumen, invito a ir asumiendo responsabilidades, con humildad y perseverancia, reconociendo nuestros límites, pero con el impulso claro de crecer y madurar en los valores profundos, con energía y entusiasmo, desde una mirada tierna y dulce, una sonrisa entre silencios y el paso firme de la solidaridad, el apoyo mutuo y el respaldo respetuoso, en lo diverso, hacia el bien común.

5. Flexibilidad para afrontar cambios

Un cambio social es una alteración apreciable de estructuras sociales que implica unas consecuencias y manifestaciones en relación con esas estructuras, ligadas a las normas, los valores y los frutos de las mismas.

Tales cambios resultan inevitables. Si hay algo que caracteriza el mundo en que nos encontramos, es esto. El estudio del cambio social es relevante en la historia, la economía y la política. Puede abarcar desde conceptos como *revolución* y *cambio de paradigmas*, hasta cambios superficiales en una pequeña comunidad. Las ideas de progreso e innovación se encuentran fuertemente vinculadas con el cambio. Este incluye aspectos como el éxito o el fracaso de diversos sistemas políticos, empresariales, familiares o personales. Es decir, el cambio social consiste en la evolución de las sociedades y de las relaciones humanas en ellas, desde cambios a gran escala hasta pequeñas alteraciones.

Podemos adherirnos conscientemente a las tesis del cambio social. En este contexto, la expresión *cambio social* adquiere otro significado. Se refiere a las acciones en defensa de una causa que pretende cambiar alguna regla o convención de la sociedad, ya sea para satisfacer los intereses de un determinado grupo social, ya sea con la intencionalidad de «mejorar» la sociedad en su conjunto.

Lo ideal es que seamos partícipes de los cambios sociales y que éstos se encuentren en consonancia con nuestros valores y metas. Pero muchas veces no ocurre así. Por ello, en nuestro proceso de crecimiento, responsabilidad y proactividad, cuando nos marcamos metas basadas en valores personales, necesitamos desarrollar una flexibilidad adecuada para asumir los cambios sin que nos aplasten ni nos obliguen a traicionar nuestras metas.

De la misma forma que he propuesto anteriormente una revisión de nuestros valores, de nuestra orientación de sentido en la vida y propósitos o metas, resulta imprescindible también estar atentos al mundo en que vivimos, para implicarnos en él y mantenernos dentro de los procesos que nos superan, es decir, de los cambios sociales en los que no tenemos ninguna posibilidad de intervenir.

Pero desde este extremo, de lo que nos supera completamente, a nuestras decisiones personales, hay toda una gama de matices y aproximaciones donde podemos y debemos movernos, buscando la sintonía. La proactividad debe situarnos dentro de nuestro proceso evolutivo biológico y de nuestros procesos sociales, además de dentro del ámbito de lo personal. Por ello es también importante que nos mantengamos informados de las noticias del mundo y de nuestra comunidad, empresa o familia, poniendo en ello nuestro corazón, escuchando nuestro pálpito desde la ternura y la disposición de ampliar nuestros límites.

No se trata de forjarnos una opinión documentada. Esto estaría bien, pero no es fácil. La mayor parte de las veces quedamos condicionados por las ideas de otros, a quienes consideramos, de una forma u otra, autoridades en la materia. También influyen mucho nuestros prejuicios, temores y carencias documentales. Todo esto se corresponde con el mundo de la opinión. Pero, como ya le dijeran las musas a Parménides, hace dos mil años y un puñado de siglos más, «el mundo de la opinión no conduce a la verdad». Estas opiniones, ligadas con prejuicios o ideologías ajenas, terminan predisponiéndonos en bandos enfrentados. Tal es el germen de la guerra. Necesitamos aprender a movernos emocionalmente con la armonía de un instrumento musical, interpretando su partitura con maestría, dentro de una gran orquesta sinfónica. Mientras lo logramos, podemos seguir practicando con el «movimiento de caderas» que antes propuse lúdicamente. La flexibilidad ante el cambio debe implicar estructuras físicas, biológicas, emocionales, mentales, sociales y espirituales que nos lleven a poder mantener, permanentemente, la dulzura y la ternura de una sonrisa sincera.

Automotivación

La *automotivación* puede definirse como «un proceso, una reacción ante una necesidad o un deseo que se quiere satisfacer». Para lograrlo, precisamos de elementos motivadores. Éstos son instrumentos que impulsan nuestras acciones, en función de las recompensas que esperamos conseguir cuando alcancemos el deseo en cuestión. Identificar los que nos hacen avanzar a cada uno es una tarea individual, pero conviene analizar ciertas ventajas y desventajas de algunos de los motivos que empujan nuestras acciones.

El dinero es uno de los motivadores más comunes; algunos, desde una visión primaria, lo consideran el único. Esto sucede cuando se tiene la idea de que sólo se trabaja por dinero y que cuanto más dinero se consiga, mejor. Supone un reconocimiento inmediato a nuestros esfuerzos y permite, además, satisfacer nuestras necesidades básicas: alimentación, abrigo, hogar y seguridad. Tiene la desventaja de limitar nuestra motivación a una razón exclusivamente material. Y esto, aunque parezca mentira, acaba siendo frustrante. Podemos justificar nuestra permanencia en el trabajo por el coche que deseamos comprar. De eso se encarga la sociedad de consumo, de alimentar constantemente ciertas necesidades, como si fueran mucho más importantes de lo que son. Pero llega un momento en que se experimentan otro tipo de necesidades, las *metanecesidades*, como las llamó Maslow: necesidad de ser valorados, por los demás y por nosotros mismos, como personas y no sólo como poseedores de coches o de cualquier otro objeto. La motivación del dinero, por otra parte, nos hace vulnerables ante cualquier cosa que ponga en peligro nuestra estabilidad económica.

El poder, como elemento de motivación, se encuentra relacionado con el estatus, el prestigio y la posición que queremos alcanzar dentro de la sociedad, empresa o familia. Viene a satisfacer nuestras necesidades de logro y reconocimiento. Pero, al basar nuestra seguridad personal en la reputación y en la posición alcanzadas, estamos supeditados constantemente a los vaivenes de la opinión de las personas que nos rodean o incluso a un cambio en nuestro entorno. Además, esta motivación nos hace ver la vida en términos de relaciones comparativas de orden económico y social, dejando al margen los sentimientos e ideales personales, por lo que termina generando una sensación de vacío y aislamiento.

La participación y la afiliación implican involucrarse más activamente en las decisiones del entorno social. Es una forma de motivación importante porque nos hace sentir inmersos en el mundo en que vivimos, que somos parte de él. Y como seres sociales, necesitamos sentir que pertenecemos a un grupo, en el que somos aceptados y valorados. Pero la participación y el deseo de pertenencia no son suficientes y deben combinarse con algún otro elemento motivador, porque se encuentran estrechamente ligados a la opinión fluctuante de los demás. Nos obligan a buscar constantemente la interacción con el resto de los integrantes del grupo. No olvidemos, además, que existe un gran número de personas que ven como amenaza grave cualquier aportación nueva de un recién llegado o de cualquiera que les pueda hacer sombra, emocional o socialmente.

Hay otra forma de motivación, la del deseo de logro, que nos impulsa a buscar el éxito por encima de todas las cosas, a luchar incansablemente por alcanzarlo y asumir responsabilidades. Es el elemento motivador, por excelencia, de los empresarios. Pero en esa carrera imparable hacia el éxito, el fracaso es contemplado como una barrera que puede convertirse en infranqueable. Una mala racha económica o la ausencia de resultados pueden dar al traste con todo ese ímpetu. Además, solemos necesitar una retroalimentación constante y rápida sobre el modo en que desarrollamos nuestras actividades. Y no siempre puede darse.

Por otra parte, el deseo de desarrollar todo nuestro potencial, todas nuestras capacidades innatas, nos hace ver las experiencias como oportunidades para aprender y realizar aportaciones. Esto se vincula con las metanecesidades y el deseo profundo de autorrealización, como decía Maslow.[31] Por otra parte, tal deseo profundo de autorrealización es el que más se vincula con el pálpito inteligente, con la sabiduría del corazón. Al mantener el afán de superación dentro de los límites personales no estamos sujetos a ningún tipo de limitación económica, social o circunstancial, que podrían dar al traste con la automotivación de la persona más dinámica.

Visión, misión y propósito

La motivación es el motor que nos mueve a cumplir unos requisitos para satisfacer unas necesidades. Como las necesidades cambian de unas personas a otras, el motor que nos empuja en un sentido o en otro también es diferente. No obstante, existen cinco premisas que pueden aplicarse en todos los casos:

Valoración atenta

Es imprescindible mantenerse en una observación atenta en dos sentidos. Por un lado, necesitamos plantearnos objetivos reales y valorar si nuestras capacidades y habilidades son las que necesitamos para alcanzar esa meta. Después, determinar bien las razones que nos llevaron, en algún momento, a la desmotivación. Aunque suene utópico, es esencial cambiar el planteamiento de por qué hacemos las cosas. La clave consiste en proyectar nuestros objetivos hacia algo más global. Eso es tener visión. Y para que la visión sea auténtica resulta imprescindible haber aprendido a escuchar el pálpito inteligente. El *para qué* se hacen las cosas debe tener una trascendencia mayor, profunda; autorrealizadora. Es decir, se puede vivir en función del salario a fin de mes, la comida y los bienes materiales, las apariencias, o bien por la satisfacción que supone conseguir una mayor calidad de vida, enriquecimiento emocional, creatividad para mejorar el entorno y gozo profundo, para saborear el entusiasmo sereno, la satisfacción sublime y la paz personal, como noble propósito y misión de la vida.

---

31. MASLOW, A.: *La personalidad creadora*. Editorial Kairós, Barcelona, 1983.

Metas claras y realistas

Pero todo ha de llegar paso a paso. Debemos ir cubriendo etapas, para alcanzar «el Grial». Y cada una de ellas no puede ser ni muy fácil ni muy difícil. Si es demasiado asequible, no se produce una satisfacción real. Si peca de ambiciosa, resultará casi imposible de lograr y provocará frustración. Plantearse como meta la iluminación total en dos años es una utopía. Pero aspirar a mejorar los síntomas del estrés, el sentido del humor y la sensación personal de gozo sí es factible. La automotivación es un juego en el que se deben desarrollar metas claras, que signifiquen también algo muy relevante para la persona.

Ir subiendo peldaños

Conviene dividir la meta última en pequeños objetivos, etapas sucesivas o peldaños. Éste es un elemento motivador por excelencia. Deben ser objetivos que, además de proporcionarnos los aspectos materiales deseados y buscados, nos permitan crecer personal y profesionalmente. Para compensar los síntomas patológicos del estrés necesitaremos alcanzar primero experiencia básica en los ejercicios de relajación, ajuste y equilibrio personal. Las prácticas que voy recomendando desde el principio se encuentran programadas en esa forma. Si se respetan las recomendaciones y el orden propuesto, se garantiza el resultado. Pero debemos centrarnos en cada paso, en cada escalón, hasta lograr los objetivos previstos.

Herramientas y plan de acción

Cuando adquirimos conciencia del control sobre la propia vida, nos sentimos fuertes para afrontar cualquier reto. Es la clave de la existencia. Una vez realizado este cambio de actitud, manteniéndonos en una dinámica emocional positiva, cimentada en los pequeños o grandes logros de cada día, la certeza y la esperanza de que podemos conseguir lo que nos proponemos nos acerca al triunfo.

Cada uno debe establecer sus propias recompensas y valorar el deseo que quiere satisfacer; valorarlo y considerar con ecuanimidad si es posible conseguirlo en nuestro ámbito actual. Debemos prever recompensas y penalizaciones, sin caer en derrotismos ni culpas, con espíritu de autosuperación y esfuerzo de crecimiento permanente. En cualquier caso, quizás sea necesario transformar viejos hábitos. Una vez analizada la situación, si las ventajas superan a las dificultades, es posible que lleguemos a la conclusión de que no estamos tan mal como creíamos. A veces nos quejamos, siguiendo ciertas rutinas, prejuicios o condicionamientos ajenos, por la confusión, la desgana o el desconocimiento de los propios objetivos.

Cuando queremos conseguir algo de verdad, lo logramos. El problema es que la mayoría de las veces no sabemos a ciencia cierta qué deseamos alcanzar. Los obstáculos del camino no tienen por qué frenar el avance. Cuanto más esperemos para ejecutar una estrategia o una idea, menos entusiasmo sentiremos por ella. El pálpito que la impulsó tiende a extinguirse, como una nota musical. Por ello mismo, sea lo que sea lo que decidamos hacer, debemos hacerlo ya, en el momento en que nace y cuenta con suficiente vitalidad o impulso. Reforcemos nuestra autoestima con una lista de puntos fuertes, el recuerdo de anteriores éxitos, nuestra experiencia y preparación.

Establezcamos etapas para ir logrando pequeños objetivos. En ellos nos encontraremos con los escalones que nos conducirán a la meta. Disfrutemos de tales logros. Realicemos el desglose de forma semanal y, preferiblemente, también a lo largo de la jornada. Escribamos los plazos, como tareas pendientes, porque el mensaje escrito refuerza nuestro compromiso y, además, resulta motivador ir tachando los puntos superados. Cuando los alcancemos, será bueno analizar también las claves del triunfo. Así aumentarán las probabilidades de que en el futuro llevemos a cabo acciones similares. Valoremos el esfuerzo de hacer algo por el mero gozo de hacerlo.

Es necesario renovar los logros de forma periódica y aprender a mantenernos automotivados. La autosuperación diaria es fundamental. La automotivación es un proceso continuo. Cuando se alcanza una meta hay que plantearse de inmediato la siguiente. Si no, corremos el riesgo de quedar estancados.

Para conseguir nuestras metas debemos invertir en nosotros mismos, con el fin de desarrollar nuestro potencial. Ampliar conocimientos y habilidades diariamente es casi un deber. A menudo es suficiente con leer o inscribirnos en algún curso. Otras veces, debemos cambiar algunas actitudes: ser más dinámicos, tener más iniciativa, aumentar nuestra flexibilidad... O mejorar en nuestro conocimiento del entorno y considerar los beneficios que podemos aportar.

Calidad de vida: ámbito personal/profesional

Tratemos de conseguir que las primeras horas del día sean lo más agradables posible: un buen desayuno, una ducha placentera, esa música que nos anima... y sonreír. Sonreír con excusa o sin ella. Sonreír como hábito y a ser posible, desde el corazón, con ternura. La risa libera endorfinas que actúan como analgésicos y energizantes. Lo ideal es empezar el día con una buena carcajada, pero una sonrisa también está bien. Planteémonos que el día de hoy, cada día, va a ser bueno, el mejor. Y salgamos de casa con mentalidad ganadora, tras hacernos un guiño feliz ante el espejo, pensando que vamos a conseguir lo que nos propongamos.

En el trabajo resulta imprescindible comenzar con buen pie. Un saludo sonriente es la mejor forma de corregir un ambiente hostil o poner las bases de un clima favorable. Un buen talante repercute en la disposición de las demás personas y contribuye a incrementar nuestro propio bienestar.

Después llega el momento de establecer las pequeñas metas de la jornada. Es importante analizar las parcelas que tienden a resultar más monótonas, aburridas o difíciles y planteárnoslas como retos, tratando de mejorarlas y hacerlas más amenas. Es bueno hacer lo más difícil primero, cuando tenemos mejor disposición. Si existe mal ambiente laboral, debemos ponernos en el lugar de los otros y tratar de entender lo que les molesta. Cuando el conflicto es con algún superior o subordinado, planteémosle abiertamente la situación, desde un sentido del humor respetuoso y directo.

Revisemos después nuestros logros. Comprobemos si hemos logrado las pequeñas metas que nos habíamos propuesto. Si no es así, analicemos por qué y tratemos de corregir el planteamiento para el día siguiente. Si lo hemos conseguido, debemos concedernos un premio: una escapada de fin de semana, una cena especial... Una lista de los éxitos conseguidos es siempre un buen elemento motivador.

Ampliar nuestros conocimientos ha de ser también ese pequeño impulso de cada día. Se puede hacer de forma lúdica; sería lo mejor. Intentemos corregir carencias a través de la lectura y la preparación. En el aprendizaje constante radica uno de los factores básicos de la automotivación.

Al final, los objetivos para el día siguiente. Una buena técnica puede ser ponerlos por escrito, porque es una manera de pasar de lo implícito a lo explícito y, de alguna manera, nos obliga más. Pero no debemos olvidar convertirlos también en caricias y ternura, de una forma u otra, de tal manera que lleguemos al sueño con una sonrisa de placer en los labios.

Empatía

La empatía es de vital importancia para la comunicación. Muchas personas confunden empatía con simpatía, pero la empatía es mucho más amplia que la simpatía. Es la capacidad para comprender los sentimientos, razonamientos y motivaciones de los demás. Es una facultad que implica el entendimiento, la comprensión y la comunión afectiva con las personas. Una habilidad que nos ayuda a comprender que los demás pueden tener o tienen puntos de vista diferentes a los nuestros, sin por ello inquietarnos: una capacidad para leer emocionalmente a los demás.

Lo opuesto de la empatía, en términos de comunicación, es la invalidación. Esto es lo que sucede cuando expresamos un sentimiento y la persona a quien nos dirigimos contradice o rechaza el mismo. Cuando, además, nos encontramos mal de algún modo, el rechazo es muy doloroso. Y el pesar por el rechazo puede ser aún más profundo cuando la otra persona no tolera nuestro dolor. Puede llegar a creer, incluso, que nos está ofreciendo su apoyo, pero fracasa porque no existe empatía. Por ello, la empatía, es uno de los elementos clave de la inteligencia emocional en el dominio interpersonal. Es el rasgo característico de las relaciones interpersonales exitosas.

Es una habilidad que, empleada con acierto, facilita el desenvolvimiento y progreso de todo tipo de relación entre dos o más personas. Del mismo modo que la autoconciencia emocional es un elemento importantísimo en la potenciación de las habilidades intrapersonales de la inteligencia emocional, la empatía viene a ser algo así como nuestra conciencia social, pues a través de ella podemos apreciar los sentimientos y necesidades de los demás, dando pie a la calidez emocional, el compromiso, el afecto y la sensibilidad.

1. *El radar social*

Si por un lado, un déficit en nuestra capacidad de autoconciencia emocional nos lleva a ser vistos como «analfabetos», una insuficiencia en nuestra habilidad empática es el resultado de una «sordera emocional», pues a partir de ello, no tardan en evidenciarse los problemas en nuestra capacidad para interpretar adecuadamente las necesidades de los demás, las que subyacen a los sentimientos expresados por las personas.

Por ello la empatía es algo así como nuestro «radar social», que nos permite navegar con acierto en el mar de nuestras relaciones. Si no le prestamos atención, con seguridad equivocaremos el rumbo y difícilmente llegaremos a buen puerto.

2. A través de los cristales ajenos

Solemos creer que comprendemos a los demás tan sólo por aquello que observamos superficialmente. Pero al confrontar su posición con la nuestra surgen fuertes contrastes. La realidad es que no llegamos a ver más allá de nuestra propia perspectiva, de lo que nos parece «evidente».

Las relaciones se basan no sólo en contenidos verbales. Existen muchísimos otros mecanismos, repletos de significado, que siempre están ahí y de los que no siempre sabemos sacar partido. La postura, el tono o intensidad de voz, la mirada, un gesto e incluso el silencio mismo. Todos ellos son portadores de una gran cantidad de información. Y siempre está ahí, para ser decodificada e interpretarla apropiadamente. Aunque no seamos capaces de leer las mentes, sí podemos aprender a leer muchas señales sutiles.

Una persona empática es hábil en la «lectura» de situaciones; alguien capaz de hacerlo en tiempo real, ajustándose a las mismas según éstas lo requieran. Saca provecho de la retroalimentación. Sabe que ignorar las distintas señales que recibe puede ser perjudicial para sus relaciones. Cuenta para ello con una buena capacidad de escucha. Es diestra en leer los rastros no verbales. De esta forma llega a saber cuándo hablar y cuándo no, lo que le facilita el camino para influir y regular de manera constructiva las emociones de los demás, obteniendo así grandes beneficios en sus relaciones interpersonales. Esto la capacita para negociar bien, orientándose hacia un escenario en que todas las partes ganen.

Las personas menos diestras en esta habilidad tienen dificultades para interpretar correctamente las emociones de los demás; no saben escuchar. Suelen dar muestras de torpeza social, mostrándose como egocéntricas, frías e insensibles. Y la insensibilidad ante las emociones de los otros socava las relaciones interpersonales. Quienes manifiestan incapacidad empática terminan dañando la intimidad emocional de sus interlocutores, al no validar los sentimientos y emociones de los demás, que terminan por sentirse molestos, heridos o ignorados. Cualquier tipo de relación amistosa, de pareja, familiar o laboral, puede verse afectada por esta capacidad. Las investigaciones muestran que es una habilidad esencial en muchos trabajos. Especialmente en los que se basan en el trato con el público: las ventas, las relaciones públicas, los recursos humanos o la administración, por ejemplo. Sus aplicaciones pueden ser muy diversas: formación de líderes, estudios de identificación de necesidades de organizaciones y mercados, consultoría, psicoterapia y medicina, entre otros. En todos estos casos se trata de una habilidad esencial para alcanzar la excelencia.

3. *En zapatos ajenos*

Proceder con empatía no significa estar de acuerdo con los demás. No implica dejar de lado las propias convicciones y asumir como propias la de los otros. Es más, se puede estar en completo desacuerdo con alguien, sin por ello dejar de ser empáticos y respetar su posición, aceptando como legítimas sus propias motivaciones.

A través de la lectura de las necesidades ajenas, podemos reajustar nuestros actos. Si a su vez procedemos con sinceridad e interés mejoraremos en beneficio de nuestras relaciones personales. Por ello debemos estar permanentemente en estado de alerta. Lo que funciona con una persona no funciona necesariamente con otra. Es más, lo que en un momento es válido con una persona no es garantía de que lo sea en otro con la misma persona. Siempre alerta y dispuestos para la improvisación, desde el pálpito inteligente. La empatía es un asunto del corazón.

Mahatma Gandhi decía que «las tres cuartas partes de las miserias y malos entendidos en el mundo terminarían si las personas se pusieran en los zapatos de sus adversarios y entendieran su punto de vista». Pero no hace falta que seamos como Gandhi para darnos cuenta de que existen «armas sutiles» que podemos usar en beneficio propio y de los demás; que no se precisa la destrucción y la violencia para que florezcan relaciones provechosas, en aras de nuestro crecimiento como seres humanos.

En la empatía podemos encontrar los cimientos de la moralidad misma.

Habilidades sociales

¿Quién no conoce a alguien que cae bien a todo el mundo, que se muestra tolerante, que no hiere a nadie, a pesar de que acostumbre a decir lo que piensa? Además, esta persona resulta sensata, convincente y persuasiva, sin por ello pecar de autoritarismo ni mostrar indiferencia ante las opiniones o emociones de los demás.

Estos superdotados de las relaciones humanas despiertan nuestra envidia y a veces nos gustaría imitarlos. Pero no es fácil. O nos quedamos cortos y pecamos de blandos o nos pasamos y resultamos excesivamente duros. Algunos afortunados tienen estas habilidades sociales de forma natural, casi innata, y las aplican cotidianamente sin esfuerzo alguno. Pero eso no debe desanimarnos. Todos podemos aprender a comunicarnos mejor. Todos podemos transformarnos y mejorar sin que por ello dejemos de lado nuestra personalidad. Ésta, sin duda, se verá nítidamente reflejada en los posibles cambios que introduzcamos en nuestra manera de comportarnos con los demás. La salud mental y el equilibrio personal están muy relacionados con la forma en que vivimos las relaciones interpersonales. La convivencia, la forma en que nos sentimos con los demás, puede resultar reconfortante o convertirse en una pesadilla. Depende mucho de nosotros. Vivir con los demás es un arte que puede aprenderse no sólo para caer bien, sino porque la integración social es un factor clave del bienestar emocional. Las habilidades sociales son una serie de conductas y gestos que expresan sentimientos, actitudes, deseos y derechos de la persona, de manera adecuada, que resuelven satisfactoriamente los problemas con los demás.

Uno de los elementos clave en este sentido, como vimos antes, se basa en el reconocimiento de los gestos y las «señas sutiles», que suelen pasar inadvertidas, invisibles de forma consciente, aunque nos hacen reaccionar de continuo si darnos cuenta. Veamos algunas de estas claves.

El lenguaje no verbal[32]

Comencemos por la expresión de la cara. El rostro expresa las seis emociones fundamentales: miedo, rabia, desprecio, alegría, tristeza y sorpresa. Y hay tres zonas de la cara que representan estas emociones: la frente con las cejas, los ojos y la zona inferior de la cara.

La mirada. Mirar a los ojos o a la zona superior de la cara ayuda a establecer el contacto. Comunicamos las emociones en función de las miradas. Se consideran más cercanas las personas que miran más a su interlocutor. Aunque si lo hacemos de forma fija y dominante, producimos reacciones de rechazo. Mirar poco puede ser signo de timidez. La mirada

---

32. *Véase* DAVIS, F.: *La comunicación no verbal.* Editorial Alianza, Madrid, 1988.
y también EKMAN, P.: *¿Qué dice ese gesto?* Editorial Integral, Barcelona, 2004.

acompaña siempre a la conversación. Si miramos cuando escuchamos animamos a la otra persona a comunicarse. Y si lo hacemos a los ojos, cuando hablamos, nuestro discurso convence más.

La sonrisa. Casi siempre denota cercanía, suaviza tensiones y facilita la comunicación. Pero si el gesto sonriente expresa ironía o escepticismo puede manifestar rechazo, indiferencia o incredulidad.

La postura corporal. Expresa cómo se siente por dentro la persona, según sea su manera de sentarse, de caminar o de permanecer en pie frente a nuestros interlocutores. Podemos trasmitir escepticismo si nos encogemos de hombros; agresividad, apretando los puños; indiferencia, sentándonos muy reclinados hacia atrás cuando alguien nos habla. La distancia física entre las personas que se comunican también muestra la proximidad emocional entre ellas. Dos cuerpos cercanos expresan proximidad afectiva. Volver la espalda o mirar hacia otro lado es una manifestación de rechazo o desagrado. Un cuerpo contraído expresa decaimiento y falta de confianza en uno mismo; un cuerpo expandido, todo lo contrario.

Los gestos. Aquellos que se producen con las manos y la cabeza acompañan y enfatizan lo que se comunica con la palabra o el silencio.

La voz acompaña a la palabra. Las mismas palabras con entonación diferente nos trasmiten emociones tan distintas como la ironía, la ira, la excitación, la sorpresa o el desinterés. Un tono mortecino es señal de abatimiento o depresión. Una conversación que se mantiene siempre en el mismo tono resulta monótona y aburrida o suscita poco interés. Se hace oír más, comunica mejor, la persona que juega con las modulaciones de voz a lo largo de su conversación. El tono, que tan poco cuidamos normalmente, es tan importante como el propio contenido de nuestras palabras.

Un volumen alto de voz expresa seguridad y dominio de la situación, pero cuando se eleva demasiado puede suscitar rechazo y connotar agresividad. El volumen bajo, por su parte, puede sugerir estados de ánimo como debilidad o falta de confianza en uno mismo, pero también confidencialidad y cercanía.

La fluidez de la palabra y el ritmo. La utilización de repeticiones, muletillas, frases hechas, de relleno y los titubeos transmiten impresión de inseguridad, monotonía e incluso desconcierto en quien escucha.

Todos estos elementos de conducta relacional son herramientas de nuestra forma de estar en sociedad. Bien articulados, nos ayudan a relacionarnos de forma más eficiente. Las habilidades sociales son conductas aprendidas y, por tanto, podemos mejorarlas. Facilitan la relación con otras personas y nos ayudan a ser más nosotros mismos, reivindicando nuestros derechos y peculiaridades sin negar los derechos de los demás. Si aprendemos a comunicarnos mejor, facilitaremos la resolución de conflictos con otras personas.

El arte de convivir con los demás. Consiste en no quedarse corto y en no pasarse. Es un equilibrio entre ambos extremos, lo que se conoce como *asertividad*: ser nosotros mismos y resultar convincentes sin incomodar a los demás, o no más de lo imprescindible. La persona persuasiva, eficaz en su comunicación y que resulta agradable a sus interlocutores puede considerarse asertiva. Veamos lo que entendemos por *quedarse corto* y por *pasarse*.

- *Quedarse corto*. Refleja actitudes pasivas, una incapacidad para expresar con libertad lo que se siente: la propia opinión. Se tiende a insistir en pedir disculpas constantemente y muestra una falta de respeto hacia las propias necesidades. La persona pasiva trata de evitar los conflictos, al precio que sea. Quien actúa así no se hace comprender, no muestra sus necesidades y termina sintiéndose marginada. Suele dar signos de irritación, por la carga de frustración acumulada. Para sus interlocutores no resulta nada fácil la situación de tener que adivinar los gustos y deseos de la persona pasiva y terminan por considerarla molesta.
- *Pasarse*. Es reflejo de conductas agresivas e inadecuadas, como avasallar los derechos de los demás por defender los propios. Estas conductas agresivas pueden incluir descalificaciones hacia las otras personas, insultos, amenazas y humillaciones, e incluso ataques físicos. Tampoco falta la ironía y el sarcasmo despectivo. Se tiende a la dominación, a negar al otro la capacidad de defenderse, de responder equitativamente. Las consecuencias, a largo plazo, siempre son negativas incluso para el agresor: se queda sin amigos, por mucho que pueda haber ganado súbditos.

La conducta asertiva. Es la más hábil socialmente porque supone la expresión abierta de los sentimientos, deseos y derechos, sin atacar a nadie. Expresa respeto hacia uno mismo y hacia los demás. Pero ser asertivos no conlleva la ausencia de conflictos con otras personas, sino saber gestionar los problemas cuando surgen.

Para mejorar en nuestra asertividad debemos valorarnos suficientemente. Mantener y cultivar un buen concepto de nosotros mismos, identificando y remarcando nuestros valores y cualidades, lo que implica que debemos conocerlos de forma adecuada.

No enfadarnos gratuitamente o por nimiedades. Enfadados nos encontramos mal emocionalmente y trasmitimos imagen de debilidad. Nos conviene recuperar la calma, contextualizar el problema y expresar tranquilamente nuestra opinión.

Evitar las amenazas. Es más eficaz, para que nos tomen en serio y nos valoren, reflexionar sobre los pasos que vamos a dar para defender nuestras opiniones, posturas o derechos, y luego enunciar los argumentos con corrección, pero con firmeza si la situación lo requiere.

Pedir disculpas tan sólo cuando sea necesario.

No ignorar a los demás. Escuchemos con respeto e interés lo que la otra persona dice. No avasallemos, por mucha razón que creamos tener. Y permitamos que el otro tenga siempre una salida digna. Evitemos cerrar puertas al diálogo. Nadie necesita enemigos y a todos nos viene bien contar con personas que nos aprecien y respeten, que se presten, en un momento dado, a defendernos o a colaborar con nosotros.

Admitir nuestros errores y equivocaciones. Seremos más estimados y queridos.

Resumen de habilidades
Habilidades elementales:
- Escuchar al otro.
- Desarrollar la capacidad de comprender lo que nos están comunicando. Aprender a iniciar una conversación y a mantenerla.

- Aprender a formular preguntas.
- Saber dar las gracias.
- Presentarnos correctamente ataviados.
- Saber presentarnos a otros y presentar a los demás
- Saber hacer un cumplido, sin zalamerías y con afecto.

Habilidades avanzadas:
- Aprender a pedir ayuda.
- Capacitarnos para dar y seguir instrucciones.
- Saber pedir disculpas.
- Aprender a convencer a los demás, a ser persuasivo.

Habilidades relacionadas con los sentimientos:
- Conocer nuestros sentimientos y emociones y saber expresarlos.
- Comprender, valorar y respetar los sentimientos y emociones de los demás.
- Saber reaccionar ante el enfado del interlocutor y gestionar bien la situación.
- Resolver las situaciones de temor.

Habilidades alternativas a la agresividad:
- Pedir permiso.
- Compartir cosas, sensaciones y sentimientos.
- Ayudar a los demás.
- Aprender a negociar, a consensuar, a llegar a acuerdos.
- Recurrir al autocontrol en las situaciones difíciles.
- Defender nuestros derechos cuando los veamos amenazados.
- Responder a las bromas cuando proceda.
- Rehuir las peleas, dialécticas o no dialécticas.

Hay pautas de comportamiento que nos pueden ayudar a sentirnos más a gusto con nosotros mismos y a ser más apreciados y valorados por los demás. Estas pautas se pueden aprender y podemos convertirlas en un hábito. La forma adecuada de hacerlo es practicar en forma de juego, tal y como ya he sugerido, dedicándonos en cada ocasión a un conjunto de pautas o habilidades. Se trata, además, de conseguir divertirse mientras se practica.

Al iniciar una conversación: naturalidad, interés y empatía.
Procurar:

- Saludar y presentarnos con naturalidad, al menos siempre que no haya alguien que lo haga por nosotros.
- Mirar a los ojos cuando hablamos o nos hablan.
- Hacer, cuando proceda, algún cumplido sobre la otra persona, sin resultar aduladores ni demasiado condescendientes, pero tratando de transmitir la imagen más positiva que de esa persona se ve o se conoce.
- Comentar o preguntar sobre la situación común que se esté viviendo; por lo general, es el motivo del encuentro.
- Realizar algún comentario o pregunta sobre lo que se conoce del interlocutor, su trabajo, su vida familiar...

Evitar:

- Hablar con ironía o con tópicos negativos: «Esto parece un funeral, aquí no habla nadie».
- Hacerlo de forma ofensiva sobre alguien: «Qué inutilidad de conferenciante».
- Ser dogmáticos en las apreciaciones: «Todas las películas son iguales».
- Arrancar la conversación con comentarios demasiado personales.
- Hablar con voz exageradamente alta o desmesuradamente baja.
- Adoptar posturas corporales incorrectas o poco elegantes.

Al mantener una conversación: ser activos, escuchar y relajarnos.
Debemos mantener un equilibrio entre hablar y escuchar. Quienes forman parte de la conversación deben sentirse cómodos y encontrar espacio suficiente para participar. Conviene dar señales, con palabras o gestos, de que estamos escuchando. Mantengamos el contacto ocular y hablemos sobre algo que esté relacionado con lo que la otra persona comenta. Si se prefiere cambiar de tema, avisemos. No nos excedamos en el habla ni en la escucha. Y demos respuestas evitando los monosílabos. La conversación debe ser equilibrada.

Al pedir favores: nos desprenderemos del temor.
Creemos que quienes nos rodean saben lo que queremos o necesitamos en un momento determinado, pero no siempre es así. Por eso conviene transmitir indicios de nuestros deseos y necesidades a las otras personas. Si se da el caso, debemos pedir directamente algún favor. Tenemos dere-

cho a pedirlo: al interlocutor le queda siempre la libertad para conceder o negar. Evitemos el temor a que nos nieguen lo que solicitamos y a deber favores, si nos responden positivamente.

Al rehusar peticiones: demos explicaciones.
Si hemos de dar una respuesta negativa, ofrezcamos explicaciones escuetas y razonadas. Y ofrezcamos una alternativa que demuestre que nos hacemos cargo de la inquietud que generó la petición. Estemos prevenidos ante manipulaciones que se dan en estas situaciones, como los halagos del tipo «como eres tan buena persona pensé que me ibas a ayudar», las críticas y amenazas como «nunca te volveré a pedir nada» o los sentimientos de culpa a raíz de expresiones similares a «me dejas hecho polvo». Aunque comprendamos las razones de la persona demandante, mantengámonos firmes si las nuestras no han variado.

Al responder a las críticas: raciocinio y ponderación.
Cuando nos hacen una crítica podemos sentir que nos están atacando. Tendemos entonces a defendernos, ya sea devolviendo el «ataque» o justificándonos. Identifiquemos los aspectos objetivos de la crítica y hablemos sobre ellos, evitando la defensa sistemática como el contraataque porque sí.

Al aceptar o rechazar a otras personas: firmeza.
En nuestras relaciones se dan situaciones paradójicas: aguantamos a quienes nos caen mal y espantamos a quienes más apreciamos. Tanto si queremos evitar una compañía como si deseamos establecer una comunicación y mantenerla, debemos hacerlo con firmeza. Para ello hay comportamientos de acercamiento, como sonreír, sostener la mirada, orientar el cuerpo hacia la otra persona y demostrar con palabras nuestro interés por lo que hace o dice. Y también los hay de rechazo, como decir y hacer, educadamente, lo necesario para que la otra persona capte nuestro desinterés: responder con monosílabos, mirar a otras personas y despedirnos con cortesía, o ni siquiera hacerlo.

Admitir el desconocimiento: no hay por qué saberlo todo.
Es molesto encontrarse con personas que lo saben todo: aquellas que, cuando se les va a contar algo, contestan invariablemente «sí, ya lo sabía» o «a mí me vas a decir tú». Lo que nos hace grandes y apreciados es re-

conocer ante los demás que desconocemos aquello de lo que nos están hablando, por lo que nos parece interesante lo que nos explican. No sucumbamos a pensamientos como «qué van a pensar si digo que no lo sé» o «yo ya tendría que saber estas cosas»; tan sólo nos perjudican.

Al reconocer nuestros errores: elegancia y humildad.
Todos cometemos errores y es de personas nobles y maduras reconocerlos. Es más, quienes lo hacen bien gozan de prestigio social, ya que ocultar los errores es una muestra de debilidad. Reconozcamos con elegancia y humildad, pero sin permitir que los demás «se ceben». Para encajar mejor los errores, debemos evitar pensamientos como «soy un desastre», o «esto es imperdonable en una persona como yo» o «no sé cómo me puede pasar esto a mí».

Al recibir cumplidos: serenidad.
No recurramos a la falsa modestia cuando nos reconocen o agradecen que hemos hecho algo bien. Si los cumplidos son sinceros, aceptemos con serenidad y con agrado la intención de valorarnos, pero no devolvamos el cumplido ni minimicemos nuestros méritos. Lo mejor es dar las gracias y hacer comentarios como «la verdad es que me ha costado mucho hacerlo» o «me alegro de que te haya gustado».

Para finalizar una conversación: directo al grano.
Cuando deseamos que un encuentro o conversación se acabe, hemos de tener el convencimiento íntimo de que tenemos derecho a elegir y a manifestarnos con claridad, evitando los pensamientos que nos inducen a creer que es de mala educación interrumpir a otra persona o que se podría ofender. Es suficiente con: «perdone la interrupción, me tengo que marchar».

4

EL PÁLPITO INTELIGENTE EN EL TRABAJO

Hasta ahora, en las últimas páginas, hemos estado considerando los aspectos generales de la inteligencia emocional, tanto en su relación con nosotros mismos como con los demás, es decir, las habilidades intrapersonales y las interpersonales. Desde ellas, desarrolladas con mayor rigor teórico en otras obras, como las de Daniel Goleman,[33] por ejemplo, he propuesto ejercicios y recomendaciones prácticas que nos ayuden a incorporarlas a nuestra vida, desarrollarlas o llevarlas a un punto de mayor eficacia y acercarnos al pálpito inteligente desde lo vivencial. Pero nos conviene precisar algunas aplicaciones en el ámbito laboral.

Chequeo del pálpito inteligente

Es importante, en este momento, recordar qué es aquello que apuntaba al principio como «pálpito inteligente» y los matices que lo diferencian, como un elemento más desarrollado, de la inteligencia emocional.

Veíamos entonces que nuestros impulsos naturales, aquellos pálpitos del corazón, que recientemente la neurocardiología comprobó en su calidad de «inteligentes», fueron condicionados por medio del aprendizaje cultural y los juicios o prejuicios morales. La mayor parte de las veces, desde la concepción condenatoria de lo natural: aquella noción primaria que contraponía lo espiritual o divino como bueno, frente a los deseos o impulsos naturales como origen del mal. Tales juicios genéricos nos lleva-

---

33. GOLEMAN, D.: *Inteligencia emocional*. Editorial Kairós, Barcelona, 1996.
—: *La práctica de la inteligencia emocional*. Editorial Kairós, Barcelona, 1999.
—: *Inteligencia social*. Editorial Kairós, Barcelona, 2006.

ron a poner en cuestión todo lo que no fuera racional o estuviera controlado por las normas morales. Y en ese saco cayeron, como «poco fiables», las emociones. Así llegó a considerarse que éstas debían mantenerse alejadas, por principio, del mundo profesional. Porque lo profesional era el ámbito de la técnica, controlada por la razón, de forma incompatible con lo emocional. Pero tal consideración nos condujo directamente a la crisis de la motivación, la corrupción, las injusticias sociales, la explotación de las personas y la agresividad desmedida. Se trató de racionalizar este caos y con tal fin apareció, con mucho éxito, la ciencia de la modificación de conductas, al margen de los valores personales, los ideales, las emociones y los sentimientos. Todo parecía estar bajo control. Pero siguen apareciendo sutiles paradojas, cuando no contradicciones fuertes, que estallan en forma de violencia o se reprimen, dando lugar a las tendencias depresivas y de pérdida de sentido vital, grandes males de las sociedades más avanzadas, que muchos vinculan con la descreencia y la ausencia de valores de la sociedad actual.

Tras semejante exposición, en exceso generalista, no pretendí filosofar ni teorizar demasiado, sino buscar alternativas prácticas que nos fueran dando respuestas, en el día a día, para integrar los diferentes aspectos de la vida, la naturaleza humana, así como el ámbito social y laboral en que nos vemos implicados, más allá de los juicios de «bueno y malo». Y me apoyé, fundamentalmente, en los recientes estudios y conclusiones que se llevaron a cabo con respecto a la *inteligencia emocional* e incluso otros tipos de inteligencia explorados en las últimas décadas. De todo ello surge la noción de *pálpito inteligente*. De manera específica, tal concepto arranca de prestar atención al mundo emocional, de la peculiaridad que vincula desde antiguo éste con los sentimientos y el corazón, unido al surgimiento de la neurocardiología dentro de la neurociencia, que plantean una relación directa con un funcionamiento inteligente del corazón. Éste se ha vinculado con su pálpito y los diferentes ritmos que genera, como forma de lenguaje no conceptual. Este lenguaje ha estado escapando, hasta ahora, de lo que se entendía como proceso racional de conocimiento, quedando ligado exclusivamente al mundo del arte y la sensibilidad estética o espiritual.

La premisa que da origen al libro que nos ocupa es la de considerar todos los aspectos vinculados con la naturaleza humana, desde un punto de vista práctico, buscando en esa interacción integradora mejoras palpables a la hora de optimizar nuestros recursos, en todos los ámbitos de aplicación posibles. En este sentido constatamos y valoramos el hecho de la fantasía; el hecho de tener sueños e ideales directamente relacionados con las emociones y con los elementos motivadores de la vida, en un sentido negativo, pesimista y desalentador o positivo, optimista y esperanzador.

El pálpito inteligente sería pues aquello que nos anima e impulsa, desde nuestras raíces vitales más profundas, una vez hechas las correcciones oportunas a los aprendizajes limitadores y contradictorios directos, que nos han marcado desde el nacimiento, y a los recibidos a través de la información genética: los aprendizajes condicionados por otras épocas de nuestra evolución como especie.

Existe en ello una vinculación muy directa con la inteligencia emocional, que asume también los factores complementarios de la inteligencia racional. El matiz diferenciador es sutil y se relaciona con esa sensibilidad tradicionalmente ligada, en forma exclusiva, a lo estético y espiritual, como decía antes. En este ámbito, que se encuentra un paso más allá de lo estrictamente emocional, nos topamos con el mundo de los valores y la creatividad, previo a cualquier normativa moral, ideológica o prejuicio de ningún tipo. Y esto es lo que ahora me propongo seguir explorando, para proponer fórmulas de aplicación práctica y enriquecedora en cualquier tipo de actividad social o laboral.

Autoconciencia del pálpito inteligente

Consideremos un ejemplo para comprobar, sin demasiadas florituras, la presencia e influencia de los pálpitos en nuestra vida laboral. Se trata de uno de esos días en que, por una u otra razón, nos sentimos a prueba. Las circunstancias nos imponen algún tipo de desafío, como, por ejemplo, una significativa acumulación de trabajo y la necesidad de dar respuestas inmediatas. Hemos recibido un comunicado pidiendo nuestra comparecencia en una reunión, en un par de horas. Comienza un ligero dolor de cabeza al contemplar los «asuntos pendientes». Entonces aparece alguien importante en nuestra vida, ya sea por cuestiones personales o laborales. Eso nos hace temer una nueva presión, que potenciará el estrés ya existente. Miramos a esa persona y nos preguntamos qué querrá. Nos lo preguntamos con la mente, pero sentimos un pequeño retortijón, un pálpito intestinal, a la vez que el corazón ha comenzado a emitir una señal de alarma y necesidad de ayuda, a través de un latido peculiar. No siempre somos conscientes de ello, pero ocurre. Podremos comprobarlo la próxima vez.

La persona en cuestión, con autoridad reconocida sobre nosotros, nos dice que quiere hablarnos de un incidente, una polémica ocurrida la tarde anterior. Temblamos. «La defensa que hiciste del nuevo compañero, arriesgando tu propio prestigio en la empresa, fue muy acertada y elocuente. Nos has ayudado a tener en cuenta aspectos que habían pasado desapercibidos. Tu intervención ha sido fundamental y quiero darte, personalmente, las gracias. Llegué tarde, pero me quedé a charlar después con los directivos que asistieron. Todos están de acuerdo y me han convencido. Te lo repito: gracias y enhorabuena.»

Imaginemos la reacción. Seguramente, de vuelta a casa, a pesar de las presiones del día, el esfuerzo y el cansancio, sentiríamos en el fondo un entusiasmo especial. Y la explicación es que recordaríamos con agrado ese mensaje halagador. Nuestro cuerpo reaccionaría con una sensación de bienestar. El estrés cotidiano quedaría desplazado, en décimas de segundo, por una reacción, un pálpito, desde nuestro sistema límbico. Antes de llegar a razonar sobre el por qué de nuestro bienestar, tras un duro día de trabajo, habremos interpretado positivamente la reacción en nuestro intestino, en el corazón y en otras áreas cerebrales; una consecuencia clara del pálpito inteligente. La zona del cerebro pensante, el córtex, es la última en estimularse y generar una respuesta aclaratoria.

Comprensión clara del impacto del clima emocional sobre la eficacia laboral

Las tensiones de la vida moderna, la gran competencia que se da en el terreno individual y empresarial, la presión del reloj o la exigencia de un constante perfeccionamiento profesional, por ejemplo, son situaciones que tienden a alterar el estado emocional de la mayoría de las personas normales, llevándolas al borde de sus propios límites físicos y psíquicos. El resultado, a menudo, es el desequilibrio emocional, a través del estrés patológico.

Este desequilibrio no sólo afecta la vida íntima de una persona, sino que también influye en su trabajo y desarrollo profesional, porque las emociones desempeñan un gran papel en el ámbito laboral. De la ira al entusiasmo, de la frustración a la satisfacción, cada día nos enfrentamos con emociones propias y ajenas. Por ello es importante utilizar las emociones de forma inteligente, para que trabajen en beneficio propio, de modo que nos ayuden a controlar nuestra conducta y nuestros pensamientos, con la consiguiente mejora en los resultados.

Por otro lado, cada uno de nosotros influye en el estado de ánimo de los demás. Es perfectamente natural, para bien o para mal; lo hacemos constantemente, «contagiándonos» las emociones como si fueran el más poderoso virus social.

Las organizaciones, empresas o instituciones, son redes de participación. Para lograr un desempeño efectivo en los trabajadores, se precisa inyectar entusiasmo y compromiso, dos cualidades que deben desarrollarse en su seno, pero no imponerse.

Ya no es suficiente contar con un alto coeficiente intelectual para triunfar profesionalmente, para competir o para desarrollar una empresa; se requiere un control emocional adecuado, que nos permita mantener una interacción armónica en nuestro ambiente laboral: socios, colegas, empleados, proveedores, clientes, etc.

La inteligencia emocional no es una varita mágica; no garantiza en una empresa una mayor participación en el mercado ni un rendimiento más saludable. La vida de cualquier organización es extraordinariamente fluida y compleja. Ninguna intervención, ningún cambio por sí solo, puede arreglar todos los problemas. Pero si se ignora el ingrediente humano, lo demás no funcionará como debería. Las empresas cuyos trabajadores y personal directivo colabora mejor, tienen una gran ventaja competitiva.

En ese sentido, las habilidades de la inteligencia emocional son sinérgicas con las cognitivas; los trabajadores que destacan, tienden a poseer las dos. Cuanto más complejo es el trabajo, más importante es el componente emocional, aunque sólo sea porque la deficiencia en estas habilidades puede dificultar la aplicación de la destreza técnica e intelectual.

Logros

Casos de referencia. Desde 1992, American Express Financial Advisors, con sede en Minneapolis, tiene en marcha un programa de entrenamiento en competencia emocional para gerentes. Una de las metas es ayudarlos a convertirse en «asistentes emocionales» de las personas que dependen de ellos.

La capacitación contribuye a que los gerentes aprecien el papel que juegan las emociones en el trabajo y a que desarrollen una mayor conciencia de sus propias reacciones emocionales. Incluye entrenamiento en autoconocimiento, autorregulación, empatía y habilidades para las relaciones sociales. Y tales habilidades se traducen en resultados concretos.

Un estudio reciente determinó que los gerentes entrenados en esas habilidades hicieron crecer sus empresas en un promedio del 18,1 por 100, comparado con el 16,2 por 100 de gerentes que no recibieron tal capacitación. Esto se traduce, aproximadamente, en unos 247 millones de dólares de incremento en los ingresos durante los 15 meses del período estudiado.

Pam J. Smith, gerente del programa Competencia Emocional, asegura que como resultado de esa iniciativa, la empresa también registra una mayor consolidación del empleo y un menor absentismo laboral. Asegura que a nadie se le «envía» al programa, y que tampoco se usa como terapia. Y añade que, incluso así, contribuye a solucionar problemas con personas conflictivas, permitiendo a los gerentes comprobar por sí mismos en qué casos se crean o intensifican los problemas. A veces, con eso es suficiente.

Cuanto mayor es la empresa, más necesaria es la inteligencia de los ejecutivos para contribuir a la resolución de los problemas. Éstos suelen venir acompañados por rupturas de la comunicación, lo que implica mucho más tiempo. Parece que cada incidente de este tipo es único. El ejecutivo emocionalmente inteligente puede acortar mucho este tiempo encontrando el sentimiento que se oculta detrás del problema, lo subyacente en el contexto. Ahí es donde resulta más fácil sacar a la luz el conflicto esencial. En este aspecto pueden resultar muy prácticas las dotes intuitivas del ejecutivo. El ejecutivo emocionalmente inteligente es capaz de llegar al corazón de la cuestión. Veamos otro ejemplo. Se trata, en este caso de una organización muy conocida y con larga trayectoria.

Coca-Cola decidió renovarse, después de vender con éxito, durante casi cien años, un mismo producto. La fórmula secreta de la Coca-Cola no había cambiado nunca desde su invención en 1886, salvo en 1903, cuando se eliminó una cantidad minúscula de cocaína. Pero en 1985, después de unas pruebas de mercado secretas realizadas sobre 190.000 consumidores, la dirección de Coca-Cola descubrió que una Nueva Coca-Cola más ligera y más dulce podría competir mejor con Pepsi. Coca-Cola había cometido lo que se consideró la peor decisión de *marketing* desde que Ford presentara el modelo Edsel. Reaccionaron a tiempo y fueron capaces de reorganizarse, de convertir el aparente fracaso en una brillante estrategia: convirtió en publicidad gratuita la atención por parte de los medios de comunicación, al volver a ofrecer su producto primitivo bajo el nombre de Coca-Cola Clásica. La combinación de Nueva

Coca-Cola con Coca-Cola Clásica significó una victoria sonada sobre el rival más próximo de Coca-Cola: Pepsi.

Con independencia del resultado final, la poca precisión de las pruebas de consumo se debía a una falta de inteligencia emocional en este proyecto concreto, dentro de una compañía que tenía éxito en otros sentidos. Las pruebas de consumo estaban bien organizadas, pero les faltaba profundidad en el estudio del componente emocional. El consumidor estadounidense mostraba un apego especial por la Coca-Cola, pero en las pruebas no se consiguió captar esta profunda vinculación. Aunque con Nueva Coca-Cola obtuviera mejores resultados en las pruebas de sabor, el abandono de la fórmula original no carecería de consecuencias emocionales.

Según el presidente de Coca-Cola, Roberto Goizueta, era como la muerte de un padre. «Sabes que estarás triste» —decía—. «Pero nunca sabes lo triste que estarás, cuán profunda será tu pena, hasta que se muere.» Si las pruebas de mercado hubieran estado dotadas de mayor inteligencia emocional, si se hubieran asomado a los sentimientos de los consumidores, además de a sus papilas gustativas, podría haberse evitado aquel error monumental.

Los fieles de la Coca-Cola se levantaron en armas ante aquella decisión de *marketing*. Pero Roberto Goizueta, como ejecutivo emocionalmente inteligente, reaccionó con rapidez ante la caída del gráfico de ventas. Su reacción no sólo estuvo dotada de responsabilidad: también, cosa igualmente importante, mostró sensibilidad. En lugar de adoptar una actitud defensiva, aceptó la nueva realidad y la integró en la curva de éxito constante de Coca-Cola.

Buena parte del éxito de Goizueta se debió a su capacidad para comunicarse tanto con su personal, que se vio atrapado en aquel fracaso de *marketing*, como con el público, a través de los medios de comunicación. Otro ejecutivo, en su lugar, tal vez se habría distanciado del área problemática y podría haber hecho el vacío a los medios de comunicación en semejante situación de crisis. Pero Goizueta era experto en comprender las reacciones de los demás y en comunicarse con ellos teniéndolas en cuenta.

La moraleja: es imprescindible integrar todos los departamentos en un esfuerzo de equipo concertado, para conseguir el mejor resultado posible. A partir del incidente de la Nueva Coca-Cola, la compañía ha invertido muchos esfuerzos con el fin de volverse más activa y se ha convertido en una de las empresas con mejores resultados en los últimos años.

Goizueta fue capaz de asumir la responsabilidad de cualquier problema y de aprovechar ventajosamente los errores aparentes. Participó directamente, se enfrentó con la realidad de los hechos tal como eran y sin sufrir apenas una caída en las ventas, convirtió en milagro de *marketing* lo que podría haber sido un desastre bajo un liderazgo orientado con menos inteligencia emocional. Algunos estudiosos del *marketing* llegaron a preguntarse si no habría sido todo aquello un montaje, una estrategia intencional.

Goizueta tenía la capacidad de sacar lo mejor de los demás, de ayudarlos a desarrollarse y a mejorar. Formaba a sus ejecutivos haciéndolos pasar por varios puestos de trabajo, para dotarlos de la experiencia que le parecería que necesitaban. Su interés sincero por los demás engendraba en los miembros de su personal un sentimiento profundo de lealtad. Y fomentaba un sentimiento de sinceridad animando a los miembros de su personal a que fueran completamente francos con él. «Yo discutía con él constantemente», cuenta su antiguo director financiero, Sam Ayoub. «Lo especial era que podíamos encerrarnos los dos y decirle que no estaba de acuerdo con él. No le gustaban los cobardes.»

Goizueta era especialmente sensible a la necesidad de producir ajustes entre los miembros de su personal, en los proyectos para los que estaban más dotados. «El ejecutivo jefe tiene la responsabilidad última de decidir lo que debe delegar y en quién.» –afirmaba– «Si eliges a la persona adecuada, al final todo será de color de rosa.»

Levi Strauss & Co., el gran fabricante de pantalones vaqueros y otras prendas, se enfrentaba a un dilema con los dos subcontratistas de costureros de Bangladesh que estaban utilizando mano de obra infantil. Los activistas internacionales de los derechos humanos les presionaban para que no siguiera permitiendo la contratación de menores de edad. Pero los investigadores de la empresa descubrieron que, si los niños perdían el empleo, se verían empobrecidos y probablemente impulsados a la prostitución. ¿Tenían que despedirlos, posicionándose contra la explotación infantil? ¿O conservarlos para protegerlos de un destino peor?

La solución se presentó como una alternativa diferente y creativa. Levi Strauss & Co. decidió mantenerles el sueldo mientras asistían a la escuela y reincorporarlos a los catorce años, la edad de la madurez en ese país.

Esa innovadora respuesta ofrece un modelo de pensamiento creativo para las multinacionales que quieren mostrarse responsables en lo social. Una solución tan original exige concebir ideas que, a primera vista, pueden parecer demasiado radicales o arriesgadas, con el valor de llevarlas a cabo.

La empresa *Ford* estaba perdiendo la carrera frente a sus competidores, que tardaban sólo 20 días en presupuestar un posible trabajo a sus clientes, mientras que ellos tardaban 40. Se reorganizaron. Cambiaron el proceso agregando más puntos de control, computarizando algunas partes y efectuando transformaciones en la estructura. Y como resultado, el período necesario para presupuestar subió de 40 a 50 días.

Recurrieron entonces a expertos ajenos a la empresa especialistas en reorganización. El tiempo subió a 70 días y el porcentaje de errores se disparó al 30 por 100.

Desesperados, trajeron expertos en métodos de organización del aprendizaje. Sólo así lograron reducir el tiempo a dos días y la tasa de errores, al 2 por 100. ¿Cómo lo hicieron? Cambiando no la tecnología ni la estructura, sino las relaciones laborales. «Es inútil tratar de resolver, mediante tecnología o estructura, un problema que, en realidad, es humano», dijo Nick Zeniuk, presidente de Interactive Learning Labs, que dirigió el equipo durante el proceso completo de aprendizaje.

Zeniuk se hizo famoso en el mundo de las empresas de aprendizaje por su papel decisivo, compartido con Fred Simon, en el lanzamiento del Lincoln Continental 1995. Peter Senge, del Learning Center del *MIT*, cita su caso como ejemplo clásico. El Lincoln rediseñado fue un éxito espectacular. Las evaluaciones independientes de calidad y satisfacción de los usuarios pusieron ese coche en la cima de la línea Ford, por encima de cualquier otro automóvil norteamericano de su clase y en paralelo con los mejores competidores extranjeros, desde el Mercedes al Infiniti. La satisfacción de los clientes creció un 9 por 100, hasta llegar al 85 por 100 (*Lexus*, el coche de mejor puntuación, tenía una evaluación del 86 por 100).

No es menos impresionante el hecho de que, aunque el esfuerzo en el rediseñado se inició con cuatro meses de demora, el coche saliera al mercado con un mes de anticipación. Y en todas las mediciones de efectividad en la producción, el nuevo Lincoln alcanzó los objetivos o los superó, hazaña prodigiosa en un proceso que involucraba a más de 1.000 personas, un equipo básico de 300 y un presupuesto de 1.000 millones de dólares.

Habría sido fácil considerar ese desafío como exclusivamente técnico: un acertijo cognitivo por excelencia, que sólo podían resolver los más inteligentes y más experimentados. El diseño de automóviles exige correlacionar cientos de exigencias, a veces contradictorias: la torsión del motor al frenado, la aceleración y la economía de combustible, por ejemplo. La parte más compleja y difícil del proceso es resolver las especificaciones de sus componentes, una tarea equivalente a calcular el tamaño y la forma de cada pieza de un inmenso rompecabezas, e ir fabricando las partes sobre la marcha, mientras se intenta resolverlo.

Una vez montado el prototipo, es habitual que los equipos de diseño tengan que rehacer muchas de sus especificaciones, pues surgen problemas inesperados. A estas alturas, cuando ya se ha utilizado metal fundido para hacer un modelo que funcione, esa reelaboración es bastante costosa: asciende a millones de dólares.

Sin embargo, el equipo de diseño del Continental, que disponía de 90 millones para estas correcciones, utilizó apenas la tercera parte, cuando la tendencia general es exceder lo presupuestado. El esfuerzo de diseño era tan eficiente como el motor en sí. Los dibujos de los componentes estuvieron listos con un mes de anticipación, cuando lo habitual es que se retrasen tres o cuatro, y el 99 por 100 salieron con su forma definitiva, frente el 50 por 100 acostumbrado.

El desafío al que se enfrentaba el equipo que rediseñó el Continental era obtener resultados «duros», un coche mejor, utilizando enfoques que una gran parte de los gerentes de la industria automotriz consideraban «demasiado blandos», como la franqueza, la honradez, la confianza y la buena comunicación. Por tradición, la cultura de esta industria no prestaba atención a estos valores: era jerárquica y se basaba en la autoridad, sobre el supuesto de que el jefe sabe más y toma todas las decisiones importantes.

Para complicar aún más el problema, existía una densa niebla emocional. Imperaba la frustración por comenzar con cuatro meses de retraso, con las consecuentes barreras en la confianza y la sinceridad. Uno de los principales obstáculos estaba en la cabeza misma del equipo. Zeniuk recuerda las grandes tensiones existentes entre él y el gerente financiero, quien no podía dirigirle la palabra como no fuera «en el nivel de los altos decibelios». Esa tensión era síntoma de una profunda hostilidad y desconfianza entre los encargados de producir el nuevo modelo y los que debían controlar el coste.

Para encarar estos problemas, el equipo gerencial utilizó muchos métodos de organización del aprendizaje, incluido uno para «disolver» hábitos coloquiales defensivos. El método era sencillo: en lugar de discutir, las partes acordaban explorar mutuamente los supuestos en los que basaban sus puntos de vista.

Un ejemplo clásico de conclusión precipitada: alguien ve bostezar a otra persona en una reunión; inmediatamente supone que se aburre; luego pasa a generalizar: no se interesa por la reunión, por las ideas ajenas ni por el proyecto en sí. Entonces concluye: «Me decepciona».

En este método de organización del aprendizaje, ese comentario se conoce como la columna de «Lo que se dijo o se hizo». Pero los datos más críticos están en otra columna, la de «Pensamientos y sentimientos no expresados»: el bostezo significaba aburrimiento y falta de interés. Hacia esa columna se dirigen también nuestros sentimientos de ofensa y enfado.

Cuando afloran tales sentimientos ocultos se pueden comparar con la realidad y discutirlos. Por ejemplo: descubrir que el bostezo no fue por aburrimiento, sino por el cansancio de haber pasado la noche atendiendo el llanto de un bebé.

Además de requerir autoconocimiento para rescatar esos pensamientos ocultos, la tarea depende de otras aptitudes emocionales: la empatía, la capacidad de escuchar con sensibilidad el punto de vista ajeno y habilidades sociales, para colaborar productivamente en explorar las diferencias disimuladas que afloran.

En cierto sentido, los verdaderos diálogos son los internos, aunque sólo sea porque revelan lo que la gente piensa y siente sobre lo que está sucediendo. El diálogo interior, sobre todo si está cargado con emociones turbulentas, suele asomar en un tono truculento, por ejemplo, o en una mirada que se desvía. Pero cuando el tiempo apremia, cuando nos sentimos presionados o distraídos, estas señales tienden a pasar desapercibidas, tanto en los demás como en nosotros mismos. El resultado final es que se ignora el diálogo interior, aunque esté plagado de informaciones cruciales: recelos, resentimientos, temores y esperanzas.

Como dice Zeniuk, «cuando no sabemos qué hacer con esa conversación real, la ignoramos. Como ocurre con los desechos tóxicos. ¿Qué se hace con ellos? ¿Arrojarlos a la basura? ¿Enterrarlos? Cualquier cosa que hagamos con ese desecho tóxico es corrosiva: contamina la conversación. Si nos enfrentamos a la otra persona, levanta murallas». Por eso las conversaciones, en el trabajo, se desarrollan como si no hubiera diálogo interno, aunque todo el mundo se encuentre plenamente dedicado a ese mudo intercambio. En este nivel profundo del discurso se encuentran las raíces del conflicto, así como la base para la verdadera colaboración.

El ejercicio del diálogo, utilizado al inicio del proyecto Continental, reveló dos campos enconadamente opuestos. La personas del departamento financiero pensaban que quienes dirigían el programa no ponían ninguna atención al control de los costes; mientras que los directores del programa creían que aquéllos «no tenían idea» de lo que costaba hacer un coche de calidad. El resultado en esta exploración mutua de sentimientos y supuestos ocultos fue mostrar, con total claridad, que el proyecto fallaba por falta de confianza y sinceridad. Los puntos clave eran:

- El miedo a equivocarse hacía que la gente retuviera información.
- La necesidad de control de los jefes impedía que los integrantes del equipo aprovecharan bien sus habilidades.
- Había un gran recelo; cada cual pensaba que los demás no ayudaban y no eran dignos de confianza.

En casos así resulta imprescindible la inteligencia emocional. Para lograr que un grupo de trabajo supere el miedo, las luchas de poder y el recelo se requiere un gran caudal de confianza y afinidad. La tarea se concentraba tanto en fortalecer el nivel de confianza en las relaciones humanas como en sacar a la superficie los supuestos ocultos. Y eso requería mucha ingeniería social. Así lo expresó Fred Simon: «Si quería mejorar la calidad de ese coche, mi mejor alternativa era ayudar a mis compañeros de equipo a desarrollar mejores relaciones personales y a verse como personas».

«Al principio, existía un profundo resentimiento y desesperación, al no poder ejecutar el trabajo necesario; se comenzó por culpar a los jefes», recuerda Zeniuk. «Pero cuando los jefes participaron, escuchando con atención lo que los demás tenían que decir, la actitud pasó a ser "Bueno, sí puedo, pero déjenme hacer mi trabajo en paz". Y no era posible. Todos estábamos interconectados y teníamos que dar el paso siguiente: aprender a estarlo. El papel del líder ya no era sólo controlar e indicar, sino escuchar, proporcionar recursos y guiar».

Para facilitar estos cambios se reunió a las 300 personas del equipo de diseño, en grupos de 20, a fin de trabajar en los problemas que afrontaban juntos en el trabajo, tales como reconfigurar el interior del vehículo. Mientras discutían los problemas, facilitadores como Daniel Kim, por entonces del MIT, les enseñaban las herramientas conceptuales básicas del aprendizaje en colaboración. Pero la clave, según Zeniuk, fue «la conciencia emocional, la empatía y el establecimiento de relaciones. Fomentar la inteligencia emocional no era un objetivo directo, pero evolucionó naturalmente, según tratábamos de alcanzar las metas».

Pensemos de nuevo en el desafío: 15 equipos de diseño diferentes, cada uno orientado hacia una parte del coche que desempeñaba una función determinada, como el chasis y la transmisión; cada uno trabajando por su lado. Pero en el diseño final del vehículo, todos los esfuerzos debían fundirse sin solución de continuidad. Los grupos no dialogaban lo suficiente. Por tradición, cada equipo trabajaba de forma aislada para producir el diseño que le pareciera mejor; luego trataban de forzar alteraciones en las partes diseñadas por otros equipos para que se ajustaran a sus propios requerimientos. Era una guerra declarada.

«Si cometo un error de diseño en láminas de metal y luego debo cambiar el equipo para corregirlo, puede costar nueve millones de dólares», observa Zeniuk. «Pero si detecto el fallo antes de llegar a la etapa del metal, resolverlo no cuesta nada. Si algo no va a funcionar, es necesario que la mala noticia surja cuanto antes.»

En el diseño típico de un nuevo modelo pueden producirse cientos de pequeños ajustes. Por eso, el equipo del Continental disponía de 90 millones de dólares para cubrir los costes de esos cambios, presupuesto que la industria de la automoción estadounidense suele exceder. Pero Zeniuk sabía que, en Japón, la mayoría de esos cambios se hacen anticipadamente, antes de fijar las especificaciones en la maquinaria, para evitar costes innecesarios.

«Descubrimos que, si no conocíamos esos cambios a tiempo, era porque los ingenieros temían pasar vergüenza o ser atacados», dice Zeniuk. «Confiaban en que algún otro admitiera primero el error y asumiera la culpa. Pensaban: "Bueno, puedo arreglar el error que cometí en el tablero cuando ellos arreglen el panel lateral; entonces nadie notará mi error". ¿Cómo se hace para que las personas compartan una verdad enojosa cuando tienen tanto miedo?»

El cambio fundamental apareció, por ejemplo, en el nuevo estilo de las reuniones. Decía Zeniuk: «Nos ocupamos de que todo el mundo tuviera oportunidad de expresar lo que pensaba», en vez de permitir que se impusieran las viejas costumbres, por las cuales «la gerencia entraba en una situación creyendo que tenía todas las respuestas y, cuando no sabían algo, no se decidían a reconocerlo». En su lugar, «proponíamos una decisión y preguntábamos: "¿Qué les parece esto?".».

Se evitaron los habituales engaños manipulatorios e intentos de lucimiento que solían caracterizar este tipo de reuniones y se afirmó un enfoque más directo, consiguiendo así elevar el autoconocimiento colectivo.

Cuando alguien no terminaba de aceptar una decisión, se interrumpía la reunión para utilizar los métodos que habían aprendido, a fin de estudiar atenta y respetuosamente lo que alimentaba esa inquietud. «Existía una gran probabilidad de que esa actitud tuviera sus motivos y a menudo el motivo cambiaba por completo la decisión», decía Zeniuk. «Nos llevó algún tiempo lograr ese nivel de sinceridad y confianza.»

Una ventaja concreta de este enfoque, más inteligente emocionalmente: «Vimos que los equipos dejaban de competir por cumplir con los objetivos en cuanto a coste y calidad; comenzaban a trabajar de común acuerdo. En lugar de trabajar de forma aislada, había un constante ir y venir. Cuando reconocieron con claridad que el trabajo de cada uno formaba parte del de los demás, hubo muchísimo intercambio entre los diversos equipos. Incluso algunos cedieron parte de su presupuesto a otros, para ajustar el coste y la calidad de sus partes; algo que nunca había sucedido en el diseño de automóviles.»

El resultado final: «Logramos 700 cambios en especificaciones 18 meses antes de la producción, frente a la habitual oleada de costosas rectificaciones en el último momento. Eso nos permitió ahorrar 60 millones de dólares, sobre un presupuesto de 90, y terminar con un mes de anticipación, pese a haber comenzado con cuatro meses de retraso».

Examinar el entorno en busca de datos cruciales y nuevas oportunidades para la empresa

Ya era la compañía de seguros de vida que crecía más rápido, pero «vimos un modo de avanzar aún más», decía Jim Mitchell, presidente de IDS Life, la división aseguradora de American Express. Mitchell vislumbró una gran oportunidad. Aunque los planes financieros de sus clientes demostraban que estaban en situación de adquirir seguros de vida, más de las dos terceras partes rehusaban hacerlo. Esta gran pérdida de posibles ventas no era un detalle pasajero: los resultados de varios años consecutivos llevaban a la misma conclusión.

El potencial de ventas era tan grande que Mitchell estableció su propio equipo de investigación intensiva, a fin de lograr «un descubrimiento que hiciera del seguro de vida algo más atractivo para los clientes».

El primer paso fue indagar qué sentían realmente los directivos y los clientes sobre la oferta y la contratación de los seguros. La respuesta: «Es horrible». En este proceso se detectaron una cantidad asombrosa de sentimientos negativos, en unos y en otros. El equipo esperaba descubrir fallos en los seguros que la compañía ofrecía; en cambio, descubrieron que el problema se encontraba en la forma de vender. Todo se reducía a ineptitud emocional.

Los clientes manifestaban desconfianza en su relación con los asesores: ante la perspectiva de adquirir un seguro se sentían «impotentes, desinformados, ineptos y suspicaces». La negatividad reinaba entre quienes adquirían el seguro. El problema no estaba en el miedo a la muerte, en el gasto o en característica alguna de las pólizas; por el contrario, los clientes decían estar perfectamente conformes con los productos ofrecidos. Lo que no les gustaba era la interacción de la venta. No es de extrañar: muchos asesores confesaban sentirse «mal preparados, ineptos, poco sinceros y egoístas» cuando ofrecían un seguro de vida. Algunos manifestaron que la presión de «efectuar la venta» los inducía a actuar en contra de su ética personal. Deseaban poder sentirse más seguros y más correctos. Muchos dijeron que, al trabajar desde la mala reputación que tienen los agentes de seguros, acumulaban desesperanza y depresión.

Cuando un cliente manifestaba nerviosismo o intranquilidad, en el ramo de los seguros se proponía que la mejor respuesta no era la empatía, sino un argumento racional. Los asesores tenían que cerrarse ante las emociones de los clientes, tanto como con las propias. «Se les había enseñado que si el cliente manifestaba alguna reacción emocional, era una forma de resistencia; por lo tanto, era preciso darle explicaciones lógicas, con más cifras, y no prestar atención a los sentimientos», explicaba Kate Cannon, ahora a cargo de los programas de aptitud emocional para asesores financieros de *American Express*.

En pocas palabras: los sentimientos que bullían en clientes y directivos establecían un triste tono emocional para la entrevista; según expresaba un último informe, «entre nuestro procedimiento y nuestra cifra mínima se alzaba una montaña de negatividad emocional».

Los asesores podían establecer un tono emocional más positivo, pero antes tenían que resolver su propia sensación interna, su propio pálpito. Según dijo un directivo: «Podemos gastar millones en la investigación y el desarrollo de un producto, pero si nuestras limitaciones dificultan la oferta de ese producto, ¿qué hemos logrado?».

Adaptabilidad

Como parte de su entrenamiento en las «relaciones profesionales con los clientes», ciertos grupos de empleados de Meridian Bancorp, de Rading,

Pennsylvania, tuvieron que rellenar los impresos normales para hacer los ingresos de dinero con los cristales de las gafas manchados de vaselina y contar después los billetes con tres dedos de cada mano unidos con cinta adhesiva. El banco deseaba que este personal comprendiese mejor la experiencia bancaria de los clientes más ancianos, afectados por glaucoma o artritis, teniendo en cuenta sus limitaciones en la vista y el movimiento de los dedos.

Flexibilidad para afrontar los desafíos y obstáculos que vayan presentándose

Nos encontramos inmersos en un cambio de paradigma que afecta a las formas tradicionales de administración y gestión de empresas. Parte de ese nuevo paradigma consiste en la aceptación del capital humano como recurso estratégico por excelencia, para el desarrollo organizacional, dentro de un marco de vertiginosos cambios y un marcado nivel de incertidumbre.

La turbulencia del panorama actual induce en todos nosotros una serie de emociones, que se reflejan en las organizaciones y en la sociedad en general. Estas emociones son el motor de la acción. Pueden ser positivas o negativas y de diferente intensidad. Los comportamientos que generan imprimen en las organizaciones características diversas, que pueden ser favorables, al acompañar o promover su crecimiento; o adversas, cuando lo frenan o impiden.

La intensidad de una emoción es un tema a tener en cuenta. Por ejemplo, la alegría es una emoción positiva de cara a la motivación. Sin embargo, si rebasa los niveles normales y se convierte en euforia, puede ocasionar una pérdida de objetividad y llevarnos a la imprudencia.

Otra de las emociones más comunes y representativas de esta época, por el alto nivel de incertidumbre en el que vivimos, es el miedo. Cuando lo aprovechamos positivamente, genera respuestas inteligentes, pero si se presenta en exceso produce una parálisis parcial o total de las acciones y motivación de las personas.

En el caso de la ira, que experimentamos como consecuencia de la frustración, podemos encauzarla desde un punto de vista positivo para alcanzar objetivos de desarrollo personal e incluso organizacional. Sin embargo, cuando la ira deja de ser transitoria o se reprime y se convierte en resentimiento, genera conflictos interpersonales que afectan negativamente el desarrollo de la organización.

Teniendo esto en cuenta, revisemos el fenómeno de la resistencia al cambio. Aquí las emociones se muestran con claridad y nos ayudan a entender importantes aspectos subjetivos del desarrollo de una organización.

En este proceso se pueden distinguir cuatro etapas, a saber:

1. **Negación o impacto inicial**: En la que se percibe la incertidumbre o el peligro generado por el cambio. Se siente ansiedad, lo que dificulta dominar la nueva situación y se prefiere el refugio del pasado.
2. **Defensa**: Nos aferramos a las costumbres y tradiciones evitando la realidad. Se reacciona con apatía o ira y se impone la negación al cambio, a la vez que se puede comenzar a valorar las ventajas y desventajas que nos ofrece, preparando así la etapa de aceptación.
3. **Aceptación**: Las respuestas comienzan a percibirse como ineficaces. Aparece una sensación de impotencia para impedir el cambio. Entonces comenzamos a buscar soluciones y a desarrollar nuevas habilidades.
4. **Adaptación o asimilación**: Cuando las consecuencias del cambio se hacen evidentes y generan una cierta satisfacción, se reconduce la orientación vital. Los cambios efectuados se institucionalizan.

En este proceso es muy importante el papel que juega el Departamento de Recursos Humanos. Entre las etapas de negación y defensa debe realizar un trabajo de sensibilización e información sobre los cambios organizativos, así como proporcionar las herramientas y los conocimientos necesarios.

Para ello es importante reconocer las diferentes causas de las resistencias, que se pueden agrupar en tres niveles:

1. **Resistencias ligadas a la personalidad**: Hábitos, miedo a lo desconocido, deseos de estabilidad, percepción selectiva, satisfacción de necesidades, identificación con la situación actual y protección de privilegios.
2. **Resistencias ligadas al sistema social**: Conformidad con las normas, coherencia del sistema, intereses y derechos adquiridos en el sistema, carácter sagrado de ciertas cosas, rechazo ante lo extraño.
3. **Resistencias ligadas al modo de llevar a cabo el cambio**: El tiempo y los medios proporcionados para integrar el cambio, así como la credibilidad del o los agentes del cambio.

En resumen, dado que los seres humanos somos el factor fundamental de la organización, nuestras emociones, particularmente nuestras resistencias al cambio, se reflejarán y terminarán generando peculiaridades específicas en ésta. En este momento serán de vital importancia los logros para el ajuste de los pálpitos preconscientes; de ellos dependerán las resistencias. Determinarán la intensidad y la forma de nuestras emociones, hacia el optimismo o el pesimismo, hacia el fracaso o el éxito. Entonces se comprobará el grado de madurez de nuestro pálpito inteligente.

Autocontrol

Para funcionar según el principio del éxito total, siguiendo el pálpito inteligente, debemos ajustar los medios adecuados, simultáneamente, en los sectores profesionales y extraprofesionales.

Este equilibrio, buscado consciente y voluntariamente, se expresa por lo general en términos de complementación de un campo en relación con el otro. Es evidente que el éxito profesional fortalece el éxito familiar y, recíprocamente, el éxito familiar dinamiza y estimula el éxito profesional o académico.

En ciertos momentos, las conexiones entre los diferentes terrenos pueden parecer extremadamente beneficiosas y estimulantes. Pero en otros, para tener éxito en algunas circunstancias específicas, tendremos necesidad de ejercer un autocontrol pleno de nuestras habilidades; concentrar toda nuestra energía en un ámbito preciso, ya sea el profesional, personal, familiar o social.

En esos momentos, debemos evitar la contaminación negativa, pesimista o temerosa de un terreno sobre el otro. Este es el objetivo del pálpito inteligente: la predisposición concentrada de nuestras habilidades, adquiridas o innatas, en un grado óptimo, dentro de nuestra correspondiente etapa evolutiva. Esto nos permite abandonar, durante un cierto tiempo, por ejemplo, el terreno profesional o el académico, para entregarnos plenamente a las esferas personales o familiares, las de los afectos, la pareja, el tiempo libre o los *hobbies*, como si se tratara de un jardín secreto, poniendo límites y protegiendo la independencia de las distintas esferas de nuestra vida. Algunas de ellas podrían tener estructuras antagónicas. Sin embargo, todas son necesarias para nuestra realización personal.

Bajo presión conviene actuar de forma eficaz y responsable, en lugar de dejarse arrastrar por el pánico, la ira o la ansiedad.

Para descubrir si el pálpito inteligente se encuentra vinculado con nuestras responsabilidades, nos conviene hacernos las siguientes preguntas:
1. ¿Podemos ser responsables careciendo del pálpito inteligente?
2. ¿Se nutre la responsabilidad de nuestra energía emocional?

3. ¿Qué relación hay entre la responsabilidad y el fracaso?

Las respuestas nos revelarán el vínculo del pálpito inteligente con la responsabilidad:

1. En el trabajo, la demostración máxima de responsabilidad personal comienza por tomar las riendas de nuestro propio estado de ánimo. Todos sabemos que nuestras emociones ejercen una poderosa influencia sobre el pensamiento, la memoria y la percepción. Cuando estamos enfadados recordamos con más facilidad los incidentes vinculados con nuestra ira; los pensamientos se concentran en el objeto de nuestro enfado y la irritabilidad altera de tal modo nuestra visión del mundo que un comentario benigno nos puede parecer hostil. Reconducir a tiempo esta peculiaridad contaminante de nuestros estados de ánimo es esencial para trabajar de forma responsable y eficaz.

2. En el mundo laboral se observan, de manera creciente, señales de cansancio, decadencia y desgaste emocional. La gente parece exhausta y a la vez emocionalmente sobrecargada por el estrés.

Un líder que puede reconducir sus estados de ánimo también comprende el de las personas que tenga a su cargo. Los malos jefes tratan a sus subordinados como si fueran todos iguales. Rara vez se preguntan: «¿Cómo se encuentran emocionalmente las personas a mi cargo? ¿Por qué tengo tanta dificultad con ellas?»

No tienen conciencia del modo en que los temperamentos armonizan o chocan entre sí. Pero la mezcla tal vez sea la faceta esencial de una buena organización. Dirigir un grupo o una compañía no tiene que ver sólo con las habilidades para el liderazgo, sino también, y más específicamente, con la obligación de un líder de reconocer las capacidades y la naturaleza emocional de cada persona y facilitar que aflore lo mejor.

Por ejemplo, un jefe iracundo puede ayudar a sus asistentes a sentirse menos intimidados, diciéndoles: «Eh; sólo soy yo. Cuando me enfade, no debéis tomároslo como algo personal». De lo contrario, sin este marco de comprensión, aunque la ira surgiera tan sólo una de cada cien veces, eso afectaría la calidad del resto del tiempo; las personas nunca estarían seguras de cuándo volvería a producirse otro estallido ni su significado.

3. La responsabilidad se comprueba en los fracasos, en aquellas situaciones en las que hay que asumir de frente los hechos para poder cambiar de rumbo. El éxito de cualquier persona o de una empresa se construye desde los fracasos. Fracasamos porque experimentamos y arriesga-

mos cada día, y cuantas más caídas sufrimos más rápido avanzamos, siempre y cuando sepamos extraer de ellas la sabiduría que éstas nos ofrecen. Ésa es también la misión del pálpito inteligente. Se sabe que, en equitación, el buen jinete no es quien nunca se ha caído; éste nunca llegará a serlo hasta que no lo tire el caballo, porque entonces no se obsesionará con el miedo a caer y cabalgará con seguridad.

Integridad: beneficio completo

Buscar el beneficio completo, es decir, para todas las partes que intervienen en un proceso de negociación, es fundamental para el éxito. Para el verdadero éxito, con sentido de integridad. Este objetivo abarca varias dimensiones interdependientes. Comienza por el carácter y, a través de las relaciones, fluye hacia los acuerdos. Se cultiva en un ambiente en que la estructura y los sistemas se basan en el beneficio total y la excelencia. Y supone un proceso; no podemos alcanzar metas de beneficio total por medio de planteamientos gano/pierdes o pierdo/ganas.

Carácter. El carácter es la base del paradigma del beneficio total. Lo demás se construye sobre esta cimentación. Hay tres rasgos caracterológicos esenciales para el paradigma del beneficio total:

1. *Integridad.* La integridad es el valor que nos atribuimos nosotros mismos. Los hábitos adecuados, vinculados con el pálpito inteligente, nos ayudan a mantenerla. Cuando identificamos con claridad nuestros valores, nos organizamos proactivamente y las acciones cotidianas se ordenan en torno a ellos, desarrollamos la autoconciencia y la voluntad de hacer y mantener compromisos significativos. Nuestro pálpito inteligente nos guía, al comprometernos y ser fieles a nuestros compromisos.

No hay forma de lograr un beneficio en nuestras vidas si ni siquiera sabemos, en un sentido profundo, en qué consiste, qué es lo que, de hecho, está en armonía con nuestros valores más íntimos. Si no podemos comprometernos y mantener los compromisos con nosotros mismos y con los demás, éstos carecerán de sentido. Nosotros lo sabemos y los demás lo saben. Notan de alguna manera, a través de la comunicación no verbal, el engaño y se ponen en guardia. Se siente el vacío de confianza y el beneficio completo se convierte en mera palabrería, en ineficacia. La integridad es la piedra angular.

2. *Madurez*. La madurez es el equilibrio entre el coraje y la consideración. Si una persona puede expresar sus sentimientos y convicciones con

coraje, equilibrando la consideración por los sentimientos y las convicciones de los demás, muestra su madurez. En especial, cuando la cuestión es muy importante para todas las partes.

Si analizamos muchos de los test psicológicos utilizados para contratar personal, promover ascensos y preparar a las personas, descubriremos que su finalidad es evaluar ese tipo de madurez. Puede verse como el equilibrio entre la fuerza del yo y la empatía o entre la autoconfianza y el respeto a los demás, o entre la preocupación por las personas y la preocupación por la tarea. O «yo estoy bien, tú estás bien» en términos del análisis transaccional. Pero, en todos los casos, la cualidad que se busca es el equilibrio del coraje y la consideración, del rigor y la benevolencia.

Hay quienes piensan en términos dicotómicos de «esto y lo otro». Creen que si alguien es amable, no puede ser fuerte. Pero el beneficio completo es amabilidad y también fortaleza. Esa dicotomía potencia la idea del gano/pierdes. Para recurrir al beneficio completo de ganar/ganar no sólo se ha de ser amable; también valiente. No sólo se debe experimentar empatía, sino también confianza en uno mismo. No se ha de ser sólo considerado y sensible, sino también audaz. Lograr ese equilibrio entre coraje y consideración, entre rigor y benevolencia, es la esencia de la madurez real para el beneficio completo de ganar/ganar.

3. Relaciones. Sobre la base del carácter construimos y conservamos relaciones de beneficio completo, del tipo ganar/ganar. La confianza, la cuenta bancaria emocional, es la esencia de la filosofía del beneficio completo. Sin confianza, nos falta la credibilidad necesaria para la comunicación y el aprendizaje abiertos, recíprocos, así como para la creatividad real.

Pero si nuestra cuenta bancaria emocional es próspera, la credibilidad no es un problema. Cuando se han efectuado suficientes depósitos, las partes se respetan profundamente. Nos centramos en las cuestiones y no en la personalidad o en la posición. Al tener confianza mutua estamos abiertos a todo. Ponemos nuestras cartas sobre la mesa. Incluso viendo las cosas de distinto modo. Sabemos que la otra parte se encuentra dispuesta a escuchar con respeto nuestra descripción desde la llanura; del mismo modo, con el mismo respeto que escucharemos la descripción desde la cumbre. Queda implícito el compromiso de tratar de comprender el o los otros puntos de vista en profundidad; de trabajar juntos a favor de una alternativa común, de una solución sinérgica, que será la mejor respuesta para todos.

Una relación en que las cuentas bancarias son prósperas y ambas partes están profundamente comprometidas con el paradigma del beneficio completo, del ganar/ganar, es la catapulta ideal de una gran sinergia. La relación no resta realidad o importancia a los problemas; tampoco elimina las diferencias de perspectiva. Pero sí elimina las actitudes negativas, centradas en las diferencias de personalidad y posición; construye actitudes positivas, energía positiva, proactividad y cooperación, gracias a la comprensión plena de los problemas y su resolución recíprocamente beneficiosa.

Acuerdos de beneficio completo. Hay cuatro tipos de consecuencias, en función de recompensas y castigos, que los administradores, gerentes, líderes o padres pueden controlar: las económicas, las psíquicas, las de oportunidades y las de responsabilidad.

- Las consecuencias económicas se relacionan con los ingresos, la opción a acciones, las dietas o los castigos pecuniarios.
- Las consecuencias psíquicas o psicológicas incluyen el reconocimiento, la aprobación, el respeto, la credibilidad o la pérdida de todas ellas. A menos que las personas no superen el plano de las necesidades primarias, la compensación psíquica suele ser más motivadora que la compensación económica.
- Entre las oportunidades se cuentan: recibir adiestramiento, en el desarrollo profesional o en la carrera, las gratificaciones extraordinarias y otros beneficios.
- La responsabilidad tiene que ver con la esfera de la acción y la autoridad, que pueden ampliarse o reducirse.

Los acuerdos de beneficio completo, de ganar/ganar, especifican consecuencias en una o más de esas áreas. Y las personas implicadas las conocen muy bien, de modo que no hay sorpresas. Todo está claro desde el principio.

Procesos. Los procesos mantienen que la esencia de la negociación «de principios» consiste en separar persona y problema, en centrarse en los intereses y no en las posiciones, en idear opciones para el beneficio mutuo y en insistir en criterios objetivos: alguna norma o principio ajeno que ambas partes puedan compartir.

Propuesta en cuatro pasos:

1. Contemplar el problema desde el otro punto de vista. Procurar comprender de verdad y dotar de expresión a las necesidades y preocupaciones de la otra parte, mejor aún de lo que esta última pueda hacerlo.

2. Identificar las cuestiones fundamentales implicadas y no los puntos de vista.
3. Determinar qué resultados constituirán una solución totalmente aceptable.
4. Identificar nuevas opciones posibles para alcanzar tales resultados.

Fiabilidad y entusiasmo que generan confianza. Sigal Barsade, profesor de la School of Management de la Universidad de Yale, realizó una demostración científica de cómo se contagian las emociones en un grupo y su efecto sobre el desempeño de funciones.[34] Reunió a unos cuantos voluntarios, estudiantes de la Facultad, para representar el papel de gerentes que asignaran bonificaciones. Cada voluntario tenía dos objetivos: obtener para su candidato la mayor suma posible y ayudar a la comisión, como grupo, a dar el mejor uso posible a los fondos para la totalidad de la empresa.

Lo que ignoraban era que, entre ellos, se había incluido a un actor preparado por Barsade. Este gerente siempre hablaba primero, presentando los mismos argumentos. Pero lo hacía en una de cuatro claves emocionales: con entusiasmo efervescente, con una calidez relajada y serena, con deprimida torpeza o con irritabilidad desagradable y hostil. Su verdadero papel era contagiar a uno u otro grupo de tales estados emocionales, como si diseminara un virus entre desprevenidas víctimas.

El resultado fue que las emociones se contagiaron como un virus. Cuando el actor argumentaba con entusiasmo o calidez, tales sentimientos se extendían por el grupo, provocando una actitud más positiva según avanzaba la reunión. Cuando se mostraba irritable, los demás se sentían malhumorados. La depresión, por el contrario, se difundía poco; tal vez porque se manifiesta en una actitud social retraída, con escaso contacto visual, por lo que apenas se amplificaba.

Los buenos sentimientos se extienden con más potencia que los malos; los efectos eran muy saludables, pues fomentaban la cooperación, la justicia y un buen desempeño grupal. La mejoría no era sólo una calidez provocada por los buenos sentimientos: las mediciones objetivas demostraban que los grupos eran más efectivos en este caso, más capaces de

---

34. BARSADE, S.: *The Ripple Efect: Emotional Contagion in Groups.* Estudio Yale School of Management, Connecticut, 1998.
BARSADE, S; GIBSON D. E.: «Group Emotion: a View from the Top and Botton.» En Gruenfeld D. *et al.*; *Researchs on Managing Groups and Teams,* Greenwich, JAI Press, Connecticut, 1998.

distribuir el dinero de las bonificaciones de manera justa y beneficiosa para la empresa.

En el mundo laboral, sea cual sea el asunto que tengamos entre manos, los elementos emocionales juegan un papel crucial. La aptitud emocional requiere que seamos capaces de cruzar las corrientes que siempre están en operación, en vez de dejarse hundir por ellas.

Optimismo

El modo en que respondemos ante los contratiempos, de forma optimista o pesimista, es un indicativo bastante exacto de en qué medida tendremos éxito en los estudios, en los deportes y en algunos tipos de trabajo. Para poner a prueba esta teoría, Martin Seligman, psicólogo de la Universidad de Pennsylvania, inventó un cuestionario para seleccionar vendedores de seguros para la compañía MetLife. Se pedía a los aspirantes al trabajo que imaginasen un acontecimiento hipotético y luego eligieran la respuesta (A o B) que más se pareciera a la suya. Éstos son algunos ejemplos de este cuestionario:

Acontecimiento hipotético

A	B	C
Olvido el cumpleaños de mi pareja	No se me da bien recordar las fechas	Estaba preocupado con otras cosas
Debo 10 dólares a la biblioteca por el vencimiento del plazo del préstamo de un libro	Cuando me meto de lleno en lo que estoy leyendo, a menudo olvido cuándo hay que devolver el libro	Estaba tan ocupado escribiendo el informe que se me olvidó devolver el libro
Pierdo los estribos con un amigo	Él o ella siempre me está criticando	Él o ella está de mal humor

Continúa en pág. siguiente

Acontecimiento hipotético (*continuación*)

A	B	C
Soy multado por entregar tarde la declaración de Hacienda	Siempre la pospongo	Me dió pereza hacerla este año
Me he sentido agotado últimamente	Nunca tengo oportunidad de relajarme	Esta semana he estado excepcionalmente ocupado
Un amigo dice algo que hiere mis sentimientos	Siempre suelta las cosas sin pensar en los demás	Mi amigo estaba de mal humor y lo pagó conmigo
Me caigo a menudo cuando esquío	Esquiar es difícil	Había hielo en las pistas
Gano peso en vacaciones y no puedo perderlo	Las dietas no funcionan a largo plazo	La dieta que he seguido no ha funcionado

Seligman descubrió que aquellos vendedores de seguros que respondieron más frecuentemente B que A eran más capaces de superar los días de mala venta, de recuperarse más fácilmente de los rechazos, y que había menos posibilidades de que abandonasen.

Las personas con un punto de vista optimista tienden a ver los obstáculos y fracasos como algo temporal y, por consiguiente, superable. Los pesimistas se lo toman como algo personal; lo que los demás ven como impedimentos efímeros y localizados, ellos lo ven como agudos y permanentes.

Resistencia ante los contratiempos

Un científico puede ver el futuro observando cómo actúan los niños de cuatro años ante una golosina. El investigador invita a los niños, uno por uno, a entrar en una habitación y empieza la lenta tortura. Les dice: «Puedes conseguir esta golosina ahora mismo; pero si esperas mientras hago un recado, podrás conseguir dos golosinas cuando vuelva». Y se va.

Algunos niños cogen el regalo en cuanto el investigador sale por la puerta. Otros tardan unos cuantos minutos antes de rendirse. Pero otros están decididos a esperar. Se tapan los ojos, agachan la cabeza, cantan por lo bajo; intentan jugar a algo e incluso quedarse dormidos. Cuando el investigador vuelve, les da a estos niños las golosinas que tanto esfuerzo les ha costado ganar. Y después, la ciencia espera a que crezcan.

Cuando los niños llegan a la escuela secundaria, ha pasado algo extraordinario. Un estudio realizado por los padres y los profesores de los niños reveló que aquellos que con cuatro años tuvieron la entereza para resistir, al crecer generalmente llegaron a ser adolescentes mejor adaptados, más populares, intrépidos, seguros de sí mismos y formales. Los niños que sucumbieron a la tentación enseguida tenían más probabilidades de ser solitarios, de frustrarse fácilmente y de ser rebeldes. Sufrían tensión y huían de los desafíos. Y cuando alguno de los estudiantes de ambos grupos hizo el examen de aptitud escolar, los niños que habían aguantado más tiempo obtuvieron una calificación más alta que los demás. La capacidad de aguantar el retraso de la gratificación es una habilidad fundamental, un triunfo del cerebro sobre la impulsividad. En resumen, es un signo de inteligencia emocional. Y no queda reflejado en una prueba de inteligencia racional.

Empatía

En un estudio destinado a medir el efecto del optimismo en el desempeño, el psicólogo Martin Seligman dio a algunos vendedores de seguros un cuestionario para medir su optimismo. Cuando comparó los resultados de las pruebas con sus registros reales de ventas, halló que los vendedores que tenían gran optimismo habían vendido un 37 por 100 más que los pesimistas. Los vendedores que estaban entre los diez con mayor porcentaje de optimismo habían vendido un 88 por 100 más seguros que los que estaban entre los diez con mayor pesimismo.

Los vendedores optimistas tenían una forma mucho más empática de relacionarse con los potenciales clientes. Cuando un cliente en perspectiva decía que no, los pesimistas se veían a sí mismos como fracasados y se decían: «No sirvo para esto» o «No puedo hacer ni una venta». Por el contrario, los vendedores optimistas, adoptaban la perspectiva del otro y decían frases como: «Estaba demasiado ocupada cuando la llamé» o «La familia ya tiene un seguro». El rechazo no se tomaba de forma personal y, como consecuencia, los agentes optimistas siguieron esperanzados en su futuro.

La empatía crea una actitud esperanzada en las relaciones porque nos ayuda a desarrollar una perspectiva más amplia, en la cual las cosas malas que suceden, así como las decepciones, se ven como algo momentáneo, específico de la situación y finalmente superable. Si imaginamos que la causa es permanente, con pensamientos del tipo «Soy un imbécil», «Es insensible», «Ella no piensa», preparamos el escenario para el desánimo y la depresión. Si pensamos en la situación como algo circunstancial, circunscrito al momento como, «Dije una tontería», «Generalmente es comprensivo, pero hoy no está respondiendo bien», limitamos nuestra decepción a esa interacción específica y evitamos la generalización del pasado y del futuro.

La empatía nos tranquiliza, fortalece nuestras relaciones con los demás y nos ayuda a crear una actitud que nos permite doblarnos más que rompernos. La empatía suaviza el frío del miedo y calma la ansiedad que dice: «¡No puedo creerlo!». Trabajando juntos, recordando que nadie es perfecto, deteniéndonos a pensar, encontramos también la esperanza en nuestras relaciones.

Podríamos definir la *empatía* como «aquella capacidad que nos permite comprender los sentimientos y puntos de vista de los demás», ya se trate de consumidores, clientes, compañeros o empleados.

Aprovechamiento de la diversidad

Vivimos en un mundo especialmente rico por la diversidad de opciones, culturas, paisajes y formas de vida que nos ofrece. Esta riqueza ha llegado también a las empresas, dentro de los múltiples procesos de *marketing*, información y comunicación, cada día más globalizados. El pálpito inteligente nos mueve a aprovechar tal riqueza, frente a las limitaciones, resistencias al cambio, temores y prejuicios. Es hora de aprender a utilizar las oportunidades que nos brindan las diferencias. Y para ello, nada mejor que observar la vida, la biodiversidad como ecosistema.

El término *biodiversidad* proviene de *diversidad biológica* y se refiere a la inmensa variedad de la vida en nuestro planeta. La biodiversidad comprende las plantas, animales y personas que se encuentran interrelacionadas en ecosistemas. Éstos son sistemas ecológicos en los que se agrupan determinadas plantas, animales y otros organismos que viven juntos, funcionando como un todo integrado. El ecosistema se sustenta gracias a la interacción total, junto con el agua, el aire y el suelo que lo rodea. La biodiversidad es una de las características más importantes de un ecosistema sano y es fundamental para la prosperidad del planeta.

Beneficios de la biodiversidad:

Ecológicos. Todas las plantas, animales y microorganismos tienen ciertos roles y funciones dentro de un ecosistema, como retener y liberar energía, producir y descomponer material orgánico, contribuir en procesos como el ciclo del agua, la erosión y el clima.

Lo mismo debe ocurrir en una empresa o en cualquier estructura social. Hasta ahora, éstas se han desarrollado en función de pautas o normas racionales, que tienden a cargarse de prejuicios por la implícita necesidad de la mente de enjuiciarlo todo como «bueno o malo». Esta tendencia, unida a la inercia de resistirnos a los cambios y sospechar de lo diferente o extraño, ha sido una de nuestras lacras antiecológicas; un peligroso motivo de enfrentamientos, crisis sociales diversas, empobrecimiento y destrucción. Necesitamos seguir creciendo en la capacidad de observación e integración de lo diverso desde la orientación de beneficio completo. Como ya hemos visto en el caso de la fábrica de Ford, cuando ocurre permite ahorrar tiempo y dinero es decir, reduce los costes y mejora los beneficios.

Económicos. La biodiversidad es la fuente de recursos vivos de nuestro planeta. Proporciona comida y materias primas para distintos tipos de industrias como la del turismo, la farmacéutica y la de los productos cosméticos.

De la misma forma que estas industrias aprendieron a beneficiarse con la biodiversidad, también el resto de las industrias, empresas y sociedades en general deben aprender a crecer desde la riqueza potencial de la diversidad humana.

Pero la biodiversidad se encuentra amenazada por:

- El crecimiento de la población.
- La contaminación.
- La pérdida de hábitat debido a prácticas ecológicas insostenibles o a distintos tipos de actividades naturales y humanas, como la deforestación o la desertificación.
- Las especies invasivas son aquellas plantas y animales que se salen de los límites naturales de su ecosistema. Cuando esto ocurre pueden te-

ner una influencia muy negativa en otras especies de plantas y de animales, afectando a la biodiversidad.

- El consumo excesivo de energía procedente de fuentes orgánicas, que puede tener unas consecuencias decisivas en el futuro de la humanidad. Por ejemplo, el calentamiento global, como consecuencia del exceso de consumo de carbón y petróleo.

Estas mismas amenazas son trasladables al tejido empresarial y económico mundial, como puede apreciarse por:
- La saturación de mercados y puestos de trabajo, con incremento del paro.
- La contaminación ideológica y emocional.
- El hundimiento de empresas y el empobrecimiento de la población por explotaciones abusivas de unas personas sobre otras, así como los excesos de conservadurismo que generan carencias en la oferta competitiva, desde un planteamiento diferente al de ganar/ganar o beneficio completo.

Conciencia política

Para que una empresa o estructura social sea competitiva, en un mundo cada vez más globalizado, debe haber una comprensión clara de las tendencias políticas, económicas o sociales del momento. ¿Cómo se despierta la conciencia social y política? Habrá tantos caminos como personas hayan experimentado este proceso. Así es el pálpito inteligente: personal. Pero, en cualquier caso, debe alimentarse y polarizarse con esta intencionalidad y apertura hacia el mundo.

Influencia

El sentido de la «influencia» se vincula con la destreza en el uso de las estrategias de persuasión. Veamos un ejemplo.

La fusión de las compañías norteamericanas Salomon Brothers y Smith Barney generó una de las estructuras financieras más grandes del mundo. A las pocas semanas del anuncio de tal acontecimiento se realizaron una serie de reuniones en ambas empresas, para determinar qué harían esos dos «pesos pesados» para convertirse en un solo «gigante». Centenares de trabajadores perderían sus empleos, pues había muchas funciones repetidas en ambas compañías. Pero ¿cómo se puede dar esa noticia sin empeorar una realidad ya de por sí preocupante?

Un jefe de departamento lo hizo de la peor manera posible. Pronunció un discurso lúgubre, casi amenazante, en el que esencialmente dijo: «No sé qué voy a hacer, pero no puedo ser amable. Tengo que despedir a la mitad de la plantilla y no estoy muy seguro de cómo tomar esa decisión. Me gustaría que cada uno de ustedes me informara de sus antecedentes y su preparación, para poder comenzar».

Su colega de la otra compañía lo hizo mucho mejor. Su mensaje fue animoso: «Creemos que esta nueva empresa será una estimulante plataforma para nuestro trabajo y tenemos la bendición de contar con personas de talento en ambas organizaciones. Tomaremos las decisiones tan deprisa como se pueda, pero no sin asegurarnos de haber reunido información suficiente para ser justos. Haremos informes regulares sobre la marcha de las cosas. Para decidir, tomaremos en cuenta los datos de desempeño objetivo, las aptitudes cualitativas y el trabajo en equipo».

Los del segundo grupo, según dijo Mark Loehr, director gerente de Salomon Smith Barney, «produjeron más, puesto que estaban entusiasmados por las posibilidades. Sabían que, aun si terminaban despedidos, la decisión sería justa». Pero en el primer grupo «todos carecían de motivación. Oyeron decir a alguien: "No se me ha tratado con justicia" y eso provocó una reacción colectiva intoxicante emocionalmente. Estaban amargados, desmoralizados. La gente decía: "Ni siquiera sé si quiero seguir trabajando para este idiota; mucho menos para la empresa". Los buscadores de talentos de otras empresas se pusieron en contacto con la gente y se llevaron a algunos de los mejores de ese grupo, pero a ninguno del otro».

El arte de la influencia requiere dirigir con efectividad las emociones ajenas. Ambos jefes de departamento eran influyentes en este sentido, pero de maneras opuestas. Los trabajadores estelares son diestros en la proyección de señales emocionales, lo cual los convierte en potentes comunicadores, capaces de influir adecuadamente sobre las personas. En pocas palabras: los convierte en líderes.

Establecimiento de vínculos

La fortaleza de los vínculos que se establecen entre los trabajadores y las diferentes partes de una organización es una pieza clave para el éxito y la prosperidad de la misma. Tal fortaleza se encuentra directamente relacionada con la proactividad. Para generar esa proactividad en los colaboradores, es preciso involucrarlos en un proceso de expectativas de futuro: fijar unas metas claras y accesibles, tomar la decisión de conseguirlas, eliminar los falsos prejuicios y temores, visualizar positivamente la consecución paulatina de dichas metas y actuar de forma asertiva en las relaciones con ellos. Luego queda el día a día: trabajar con rigor y constancia, así como desarrollar la imaginación para anticiparse a los cambios. Los colaboradores proactivos dinamizan su entorno laboral e influyen positivamente en el clima de las relaciones humanas. Un colaborador proactivo es, además, asertivo y empático.

Organizaciones palpitantes

En las referencias anteriores aparecen muestras de las beneficiosas y adecuadas aplicaciones de la inteligencia emocional. Ahí se encuentra el camino del pálpito inteligente. Pero aún quedan muchos elementos a tener en cuenta para descubrir y aplicar las claves finales con efectividad total. En primer lugar, es importante insistir en las matizaciones y diferencias, como desarrollo, entre la inteligencia emocional y el pálpito inteligente. Todo lo dicho y estudiado con respecto a la inteligencia emocional es válido a la hora de comprender y desarrollar el pálpito inteligente. Pero, como ya he mencionado en otras ocasiones, hay una diferencia importante: la inteligencia emocional se plantea desde unas pautas racionales y conceptuales. El pálpito inteligente se encuentra un paso más allá y por ello se constituye en la ciencia del corazón, más allá de lo puramente emocional, de lo intuitivo usual y, por supuesto, del razonamiento analítico. Una vez dicho esto, podemos seguir estudiando procesos aplicados en estructuras organizacionales para continuar en nuestra tarea de descubrir, comprender y optimizar tales procesos con las peculiaridades de lo que he dado en llamar «el pálpito inteligente».

Hay muchas organizaciones que ya se plantean, desde su propia filosofía institucional, varios principios que tienen su fundamento en la inteligencia emocional. Algunos de ellos son:
- Escuchar activamente a los empleados, a través de una política permanente de puertas abiertas y encuestas de opinión, con lo que se refuerza así la cuarta habilidad de la inteligencia emocional: la empatía.

- Motivar a los empleados, convirtiéndolos en responsables únicos de su puesto y resultados, entusiasmándolos por los mismos, con lo que se fortalece así la tercera habilidad: la automotivación.
- Respetar a las personas y la llamada «regla de los tres metros» que implica saludar a cualquiera que se encuentre a tres metros o menos. Todo ello refuerza el quinto aspecto de la inteligencia emocional: las habilidades sociales.

Hay otras que han comenzado a plantearse la incorporación de todas las habilidades de la inteligencia emocional, con el propósito de mejorar el ambiente laboral, fomentar el trabajo en equipo, así como el apoyo entre los diferentes departamentos, incrementar la productividad, ayudar al personal a detectar cuál es su actitud ante su trabajo habitual y propiciar herramientas para lograr una actitud más exitosa, cuando sea necesario.

Como ejemplo, presento un modelo de «Integración de equipos en 10 pasos», aplicado con mucho éxito en un proceso de fusión de dos importantes multinacionales. El trabajo se realiza con equipos de unas veinticinco personas:

1. Reunión con el director del área para definir sus objetivos.
2. Encuentros con el director y los gerentes del área para definir funciones y objetivos. Reunión con el personal de línea para:
   a) transmitir esta información,
   b) crear un objetivo en común y
   c) evaluar los avances logrados en el ámbito laboral.
3. Establecimiento de un programa de motivación personalizada, en el que se ofrece un reconocimiento al personal por sus logros profesionales y personales.
4. Reunión con una muestra representativa, a modo de experiencia piloto, de 10 personas –5 mujeres y 5 hombres– de diferentes edades, para comprobar la exactitud y eficacia a la hora de utilizar la herramienta de «Actitudes ante el puesto de trabajo», con el propósito de propiciar una alternativa mejorada.
5. Sesiones individuales con voluntarios para ayudarlos a canalizar sus emociones no deseadas y mejorar su actitud ante el trabajo.
6. Un curso de iniciación motivacional, teórico y práctico, para todos los empleados, con el objetivo de enseñar:

a) la resistencia al cambio,

b) el proceso de adaptación,

c) la canalización de emociones negativas hacia propósitos más constructivos y

d) las actitudes ante el puesto de trabajo.

7. Una evaluación escrita de los asistentes al curso.

8. Incorporación de los talleres «Canalización de emociones» y «Actitudes ante el puesto de trabajo», como piedras angulares de cursos posteriores de desarrollo humano, con periodicidad mensual. El objetivo es que estas herramientas se conviertan en hábitos, por asimilación, al estarlas practicando de continuo.

9. Evaluación y seguimiento anual, para medir la mejora del ámbito laboral, mediante encuestas escritas y sesiones individuales.

10. Una vez logrado un éxito palpable en el primer equipo de trabajo, se extiende al resto del personal, que ya habrá tenido ocasión de comprobar las mejoras deseables.

Resultados y conclusiones. En los indicadores medidos se refleja un incremento en la productividad del 50 por 100, más una optimización de horas/persona al máximo de la capacidad del área correspondiente. Las quejas con respecto al ambiente laboral y los conflictos interpersonales tienden a disminuir entre un 60 y un 80 por 100, a los seis meses de su implantación.

Las mediciones que se establecen se basan en valoraciones conscientes entre parámetros de 1 a 10. Pero como elemento de mejora, especialmente en los ámbitos de automotivación y reconducción de emociones negativas, introduje con mucho éxito los ejercicios que propuse como «Experiencias I, II y III», en el apartado «Estructuras arquetípicas».

La experiencia muestra que, para conseguir estructuras palpitantes y exitosas, resulta de vital importancia la actitud y el grado de pálpito inteligente logrado por los directivos, gerentes o líderes respectivos. Es como si ellos representaran el corazón, que marca el ritmo y transmite los mensajes emocionales no conscientes al resto de la organización. En este sentido remito a las referencias de Daniel Goleman, Richard Boyatzis y Annie McKee, así como a las investigaciones que éstos citan sobre líderes que, sin estar presentes físicamente, transmiten sus estados de ánimo a los subordinados y acaban contagiando, en una especie de «efecto dominó», el clima emocional de toda la empresa.[35] Yo mismo he tenido ocasión de comprobarlo en diferentes ocasiones y organizaciones.

Si se insiste demasiado en los planteamientos conceptuales y la planificación analítica, olvidando este aspecto, la eficacia de los procesos tiende a reducirse hasta casi desaparecer. Por ello mismo, nos centraremos a continuación en las aplicaciones, observaciones y desarrollo del pálpito inteligente con respecto al liderazgo.

35. GOLEMAN, D.; BOYATZIS, R. MCKEE, A.: *El líder resonante crea más*. Editorial Mondadori. Debolsillo, Barcelona, 2006. Pág. 36

5

RESONANCIA DEL PÁLPITO INTELIGENTE: LIDERAZGO

Se tiende a pensar que hay líderes que nacen con capacidades innatas y hay otros que se van formando. Según hemos visto con respecto al pálpito inteligente, las dos opciones son válidas y complementarias. Porque todos nacemos con tendencias innatas hacia el liderazgo y hacia otras cualidades o habilidades de la vida, aunque no siempre las ejerzamos o ni siquiera lleguemos a ser conscientes de las mismas, por no encontrarnos adecuadamente situados para ejercerlas. Pero también es cierto que muchos de esos pálpitos o tendencias innatas necesitan a veces correcciones y aprendizajes para lograr su mejor expresión. Es ampliamente aceptada la idea de que las habilidades innatas favorecen el desarrollo del líder, pero que a veces resulta más determinante la formación que se va adquiriendo y la experiencia que se va acumulando. En cualquier caso, considero imprescindible entender qué es un líder, en qué medida se encuentra presente esa habilidad en nosotros, cómo puede corregirse o ampliarse su eficacia y cuáles son nuestras posibilidades de expresión o aplicación de tales habilidades, independientemente de la situación jerárquica que tengamos en nuestro puesto de trabajo, ámbito social o familiar.

Hay técnicas de liderazgo, sobre toma de decisiones, dirección de equipos, motivación, comunicación y otras, que todo líder precisa conocer y dominar. Pero también hay personas, que no se consideran líderes, a quienes vendrá bien tal conocimiento. Todos necesitamos liderar nuestras vidas. Sólo así llegamos a sentirnos personas dignas, libres y con posibilidades de alcanzar la felicidad. El pálpito inteligente se relaciona con esto. Es una forma de liderazgo íntimo que nos permite conocernos y sentirnos como personas íntegras; incluso en el caso de que fuéramos anacoretas y no tuviéramos contacto con otras personas que precisaran de nuestra dirección o apoyo. Por otra parte, cuando se logra ese ajuste de liderazgo personal, palpitante e inteligente, se consigue también influir de forma adecuada sobre nuestro entorno, como líderes implícitos, secretos, o explícitos y reconocidos por todos.

Cuando vamos asumiendo responsabilidades, tomando decisiones, solucionando problemas o haciendo frente a situaciones difíciles, nos vamos forjando como auténticos líderes. Y todos, de una u otra forma, estamos abocados a tal fin. Por este motivo, no es bueno sobreproteger a nadie, ya sea en su desarrollo humano o profesional. Es importante que desde niños vayamos conociendo el valor del esfuerzo, que vayamos afrontando ciertas dificultades; en definitiva, que aprendamos a desenvolvernos en la vida. Conviene favorecer que nuestros subordinados o nuestros hijos vayan asumiendo responsabilidades y que se vayan acostumbrando a enfrentarse a los problemas. Se trata de irlos preparando para que en un futuro sean capaces de tomar las riendas de sus vidas, sus familias o de la empresa. La preparación y la experiencia son aspectos fundamentales en la formación de toda persona. Y han de comenzar en la juventud, para ir desarrollando sus capacidades de liderazgo.

Otro aspecto esencial para poder ejercer un buen liderazgo es conocer en profundidad el terreno en que nos movemos. El líder de una empresa puede jugar un papel secundario en un club de tenis del que sea socio, por ejemplo, si sus conocimientos en este deporte son limitados. No tiene por qué ser un especialista en la materia, pero necesitará una formación sólida e integral, que le permita tener ideas muy claras y un conocimiento global de la actividad que desarrolla, tanto en el ámbito empresarial, como en los ámbitos deportivo, cultural, familiar, personal o cualquier otro.

El liderazgo se basa en un reconocimiento espontáneo por parte del resto del equipo, lo que exigirá dar la talla, estar a la altura de las circunstancias. Si el grupo detecta carencias significativas terminará por rechazarlo. Los subordinados pueden entender que el líder no tiene por qué conocer hasta el último detalle de cada asunto; para eso están los expertos. Pero sí esperan que tenga un conocimiento suficientemente sólido.

Sentido y definición

Líder es aquella persona capaz de influir en los demás. Es la referencia dentro del grupo, sea cual sea éste. Es quien lleva «la voz cantante»; su opinión es la más valorada. El liderazgo no tiene que ver con la posición jerárquica que se ocupa: una persona puede ser el jefe de un grupo y no ser su líder y, al contrario, puede ser el líder sin ser el jefe. El jefe decide lo que hay que hacer en virtud de la autoridad que le otorga su posición jerárquica. El líder, sin disponer necesariamente de esta autoridad jerárquica, tiene también capacidad de decidir sobre la actuación del grupo debido a la influencia que ejerce. Ésta puede venir determinada por la autoridad moral que ejerce sobre el resto de las personas. A los miembros del grupo les inspira confianza saber que al frente del mismo se encuentra el líder. A éste lo caracteriza su habilidad para conducir equipos: consigue que cada persona trabaje y aporte lo mejor de sí misma en la tarea de alcanzar un objetivo común. Además de esta capacidad innata para gestionar equipos, el líder se caracteriza también por su visión de futuro. Es una persona que mira a largo plazo, que marca unos objetivos muy ambiciosos y que consigue ilusionar a su equipo en la búsqueda de los mismos. El líder anticipa los cambios, se adelanta a los competidores. Una persona que no tuviera esta visión de futuro podría ser un buen gestor, un buen coordinador, pero nunca un auténtico líder.

En las metas que plantea, el líder persigue tanto el bien del grupo, como el de todos y cada uno de sus integrantes. Consigue así que las personas se identifiquen con las metas marcadas, que las hagan propias y se esfuercen por ellas con todo su empeño. Una persona a la que tan sólo le preocupara su bienestar futuro difícilmente podría ser el líder de una organización. Ésta terminaría por rechazarla . Cuando el líder tiene definida su visión de futuro, lucha con auténtica pasión para lograr los objetivos. El líder representa para el resto del grupo un auténtico ejemplo de entrega, entusiasmo y coraje. Una persona que tuviera una gran visión de futuro pero que careciese de capacidad de ejecución podría ser un buen estratega, pero nunca un líder.

El *Gran Diccionario Enciclopédico Universal* de ediciones Durvan define al líder como «el director, jefe o conductor de un partido político, de un grupo social o de otra colectividad». El *Diccionario de Ciencias de la Conducta*, como «las cualidades de personalidad y capacidades que favorecen la guía y el control de otros individuos». También podemos definirlo como un intento de influencia interpersonal, dirigido a través del proceso de comunicación, para la consecución de una o varias metas. Existen casi tantas definiciones de *liderazgo* como personas han tratado de definirlo.

En cualquier caso, el liderazgo involucra a otras personas: los empleados o seguidores. Los miembros del grupo, en función de su voluntad para aceptar las órdenes del líder, ayudan a definir su posición y permiten que desempeñe su rol.

Por otra parte, implica una distribución desigual del poder. Los miembros del grupo no carecen de éste; pueden influir en las actividades de la estructura social correspondiente de distintas maneras. Sin embargo, por regla general, el líder tendrá más poder.

También representa la capacidad para usar las diferentes formas de poder a la hora de influir en la conducta de los seguidores. De hecho, algunos líderes han influido en soldados para que maten, y otros han influido en los empleados para que hagan sacrificios personales en beneficio de la empresa.

En relación con lo anterior, el liderazgo moral se refiere a los valores y requiere que se ofrezca a los seguidores suficiente información sobre las alternativas para que, cuando llegue el momento de responder, puedan elegir con inteligencia.

Warren Bennis,[36] respecto al liderazgo, dijo que la mayor parte de las organizaciones están sobreadministradas y sublideradas. Puede haber gerentes eficaces, en el sentido de buenos planificadores y administradores, justos y organizados, pero carentes de las habilidades del liderazgo para motivar. Otras personas tal vez sean líderes eficaces, capaces de generar un gran entusiasmo en sus respectivos equipos, pero les pueden faltar habilidades administrativas para canalizar la energía que desarrollan en ellos.

El liderazgo es de vital importancia para la supervivencia de cualquier grupo, negocio u organización. No obstante, como ya he mencionado, ha de comenzar en nosotros mismos. Si no somos capaces de liderar nuestras vidas, no conseguiremos liderar a otros de manera eficaz.

---

36. Warren Bennis fue rector de la Universidad de Cincinatti, así como profesor de la Universidad del Sur de California. Está considerado como uno de los grandes expertos mundiales en temas de liderazgo y ha escrito obras como *Cómo llegar a ser líder*, *Estrategias para un liderazgo eficaz* y *Dirigir personas es como adiestrar gatos*.

Evolución del liderazgo

A medida que cambian las condiciones y las personas, cambian también los estilos de liderazgo. En un sentido evolutivo, a lo largo de la historia de la humanidad, se pueden situar cinco etapas básicas del liderazgo, en transición hacia una sexta:

El liderazgo de conquista. Hubo un tiempo en que la principal amenaza sobre los distintos grupos o pueblos era la conquista. La gente buscaba un jefe omnipotente; un mandatario despótico y dominante que proporcionara seguridad, a cambio de la lealtad y los impuestos de sus seguidores o súbditos.

El liderazgo comercial. Tras la Revolución Industrial, dejó de valorarse la seguridad como la función principal del liderazgo. Comenzó a buscarse a aquellos que pudieran favorecer el modo de elevar su nivel de vida.

El liderazgo de la organización. Cuando se consiguió elevar el nivel de vida, ampliando y facilitando el acceso a éste, comenzaron a buscarse estructuras de pertenencia relevantes. La medida del liderazgo se convirtió en la capacidad para organizarse.

El liderazgo de la innovación. A medida que se iba incrementando la tasa de innovación, crecía también la frecuencia con que los productos y los métodos de producción se volvían obsoletos, antes incluso de salir de la reunión de planificación. Los líderes del momento eran los extremadamente innovadores. Sólo ellos podían torear los problemas de la creciente aceleración de las novedades.

El liderazgo de la información. Las tres últimas etapas se han desarrollado con rapidez extrema. Y desde las décadas finales del siglo XX, se ha hecho evidente que ninguna empresa puede sobrevivir sin líderes que sepan cómo se maneja la información. El liderazgo moderno de la información se desarrolla en la persona que mejor la procesa, quien la interpreta más inteligentemente y la utiliza de manera más impactante y creativa.

El liderazgo palpitante. Las características descritas en las diferentes etapas, han permanecido casi constantes durante el siglo pasado. Y aunque no podemos predecir qué habilidades especiales van a necesitar los líderes en el futuro, sí podemos conjeturar sobre las más probables. Los líderes necesitan saber cómo se utilizan las nuevas tecnologías, además de cómo pensar para poder analizar y sintetizar eficazmente la información que están recibiendo, en un tiempo récord. Y a pesar de las nuevas tecnologías, su dedicación debe seguir enfocada a las personas. Porque los líderes dirigen personas y no cosas, números o proyectos. Tendrán que ser capaces de suministrar la ilusión, visión e información que cada persona necesite, con el fin de motivar a quienes están dirigiendo. Tendrán que desarrollar su capacidad de escuchar para describir lo que la gente desea. Y tendrán que desarrollar su capacidad de proyectar, a corto y largo plazo, para conservar un margen de competitividad. Para todo ello se necesitan nuevas habilidades: las que se encuentran directamente ligadas con el pálpito inteligente. Este pálpito provee un indicio, un anhelo, un conjunto de posibilidades. Pero ha de ser encauzado por el discernimiento inteligente que provee la estructura, la evaluación, la forma y el propósito.

Fórmulas evolutivas en los estilos del liderazgo

Cuando comenzaron a estudiarse los estilos de liderazgo se pensó que todos ellos se movían dentro de una misma línea que variaba según las tendencias que se mostraban al autoritarismo o al consenso democrático. En este sentido se generó, por un lado, la teoría X en la que se consideraba que el poder se asentaba en el puesto de trabajo y que la gente era vaga por naturaleza. Como alternativa, se desarrolló después la teoría Y, que proponía que el grupo otorga el poder y las personas pueden autodirigirse, siendo creativas si se las motiva. En 1960, White y Lippit estudiaron una vertiente más, a la que se denominó *laissez-faire*. Este tipo de líder no termina de asumir su rol; concede al grupo entera libertad para tomar decisiones y él mismo se margina. Aporta información y antecedentes sólo cuando se le requiere, y no suele comentar las actividades de los colaboradores.

Seguidamente se pasó a una observación más compleja, con el liderazgo situacional. Según éste, se dan cuatro áreas de actividad claramente delimitadas. Entre ellas debe moverse el líder, según sean las circunstancias y requerimientos del equipo. Estas áreas son: delegación, apoyo, entrenamiento y dirección.

El liderazgo de servicio frente al liderazgo de autoridad

El liderazgo ha tenido y sigue teniendo una vinculación muy directa con la autoridad. Ésta puede enfocarse de diferentes modos, pero sea cual sea este, siempre está presente. Ahora bien, los antiguos estilos de liderazgo autoritario no aportan los resultados deseados. Al generar resentimiento, dependencia, pasividad, sentimientos de inferioridad o desconfianza, no motivan a las personas a dar lo mejor de sí, a trabajar con excelencia y a estar en un proceso de aprendizaje continuo; tampoco fomentan el sentimiento de equipo integrado, la colaboración y la sinergia. Por ello se comenzó a tantear un liderazgo orientado al servicio, recuperando viejos valores de forma actualizada. ¿En qué consiste tal orientación hacia el liderazgo de servicio?

1. Quien ejerce un liderazgo de servicio utiliza sus conocimientos, habilidades y capacidades para dar verdadera importancia a las necesidades y preocupaciones de los clientes o beneficiarios de la organización, empresa o institución, a la vez que facilita el trabajo de sus colaboradores, sin sentirse superior a ellos.

2. Pero no debe caerse en el paternalismo. Éste se caracteriza por hacer por otros lo que ellos pueden y deben hacer por sí mismos. El liderazgo de servicio ayuda a los demás a desarrollar nuevas capacidades y habilidades, para que puedan realizar nuevas tareas y asumir nuevas responsabilidades. A la vez está dispuesto a llevar a cabo cualquier trabajo que haga falta realizar, invitando a otros a colaborar también.

3. El liderazgo de servicio no busca reconocimiento. Y si éste llega, en lugar de acapararlo y jactarse de lo que ha logrado, el líder comparte el reconocimiento con todos los involucrados. Como resultado, los colaboradores se sienten apreciados y tienen ganas de seguir poniendo lo mejor de sí en las tareas que realizan. Se puede comparar con la brisa que impulsa un velero: a pesar de ser invisible, genera movimiento.

4. Este tipo de liderazgo no se encuentra motivado por la ambición, el interés personal, el dinero, el poder u otras necesidades del ego; tan sólo por el amor: la cualidad suprema del ser humano. Puede tratarse del amor por la pareja, los hijos o la familia; el amor por la comunidad o por la humanidad. Pero el amor, como sentimiento palpitante y autónomo que genera compromiso, impulsa el ideal o la causa que motiva a trabajar por el progreso.

5. El liderazgo de servicio encuentra su recompensa en la satisfacción interior. Y ésta se concreta en: el sentimiento de autorealización, que surge al desarrollar las capacidades necesarias para llevar a cabo diversos servicios; la satisfacción que se experimenta al observar el desarrollo o felicidad de otros, sabiéndonos íntimamente partícipes de ello y la conciencia de haber participado en la consecución de objetivos importantes, que dan sentido a la vida.

No obstante, la autoridad debe existir. Si un líder ha de lograr eficazmente las metas que se le asignan, debe tener autoridad para actuar de manera que estimule una respuesta positiva en quienes trabajan con él hacia el logro de las metas. La autoridad para el liderazgo consiste en tomar decisiones o en inducir el comportamiento de aquellos a los que guía. La posición tradicional con respecto a la selección de líderes y al otorgamiento de autoridad para éstos afirma que la función del líder se otorga a individuos a los que se considera capaces y deseosos de servir, de tal modo que logren una respuesta productiva por parte de sus subalternos. La fuente de toda autoridad proviene de la gerencia de la organización que está en manos del Consejo de Administración, el presidente, el director general o quien represente la autoridad máxima. Desde esta fuente se delega progresivamente y en descenso la autoridad a los líderes que ocupen un puesto esencial para lograr los resultados necesarios. Esta concepción de liderazgo se conoce como *autoridad de arriba hacia abajo*.

Otra concepción acerca de la autoridad del líder se basa en la aceptación, de abajo hacia arriba. Esta aceptación afirma que los líderes son seleccionados o aceptados por aquellos que serán sus seguidores. Solamente cuando una persona es aceptada como líder y se le otorga el derecho de guiar a sus seguidores, éstos se convierten en sus subalternos y responden a su autoridad. Los seguidores otorgan autoridad porque sienten respeto o admiración por la persona o porque ésta representa valores importantes para ellos. En este sentido, los trabajadores reconocerían su necesidad de guía y apoyo, la que puede proporcionarles el líder. Luego, analizarían a todos los candidatos posibles y otorgarían autoridad a quien escogieran para actuar como líder. Según este enfoque, la fuente de la autoridad radica en los trabajadores y no en la gerencia de la organización.

Liderazgo masculino y liderazgo femenino

Según Karina Doña,[37] la idea de líder se asocia con «autoridad, serie-dad, inteligencia, cumplimiento de objetivos, jerarquía, competitividad y control de las emociones», lo cual considera que es propio de los hom-bres. Es una idea bastante difundida, ante la que se han ido planteando alternativas. Pero es un hecho que, durante décadas, los procesos que se utilizaron desde los entornos femeninos y feministas para reivindicar derechos y tratamientos de igualdad, tanto en las diferentes estructuras y roles sociales, como en el desempeño laboral, tendieron a ser imitación de las estructuras y características puramente masculinas de liderazgo. Así lo afirma la estadounidense Judy Rosener,[38] una de las primeras en analizar el tema del liderazgo de la mujer. Según ella, en la dos últimas décadas del siglo xx, hasta el atuendo de las mujeres destacadas denotaba su masculinización. Y sitúa como ejemplo emblemático a Margaret Tha-tcher, que se caracterizó desde la jefatura política del Reino Unido por la rigidez de su apariencia y manera de comunicarse, lo que le hizo ganarse el apelativo de la Dama de hierro.

En la actualidad se afrontan nuevos retos que deben perfilar y de-sarrollar completamente las características propias del liderazgo femeni-no; algo que se vincula muy directamente con la inteligencia emocional y el pálpito inteligente. Según Mahia Saracostti,[39] experta en liderazgo femenino, éste se desarrolla cuando las mujeres se sitúan en las diferentes estructuras y roles sociales como tales, poniendo en práctica habilidades que se desarrollan en el ámbito privado, en la intimidad del hogar, como la administración de recursos, la afectividad, la comunicación emocional, el sentido de protección y conservación hacia el propio grupo, la defensa a ultranza de los intereses de éste o el cuidado de la imagen y los peque-ños detalles, antes de salir y aplicarse al mundo laboral.

Una de las claves comienza por dejar de entender esta diferenciación entre los hombres y las mujeres, lo masculino y lo femenino, como una cuestión de bloques. En esta forma resulta inevitable el enfren-tamiento, explícito o implícito. Para superarlo, asumiendo al mismo

---

37. Karina Doña es investigadora del Instituto de Asuntos Públicos de la Universidad de Chile.

38. Judy Rosener es académica de la Escuela de Negocios de la Universidad de California, Irvine.

39. Mahia Saracostti es académica de la Escuela de Trabajo Social de la UC y doctora de la City University de Nueva York.

tiempo la diversidad propia de la pluralidad multicultural y racial del nuevo mundo en que nos toca vivir, como aldea global, tendremos que ir apartándonos de las generalizaciones y aceptando lo propio de las diferencias individuales, donde cada persona, independientemente de su sexo, condición, cultura o nacionalidad, tiene algo importante que aportar, desde la resonancia de la empatía y su particular pálpito inteligente.

Transmisión del pálpito

Entre las cualidades de los líderes palpitantes destaca la de ser buenos comunicadores. Es esencial para convencer y ganar resonancias en su pálpito. De nada les valdría tener una gran visión de futuro, si luego no supieran comunicarla; si no consiguieran entusiasmar. Y no se trata de una estrategia. La comunicación fluye, como el latido del corazón, en consonancia con el impulso emocional. Pero es un proceso que debe funcionar en dos sentidos, como si se tratara de un sónar, que transmite información clave al escuchar el rebote de la onda en los fondos submarinos. De lo contrario se trataría de una transmisión dictatorial. De manera complementaria al pálpito que brota en su interior, necesitan disponer de información de primera calidad; saber escuchar: acudir empáticamente a las fuentes. No pueden limitarse a confiar tan sólo en sus impulsos o en los canales jerárquicos. Los niveles más bajos de la organización constituyen un manantial de riqueza inestimable. Aunque no se deben dejar a un lado ciertos filtros emocionales, para evitar la contaminación de proyecciones o reacciones negativas puntuales. Allí se conocen detalles del negocio, ignorados en los niveles superiores, que pueden aportar ideas y evaluaciones sobre el clima emocional, muy necesarias. Esto no implica saltarse alegremente los niveles jerárquicos o ignorar el propio pálpito, sino mantener una sintonía, una resonancia armónica, en la que puedan hacerse los ajustes oportunos para que el resultado final sea comparable a una gran sinfonía. Los canales de comunicación no pueden ser vías rígidas, cargadas de prejuicios.

Amplificación del pálpito: el aroma de la rosa
Por otra parte, para que el equipo directivo funcione eficazmente tiene que actuar como una piña, como una orquesta de cámara, dentro de

la gran orquesta sinfónica. Y para ello es esencial que la comunicación fluya entre sus miembros. Se debe lograr un clima favorable a la comunicación en la estructura, en la empresa, en la organización entera. La comunicación tiene que latir de manera descendente, pero también ascendente y horizontal, entre los distintos departamentos. Debe compartirse desde la empatía resonante. Dentro de la empresa no se pueden aceptar departamentos estancos que oculten información. Y aquí, como ya vimos, la actitud emocional que los líderes adopten hacia la información, el hecho de compartirla o no, de generar accesibilidad o no, influirá decisivamente en el modelo que termine imperando en la empresa. Sin dobles juegos ni secretismos. El pálpito emocional se transmite siempre desde la sinceridad, desde la autenticidad de lo que los líderes sienten, aunque ni siquiera se encuentren presentes. Ésa es su peculiaridad. Cualquier intento de ocultación o engaño genera siempre reacciones de sospecha, aunque no lleguen a hacerse conscientes para los propios interesados.

Resulta muy útil propiciar que los empleados se conozcan, a través de cenas de empresa, un día al aire libre, viajes organizados u otros tipos de iniciativas de filiación, ya que en esa forma se facilita la empatía y la comunicación.

Los líderes palpitantes favorecen de forma natural la transparencia informativa dentro y fuera de la organización. Lo cual no quiere decir que todo se convierta en un puro «cotilleo». La comunicación emocional es mucho más amplia que la racional o conceptual. La inteligencia del palpito permitirá discernir qué tipo de información debe expresarse de manera explícita y cual quedará reservada tan sólo a la transmisión emocional de los gestos empáticos: la sonrisa de ternura y respeto sinceros.

No se debe ocultar la información negativa por miedo a sus posibles consecuencias. Suele resultar mucho peor si posteriormente llega a conocerse: genera desconfianza. Además, los rumores tienden a exagerar la gravedad de la situación. Hay que favorecer la comunicación veraz dentro de la empresa; evitar que se maquille. En todo caso, las noticias negativas, al igual que las positivas, deben ir siempre acompañadas por la empatía, por la resonancia de un palpitar sincero, tierno y sonriente. Este proceso es el que denomino *el aroma de la rosa* que brota del corazón.

Liderazgo inspirado

Los líderes que saben inspirar a los demás alientan la resonancia de su pálpito: el aroma de la rosa. Saben movilizar a sus empleados, familiares o amigos en torno a una visión convincente o un objetivo compartido. Y para ello, primero necesitan escuchar las necesidades, sueños o ilusiones de quienes los rodean. Pero en muchas ocasiones, por imposibilidad física de preguntar y sondear, escuchan desde la resonancia; absorben esos aromas que palpitan entre quienes los rodean o atienden, para ofrecer una síntesis adecuada desde su propio latido. Son personas que saben articular una sensación de objetivo común con el pálpito, con el brillo en la mirada y las proyecciones positivas de los integrantes del grupo en cuestión. Y éstos tienden a creer que cada una de las palabras, sugerencias o propuestas se encontraban dirigidas personalmente a cada uno de ellos. Es un fenómeno que acontece más allá de la razón. No puede hacerse de forma premeditada y calculada. Sucede tan sólo cuando el corazón de quien lidera palpita y establece la resonancia, la armonía, el aroma con el que todos y cada uno de quienes los escuchan se identifican. Es la conexión límbica directa entre los diferentes sistemas neuronales. Ocurre de una forma sutil, que algunos podrían llegar a considerar mágica. Tal vez sea éste el origen de la verdadera magia, más allá y más cerca de las tareas cotidianas, convirtiendo de ese modo el trabajo en algo sumamente estimulante.

Nos conviene ahora valorar nuestro nivel de inspiración personal y profesional. Lo haremos en forma de test. Pero en esta ocasión no habrá baremos. Deberá ser el propio pálpito inteligente quien responda y nos indique el nivel alcanzado. Probemos a escucharlo. Probemos a respondernos y a sentirnos comprometidos con nuestra sinceridad emocional, basada en los valores, en la proactividad y en la creatividad.

1. Con respecto a esa condición de los líderes de articular y estimular el entusiasmo por las perspectivas y los objetivos compartidos:

    ¿Generas entusiasmo y sentido en tu vida? <u>Sí</u> ¿Cómo?; <u>No</u> ¿Por qué?
    ¿Quién lo hace? ¿Cómo?
    ¿Lo generas en tu trabajo? <u>Sí</u> ¿Cómo?; <u>No</u> ¿Por qué?
    ¿Quién lo hace? ¿Cómo?

2. En relación con la característica de liderazgo que permite, cuando resulta necesario, tomar decisiones independientemente de su posición:

¿Has sentido alguna vez el pálpito de hacer propuestas innovadoras?

<u>Sí</u> ¿Las hiciste? ¿En tu vida personal? ¿En tu trabajo?

<u>No</u> ¿Por qué?

3. Las personas que ejercen el liderazgo son capaces de guiar el desempeño de los demás. Y en este sentido:

¿Tiendes a imponer tus deseos? ¿Esperas a que los demás los adivinen? ¿Cómo lo haces? ¿Lo consigues? ¿Tiendes a sugerir lo que deseas?

4. Lideran con el ejemplo:

¿Te involucras en tus propuestas? ¿Disfrutas actuando para alcanzar tus logros? ¿Alegras o te alegran?

¿Te gusta mandar y que te obedezcan? ¿Disfrutas admirando el trabajo de los demás? ¿Prefieres mirar o hacer?

El liderazgo se evalúa en función de su influencia

El líder palpitante de forma inteligente debe tener hambre de novedad, para no conformarse con lo establecido y rebelarse contra el conformismo del presente, defendiendo el derecho a construir un futuro enriquecedor para todos y en todos los sentidos. Debe tantear y llevar a la práctica nuevas ideas, concebirlas y contagiarlas. Para ello, necesita tener para sí mismo una propuesta de vida; sentir el impulso de su propio pálpito corregido ante los prejuicios, limitaciones y temores: ser inteligente. Resulta imprescindible para poder influir de manera positiva en sus colaboradores. Un líder abierto al cambio y al desarrollo promoverá y apoyará el crecimiento de las conciencias y las condiciones de las personas que tenga a su cargo. Su papel es trascendental. Debe reunir ciertas cualidades que lo ayuden a tomar decisiones y resolver problemas de todo tipo: ser positivo, además de creativo, dinámico y versátil. Tiene que saber aceptar sus debilidades y complementarlas con los talentos de las personas que tenga a su alrededor; esto lo ayudará a resolver las situaciones de crisis con mayor éxito. Y todo se produce, día a día, en interacciones constantes, muy sensibles a la sinceridad y claridad emocional y mental. Su influencia en el grupo es vital.

El sentido del humor es una de las claves fundamentales de la influencia eficaz. El optimismo que se reviste de sonrisas serenas induce estados de ánimo positivos, que favorecen el espíritu de equipo estimulando la cooperación. Por otra parte, es fácil comprobar cómo se potencian la empatía, la creatividad, la productividad y el rendimiento.[40] Cuando oímos reír a alguien sentimos su contagio. La alegría y la cordialidad de los integrantes de un grupo de trabajo se transmiten más rápidamente que la irritabilidad o la depresión; estas últimas, según experimentos realizados, tienen un bajo índice de contagio. Pero en el caso de la alegría su implantación se propaga como un virus rapidísimo. De hecho, es suficiente con observar en la distancia gestos de fiesta o expresiones de entusiasmo, aunque no lleguemos a oír o entender ninguna broma, chiste o canción desenfadada, para que se genere una reacción automática en nuestro estado de ánimo: una resonancia. Ahora bien, dependiendo de la propia situación de las personas receptoras de tal influencia, puede quedar como una emoción contenida o llegar a expresarse como explosión de risa empática. Y entre estos dos extremos se da toda una gama de posibilidades.

La rapidez de esta difusión se asienta en la naturaleza abierta de los circuitos neuronales implicados, diseñados genéticamente para detectar la risa y la sonrisa. Son condicionantes innatos observados en los mismos gestos de expresión emocional de todos los seres humanos del planeta, como muestran las investigaciones llevadas a cabo, entre otros, por Paul Ekman[41]. Ante tales rasgos posturales o gestuales se produce una especie de secuestro emocional positivo. La risa y la sonrisa son las más contagiosas de todas las señales emocionales. Tal vez se deba al beneficioso papel que han desempeñado en el proceso evolutivo, como señales no verbales de establecimiento de alianzas, que transmiten un mensaje de distensión y amistad desprovisto de toda hostilidad, más allá de cualquier cultura, raza, lengua o condición sexual. Cuando son abiertas, naturales y espontáneas envían un mensaje inequívoco de cordialidad. Pero, al mismo tiempo, constituyen una prueba de autenticidad. Nuestro radar emocional puede tener dificultades para discernir una sonrisa fingida, a no ser que se encuentre muy entrenado, pero no tiene ninguno para detectar de inmediato la falsedad en la risa.

La sonrisa, como expresión de una actitud sincera, entusiasta y empática, es una de las tarjetas de visita de los líderes palpitantes, de inteligencia resonante. Desde una perspectiva neurológica, el sentido del humor positivo, expresado como risa o como sonrisa, es la distancia más

---

40. Como ampliación puede verse mi libro *Reír, para vivir mejor*, editado por Ediciones Obelisco.

41. EKMAN, P.: *¿Qué dice ese gesto?* Editorial Integral, Barcelona, 2004.

corta entre dos seres humanos; genera una resonancia inmediata entre sus sistemas neuronales. Así es como las personas que lideran desde la resonancia del pálpito inteligente se convierten en imanes límbicos. Es el efecto reconocido ampliamente como *atracción o magnetismo personal*. Y todo ello se vincula con la expresividad de los gestos faciales, los tonos de la voz y el lenguaje corporal.

Personalmente he tenido ocasión de comprobar y mostrar la capacidad de influencia y de transformación emocional de la risa, así como de las diferentes expresiones gestuales de la alegría, natural o inducida, a través de mis cursos y talleres de risoterapia. Pero el sentido del humor ha de orientarse de forma adecuada; polarizarlo desde el pálpito inteligente, a través de la ternura y la empatía positiva. Éste es un punto clave del liderazgo resonante, del que hablan Goleman, Boyatzis y Annie McKee. Porque también la risa ha sido una de las herramientas tradicionales del maltrato psicológico; una herramienta muy usada a su vez por los líderes tiránicos o despóticos para rebajar la autoestima de sus víctimas y dominarlas con mayor facilidad.

Si hay algo que caracteriza a los líderes es su capacidad de influir sobre los demás. Cuando las emociones se orientan en una dirección adecuada, como hacia el entusiasmo, por ejemplo, el funcionamiento del grupo liderado puede alcanzar cotas muy altas de eficacia. En contraposición, cuando se polarizan a través del resentimiento y la ansiedad, terminará generándose la desintegración del grupo. Por ello, el liderazgo consiste en algo que va más allá de la simple realización de un buen trabajo. Consiste en asumir la responsabilidad de la influencia emocional generada sobre las personas lideradas. Éstas, para bien o para mal, tenderán siempre a buscar en sus respectivos líderes la empatía y el respaldo emocional que necesitan para desempeñar adecuadamente sus funciones.

Entrenamiento lúdico

Aprovechando esta consideración sobre la capacidad de influencia del sentido del humor y la responsabilidad de ejercerla en el liderazgo, retomemos la dinámica de los ejercicios con entusiasmo lúdico.[42] A estas alturas debemos haber adquirido ya una serie de habilidades que nos facilitarán el camino. Si no es así, tampoco es necesario desanimarse y

---

42. La importancia del sentido lúdico de la vida y sus aplicaciones quedó justificada y desarrollada en mi libro *Hacerse mayor,* publicado por la editorial Sepha en 2005.

«arrojar la toalla». Volvamos al entrenamiento de jugar y disfrutar, mientras aprendemos. Porque debemos recordar que es de fundamental importancia disfrutar mientras nos aplicamos en el desarrollo de las habilidades del pálpito inteligente. Jugaremos con la imaginación, con los estados emocionales y con el pensamiento, reconsiderando ciertos prejuicios desde diferentes puntos de vista. Dejemos que nos hable nuestro pálpito inteligente, como una imagen brillante y sonriente de nosotros mismos, que nos mira desde el otro lado del espejo de nuestra mente y corazón. ¿Preparados?

Imaginemos un escenario grandioso, dinámico e interdisciplinario, como el que nos toca vivir. Existe una urgente necesidad de líderes palpitantes en todas las especialidades imaginables, entre las que se encuentra la nuestra, la de nuestra vida personal y profesional; líderes que puedan gestionar el cambio y crear, con ternura y entusiasmo, un palpitante futuro. Preparémonos para jugar en el equipo ganador.

Nos encontramos en el inicio de nuestro camino. Antes de poner a prueba las herramientas que nos conducirán al liderazgo, deberemos aprender ciertas reglas y ejercitarnos un poco. Tenemos algo de tiempo. Muy cerca, otros jugadores también se preparan, pero no debe importarnos. Dirijámonos a la pista de baile: nuestro salón de entrenamiento. En la pared, a lo largo de toda la sala, sólo existe un espejo, un espejo de cuerpo entero. Estamos frente a él. Y a pesar de los demás, nos concentramos y nos vemos completamente solos. Comienza el juego.

Nuestro entrenamiento como líderes se inicia con la complicidad de nuestra imaginación, de nuestro mundo onírico. Por ello necesitamos tan sólo este espejo. En él contemplaremos nuestra imagen actual, como punto de referencia.

Encendamos las luces, tras nuestros párpados. ¿Qué vemos? ¿Conseguimos percibir a nuestro mayor adversario? No. No apartemos la mirada. Mirémonos a los ojos. No se trata de ninguno de esos otros competidores, los que se encontraban al inicio esforzándose también por lograr el liderazgo palpitante. Concentrémonos en el espejo de nuestra mente. Enfoquemos. ¿Conseguimos ver ya nuestros propios temores? Tal vez esperábamos otra cosa, otro enigma. Es normal. Pero allí delante, en ese espejo, en esa mirada, se encuentra nuestro peor adversario y nuestro mejor aliado: nosotros mismos. Por ello, lo primero que haremos será mirar hacia nuestro interior, para dejar atrás los miedos, las preconcepciones y los prejuicios. ¿Preparados para saltar?

El miedo, como el resto de nuestras emociones, forma parte de nuestro pálpito. Venía incluido en el lote de nuestra existencia con un propósito definido. Pero casi siempre dejamos, con el embalaje original, nuestro manual de instrucciones. No importa. Buscaremos otro. Si nos damos cuenta a tiempo, veremos que sólo nosotros podemos cambiarlo.

Imaginémonos ahora que ya hemos saltado sobre el abismo; que hemos superado aquello que nos asustaba. La imaginación es libre. Miremos a nuestro alrededor. El mundo nos espera. Siempre estuvo ahí, a nuestro alcance; esperando la voz que nos animara a levantarnos, a saltar y a caminar. Podemos disfrutarlo y llenarlo de proyectos; de nuestros mejores sueños. Ahora gocemos. Gocemos intensamente, con una sonrisa de satisfacción en los labios, los pulmones repletos de aire limpio, los brazos abiertos y la brisa que nos habla de horizontes por descubrir. Gocemos de la sensación de libertad que nos alimenta. Los miedos quedaron atrás; en aquella otra parte del abismo. Contemplemos el desencanto que los desinfló, como globos pinchados. ¿No resulta agradable esa sensación?

Muchos miedos se gestaron en nuestra propia inseguridad, fomentada por influencias ajenas, comentarios o una educación temerosa. Pero quien teme cometer errores o no poder hacer aquello que desea ya ha fracasado. El miedo anticipó los fracasos temidos, sin darnos oportunidad de corregir y lograr el éxito. Nos ató. Nos paralizó. Por ello, debemos librarnos de los falsos temores, saltar el abismo: lo que ya hicimos. No importa si cometemos errores en el futuro. El miedo ya no podrá esclavizarnos. Corregiremos, aprenderemos y lograremos un conocimiento mayor. Lo importante no es evitar equivocarse, sino aprender de los errores y seguir avanzando.

Nadie tiene ya esa enorme capacidad de hacernos abortar proyectos enteros, como hicimos, en un abrir y cerrar de ojos, siendo esclavos del miedo. En otros tiempos, a la primera de cambio, aparecían dudas como: «No podré lograrlo»; «¿Tendré suficiente capacidad y habilidad para eso?»; «¿A quién le importa lo que yo haga?»; «Hay profesionales mejores que yo»; «¿Y si fracaso?». Y muchas otras por el estilo. Pero sólo nosotros les dimos vida. Sólo nosotros permitimos que mutilaran nuestros sueños. Recordemos: vemos el mundo a través del espejo de nuestra mente. Y cada uno de nosotros desarrolla su propio juego. Algunas personas ven las circunstancias como una permanente oportunidad y otras, como una crisis constante. Todo depende de lo empañado o lo limpio que se encuentre cada cristal. Y tenemos la posibilidad de entender que una cosa es «cómo percibimos las circunstancias» y otra muy distinta «cómo son de verdad».

¿Hay algo que no nos gusta? ¿Necesitamos cambiarlo? A veces basta con variar la forma en que lo percibimos y lo transmitimos desde nuestros gestos y estados emocionales. Si logramos despejar los prejuicios, desde el seductor aroma de la rosa, desde nuestra sincera sonrisa de ternura, muchos miedos se desinflarán. Probemos a cambiar nuestra forma de pensar y sentir. Probemos a transmutar el plomo del temor en el oro de la sabiduría. Y para iniciarnos en esta aventura alquímica, comencemos por analizar cada una de las dudas propuestas antes, a modo de ejemplo:

No podré lograrlo. ¿Nos creemos inferiores a alguien que a nuestro juicio sí lo lograría? Pues no lo somos. Aunque terminaremos siéndolo si nos empeñamos; si pensamos e imaginamos en forma autodestructiva. Si lo hacemos, evitaremos desarrollar cualquier forma a resolver problemas que nuestro pálpito inteligente nos sugiera. En lugar de hablarnos a nosotros mismos de manera tan negativa, frunciendo el ceño, con la mirada perdida en la incertidumbre y los labios estrangulados por las dudas, con un nudo en la garganta, el estómago y el corazón, probemos con levantar las cejas, inspirar intensamente, tragar saliva y soltar el aire con un profundo y sonriente suspiro, mientras nos preguntamos: «¿Qué herramientas me hacen falta para lograr lo que deseo?» Después nos frotamos las manos, nos estiramos con gozo, reímos con soltura y nos ponemos manos a la obra para obtenerlas. Sin excusas ni demoras.

¿Tendré suficiente capacidad y habilidad para eso? ¿Qué datos aportamos? ¿Hemos probado a hacerlo alguna vez? ¿Hablamos por experiencia propia o tan sólo por prejuicios? Si nunca nos pusimos manos a la obra, no podemos asegurar nada. Y si alguna vez fallamos al intentar hacerlo, ¿qué nos hace pensar que volveremos a cometer los mismos errores del pasado? De los errores se aprende. Y se aprende mucho. Mucho más que de los aciertos, cuando estamos dispuestos a crecer en conocimiento, sin excusas ni autoengaños. Nos superamos a nosotros mismos gracias a que probamos, nos arriesgamos, cometemos errores, aprendemos de ellos y continuamos adelante. Hagamos una respiración profunda, apretemos los dientes, estirémonos, golpeemos con el puño cerrado, desde la autoafirmación y el cariño, la palma de nuestra otra mano, acariciemos los nudillos y digamos: «Sí. Allá voy.»

¿A quién le importa lo que yo haga? A nosotros, por ejemplo, en primer lugar. Lo esencial es hacer las cosas bien, con todo nuestro corazón puesto en ello, independientemente de que a los demás les importe o no. Compararnos con ellos no nos llevará muy lejos. Pero, en cualquier caso, si deseamos hacerlo, hagámoslo a nuestro favor: viendo la botella medio llena, en lugar de medio vacía. El nivel de sinceridad es el mismo, aunque la sensación emocional es muchísimo más agradable. ¿A nosotros nos importa? Pues adelante, a toda máquina. Seguro que habrá quien nos felicite cuando se entere, ya sea por el éxito alcanzado o por el esfuerzo realizado. Ya nos ocuparemos nosotros de transmitirlo adecuadamente.

Hay profesionales mejores que yo. Y también peores. ¿Y qué? Lo importante es que seamos buenos en lo que hacemos; que lo hagamos con pasión y disfrutemos haciéndolo. Una persona que cumple estos tres requisitos inspira a otras y logra muy buenos resultados. Eso es lo que cuenta.

¿Y si fracaso? Quien nada hace, jamás fracasa. Pero nada consigue tampoco. Si fracasamos, aprenderemos de los errores cometidos y en la siguiente oportunidad lograremos el éxito. ¿Comprendemos el valor de un fracaso? Muchos líderes del mundo de los negocios, la cultura, los deportes o la política, han logrado llegar donde están, superando múltiples fracasos. Porque fracasar no es el problema. Qué hacer con el fracaso es el verdadero problema. Si utilizamos el fracaso como un maestro que nos ayuda a mejorar y continuamos avanzando, cada vez con mejores herramientas, llegaremos al éxito. Si, por el contrario, sucumbimos en él, estamos perdidos. Debemos graduar adecuadamente nuestros cristales para ver de forma correcta la realidad. Preguntémonos siempre: ¿me sirven mis errores, me ayudan a crecer y evolucionar? O por el contrario, ¿me llenan de inseguridades y prejuicios absurdos?

Y ahora pasemos a comprobar la graduación adecuada

Nuestra forma de ver la vida, de aprender a mirar adecuadamente, es un gran aliado. Sólo así conseguimos la nitidez y la precisión emocional imprescindibles para la eficacia profesional y personal. Mirémonos de nuevo al espejo de nuestra sala de ensayos y entrenamiento. Pongamos en ella una mesa de trabajo con diversas lentes y herramientas para pulirlas y ajustarlas. Nos fabricaremos los mejores instrumentos de óptica emocional y mental. Analicemos para ello algunas suposiciones, con una sonrisa de picardía y un guiño de entusiasmo en la mirada. Hay pensamientos que nos han llegado a través de la cultura, las costumbres o los prejuicios y han sido aceptados por una mayoría como ciertos, a pesar de que se demostró hace tiempo que dejaron de serlo.

El sueño del trabajo fijo y para siempre. Diariamente asistimos, a través de los informativos, a las múltiples dinámicas de fusión y reestructuración de las grandes empresas. Contemplamos cómo, debido a la gran competitividad global reinante, es cada vez más difícil mantener el anhelo de conservar nuestro puesto de trabajo. A veces nos resistimos a pensar que el cambio, ese cambio con mayúsculas que afecta a todas las economías del planeta, también nos afectará a nosotros.

Es igualmente absurdo pensar que nuestras habilidades se mantendrán estáticas a medida que nos afecten los cambios. De hecho, tendremos que aprender y desechar habilidades. El mundo laboral consiste, en la actualidad, en una serie de proyectos a llevar a cabo. Se volvió insostenible aquella vieja visión de una serie de horas laborales fijas ofrecidas a cualquier empresario, a cambio de un sueldo. Estos proyectos, en los que precisamos de nuevas habilidades, van tomando la forma del teletrabajo: el *outsourcing*.

Las empresas u organizaciones pueden despedirnos y sin embargo seguir aprovechando nuestros talentos con vinculaciones laborales más dinámicas, independientes y productivas para las partes. Quedarse en la concepción antigua del trabajo fijo y para siempre nos hace perder de vista que todo cambio también es una oportunidad. Y que las oportunidades son muy útiles para quienes saben aprovecharlas.

Nada es eterno; los conocimientos tampoco. Nada nos sirve eternamente y mucho menos los conocimientos adquiridos hace décadas. Los títulos, que simbolizan niveles académicos alcanzados hace tiempo, no pueden ni deben evitar la necesaria actualización profesional que a diario hay que llevar a cabo. En un escenario global cada vez más interdependiente, donde los equipos de trabajo se montan y desmontan para llevar a cabo proyectos con mayor nivel de complejidad y calidad, es preciso contar con una visión interdisciplinaria sumamente amplia. Ésta es la plataforma que nos servirá para movernos con soltura en distintos círculos. ¿Qué sucedería si tuviésemos que trabajar, por decisión propia o motivada por las circunstancias, como asesores, docentes internos o externos de la empresa, o integrar proyectos que se aparten de los que hasta ahora hemos estado haciendo? ¿Podríamos participar, por ejemplo, en el diseño de un servicio, canalizar las necesidades de un equipo de trabajo y establecer contacto con clientes potenciales, o bien colaborar en la venta del servicio y asesorar a los clientes sobre su forma de uso? ¿Se entiende el significado de *habilidades interdisciplinarias*? Todo esto puede suceder, ya sea porque nuestra empresa u organización se reestructure o asuma nuevos desafíos, o porque tengamos que hacerlo, debido a circunstancias ajenas.

Cuando escuchamos nuestro pálpito, nuestro impulso vital, éste nos lleva siempre al cambio, al crecimiento, porque ésta es la esencia de la vida. La inercia de la comodidad, la resistencia al cambio, la pereza, nos traicionan evitando que tal pálpito evolucione y se convierta en inteligente. Como personas vivas, palpitantes y con vocación de inteligentes, necesitamos desarrollarnos con plenitud. Así comenzaremos a ser nosotros mismos y no un número más, entre millones de otros. Así tomaremos decisiones propias y contemplaremos el horizonte como un amplio universo de cosas por hacer.

Las comparaciones son odiosas. Compararse con otros implica creer que nuestra autoestima deriva de la mayor o menor similitud con ciertos «estándares» establecidos. Si somos distintos, si encaramos la vida o nuestra profesión de un modo más original y creativo, seguro que no encajaremos en el molde mayoritario. Pero, preguntémonos: ¿qué hace avanzar las cosas? ¿Repetir siempre lo mismo, sin evolucionar, o aceptar el reto de la creatividad y saber adaptarnos a los cambios de forma original? Si todos hacemos lo mismo, ¿cómo lograremos un resultado distinto? ¿Estamos dispuestos a correr el riesgo de crecer, evolucionar e influir positivamente en los demás, gracias a nuestro pálpito inteligente?

La única llave que puede abrirnos las puertas del éxito se encuentra en nuestro interior. Por ello es tan difícil motivar a alguien cuando no se encuentra automotivado para avanzar. No ganaremos nada por el simple hecho de compararnos con los demás. Siempre habrá quienes se encuentren más arriba o más abajo que nosotros. ¿Y qué nos importa? Lo importante es alimentar nuestro pálpito inteligente para que nos lleve directamente al paraíso; a nuestro paraíso personal.

Tan negativo es compararse con otros, como hacerlo sólo con nosotros mismos. Y esto último ocurre cuando miramos permanentemente hacia el pasado; observando y volviendo a vivir lo que ya no está, lo que ya no es.

No debemos aferrarnos al pasado. Hay dos cosas de las que podemos estar seguros. La primera es que el futuro todavía no existe mas que en forma de pálpito en nuestros intestinos, en nuestro corazón o en nuestra cabeza, como una orientación de sentido vital, como un camino a recorrer. Y la segunda, que nuestro pasado jamás volverá. No podemos modificar los hechos, aunque sí la forma de comprenderlos, sentirlos y aprender de ellos. Pero el pasado y los pálpitos de futuro pueden entrelazarse. Lo hacen a través de un puente: nuestro presente. Si vivimos cargando con el pasado, amargándonos por lo que hicimos o dejamos de hacer, por las oportunidades perdidas, por los proyectos frustrados, lo único que conseguiremos será obstaculizar nuestro presente. Reduciremos el optimismo palpitante, nos restaremos vitalidad, nos amargaremos o, lo que es aún peor, nos volveremos inoperantes. Si esto ocurre, nuestro futuro, como suma potencial de todos nuestros esfuerzos presentes, se verá condicionado negativamente a su vez. Lejos de ser lo que desearíamos que fuese, se convertirá en una continuación de nuestras frustraciones.

Por ello, es hora de aprender del pasado, de contemplarlo con ternura y despedirnos de él con cariño, como de la hija o el hijo que ha crecido y se independiza. Recordemos con alegría, con amor, aquellas travesuras que nos hicieron sufrir, pero sintamos el orgullo de lo vivido, de la auto-superación y de la autosuficiencia; emocionémonos con entusiasmo por el logro de la madurez. Ahora tenemos experiencia y una nueva forma de ver y afrontar los acontecimientos. Es hora de avanzar. Avanzar hacia nuestras metas depuradas, siguiendo el impulso claro del pálpito inteligente: ser mejores líderes; mejores personas. Ser y no simplemente parecer. Porque no es lo mismo. Lo primero es real y lo segundo, una imagen que, desprovista de contenido, terminará por volverse contra nosotros.

La trampa de las apariencias. El auténtico liderazgo palpitante, profesional y personal, busca siempre los hechos, lo palpable de la existencia; no se conforma con las apariencias. No puede ser de otra forma. Las emociones no engañan. Podemos aprender a camuflarlas, reprimirlas o transformarlas. Pero su aparición es siempre espontánea, involuntaria. Y se transmiten de forma inevitable. Las emociones se plasman en nuestros gestos y se comunican, aunque tratemos de controlarlas. Esta expresión puede ser inconsciente, tanto en la persona emisora como en la receptora. Por ello a veces se generan sensaciones de extrañeza y desconfianza. Si una persona trata de ocultar o disimular una emoción o sentimiento, produce en sus interlocutores una reacción de engaño o falsedad, aunque sólo sea durante centésimas de segundo: algo que no se identifica con claridad. Pero deja su huella. Por ello es importante la sinceridad, ante nosotros mismos y ante los demás. Estemos dispuestos a aceptar y corregir nuestros errores, nuestros pálpitos erróneos; contrastémoslos con humildad, hasta que consigamos la evidencia de su autenticidad inteligente.

Hay una gran diferencia entre ambos estados: el de ser y el de parecer. Actuar «como los demás» no nos convierte en «los demás». La diferencia reside en la esencia misma de nuestros actos, en nuestras emociones, más que en los actos en sí. Debemos prestar más atención a nuestro auténtico pálpito. Sólo así podremos forjar la convicción de que algo es realmente necesario para nuestra vida, tanto en lo personal como en lo profesional. Luego tenemos que integrar esta convicción al resto de nuestros valores, para lograr una actitud adecuada. Finalmente necesitamos entrenarnos, con repeticiones lúdicas, con representaciones controladas en tiempo y espacio, para llegar a producir un comportamiento coherente con esta actitud; una conducta nueva que se convierte en hábito con más facilidad cuando el entrenamiento se hace disfrutando del mismo. Tal es el sentido de los diversos ejercicios propuestos.

Pretender «parecer» sin realmente «ser», no nos conducirá a buen puerto. Es muy posible que desemboquemos en una frustración y que generemos desconfianza en nuestro entorno. Si necesitamos dar una imagen diferente, nueva, en consonancia con algún rol, relación o trabajo diferente, es imprescindible que nos renovemos personalmente y no sólo cambiemos las apariencias. Tal es «el camino de los milagros» que sugieren las leyendas de los caballeros del santo Grial, a las que hacía referencia en la introducción.

Creemos imágenes positivas y alimentémonos con ellas. Para liderar nuestra vida personal y profesional, nada mejor que motivarnos con visualizaciones constructivas de lo que deseamos conseguir. Veamos un ejemplo: nos encontramos en una agencia de viajes, observando el cartel que anuncia unas maravillosas vacaciones en el Caribe. Nos ha llamado la atención y observamos la imagen de una playa de suave arena blanca, bañada por las aguas limpias de un mar de diamantes y esmeraldas. El cielo está impecablemente azul, recortado por una palmera en primer plano y algunas más al fondo. Podemos sentir una ligera brisa en la piel, la luz del sol y la penumbra sugerente de la palmera. Nos dan ganas de cerrar los ojos, respirar profundo y gozar de esa paz. Por ello prestamos atención al resto de las sugerencias del cartel. Deseamos conocer las condiciones; las vacaciones se acercan y nos merecemos algo así. Ya estamos allí. Así actúan las imágenes positivas. Nos trasladan por anticipado y nos motivan para lograr lo que deseamos. ¿Qué ocurriría si lo aplicáramos a cualquier aspecto de nuestra vida? Probemos.

Visualicemos imágenes positivas, agradables, que nos hagan sonreír de gozo. Anticipémonos al futuro, vivamos la satisfacción de los deseos conquistados, para superar los momentos difíciles del presente. Pensemos: «Este camino me lleva, inevitablemente, a la meta que deseo». Así encontramos la automotivación que nos ayuda a no desfallecer cuando los obstáculos aparecen. Visualicemos incluso, con satisfacción y gozo, cómo los superamos uno a uno. Y después, caminemos, actuemos, seamos constantes en los pasos de cada día, con alegría y confianza. Ahora bien, será imprescindible que tales visualizaciones comiencen en nuestras circunstancias presentes, aunque sean adversas, y tracemos desde ellas el camino que nos llevará al éxito deseado. Esta meta final ha de ser concreta y clara. Podemos simbolizar este camino como un haz de luz brillante; no tenemos por qué conocer ya los detalles de la solución ni perdernos en análisis o razonamientos para encontrarlos. Todo llega en el momento oportuno si nuestras emociones lo forjan con sentido de realidad, confianza y alegría. Así actúa el pálpito inteligente.

Asumamos nuevos desafíos y riesgos. La vida es el mayor de los desafíos. Nuestro pálpito inteligente nos mueve siempre entre ellos. Si asumimos el impulso desde la confianza, conseguiremos vivir con plenitud. Este camino supone asumir también ciertos riesgos. Pero ¿puede alguien asegurarnos que viviremos hasta los cien años? No. La vida no ofrece a nadie garantías ni seguridades. La vida es una aventura. ¿Puede sorprendernos que para vivir debamos asumir desafíos y riesgos? Pretender conservar las cosas de forma inamovible, para escapar de los desafíos o los cambios y sus riesgos, es totalmente absurdo. Esto no quiere decir que no debamos ser sensatos. Precisamente porque no hay garantías y porque los riesgos son inevitables, debemos permanecer alerta, despiertos. Y tal estado de alerta nos permitirá ver las oportunidades y aprovecharlas. Cuando nos creemos demasiado seguros nos adormecemos y en esa modorra nos perdemos las oportunidades para conquistar nuestros deseos.

Todo cambia. Nosotros mismos lo hacemos a diario sin darnos cuenta. Y cada uno de esos cambios, conscientes o inconscientes, implica cierto riesgo. Pero el nivel de riesgo depende de nuestra capacidad para acotarlo. ¿Cómo? Mediante nuestra experiencia y formación; una sólida actitud para enfrentar las circunstancias sin miedos injustificados. Debemos pensar que si algo falla en nuestras previsiones, lo arreglaremos. Mientras tanto, seguiremos caminando y conquistando nuestras metas. Si nunca nos arriesgamos, jamás sabremos si lo hubiésemos logrado o no. Aprovechemos también el consejo de quienes saben más que nosotros sobre el tema y analicemos, o dejemos que otros lo hagan por nosotros, toda la información disponible para tomar una decisión, fundada en certezas, desde nuestro pálpito inteligente.

Decidir sobre algo sin garantías o con total desconocimiento sobre lo que decidimos, es arriesgado. Pero no lo es cuando se cuenta con apoyo. Si carecemos de preparación, toda decisión en nuestra vida se convertirá automáticamente en arriesgada. Busquemos entonces el nivel de preparación adecuado para que la sensación de riesgo deje de paralizarnos. Pero luego actuemos para seguir el impulso de la vida en nosotros; para vivir desde nuestro pálpito inteligente.

A igual forma, idéntico resultado. Quien se queja porque no obtiene mejores resultados al afrontar sus asuntos, debería pensar antes en las causas que en los efectos. Si no cambian las causas, tampoco cambiarán los efectos. Si los resultados obtenidos se van alejando cada vez más de nuestros objetivos, deberíamos reformular, total o parcialmente, la forma en que hacemos las cosas. Habrá que cambiar. Y como ya sabemos, todo cambio comienza en la imaginación. Visualicemos modificaciones en nuestra actitud, hasta que sintamos la que más nos satisface y llena de ilusión, la que más nos motiva ante el cambio. Para que algo cambie, debemos comenzar por cambiar internamente. Después, como ya hemos visto al hablar de las imágenes positivas, al entusiasmarnos y gozar de la nueva opción, cambiará nuestro comportamiento. Y los resultados, inevitablemente, cambiarán con él.

Creemos nuestro futuro. En el mundo hay dos tipos de personas: quienes reaccionan movidos por los cambios, a veces pasado cierto tiempo, y quienes los producen o se anticipan a ellos. Los primeros son reactivos; y los segundos, proactivos. Volvámonos proactivos. El futuro lo construyen las personas dinámicas, quienes generan las circunstancias para que éste suceda, de acuerdo con sus expectativas.

Los grandes líderes, desde la Antigüedad, han establecido las condiciones para que ocurrieran los cambios. Y nosotros podemos, debemos, provocar las circunstancias que generen el futuro que deseamos en nuestra profesión y en nuestra vida personal. Crear el futuro consiste en crear los caminos para llegar a lo que deseamos; aquello que palpita en nuestro corazón. Nunca debemos esperar que la oportunidad llame a nuestra puerta; hay que poner la puerta delante de la oportunidad que nos interese: la que hayamos visualizado.

Si el camino está hecho, es hora de seguirlo. Si no está, es hora de construirlo. Pongamos todos los medios para que las cosas sucedan. Quien tan sólo espera, se verá superado por quien construye sin cesar, día a día, hora tras hora. Transformémonos en generadores de circunstancias. Así tendremos la llave maestra para lograr nuestras metas.

Construyamos mejores relaciones. El liderazgo se basa en las relaciones. Pero las relaciones deben ser auténticas; deben basarse en la empatía como ingrediente fundamental. Ponerse en el lugar de los demás, comprenderlos y motivarlos, son características esenciales que todo líder debe fomentar y aplicar a diario.

Debemos comprender el punto de vista de nuestros interlocutores; saber y valorar lo que dicen y cómo lo dicen. Entender que se basan, al hacerlo, en sus experiencias y en su forma de ver la vida, además de en sus prejuicios. El líder, por ello, no impone; convence. No ordena; dialoga. No confronta; busca la cooperación. Para ello, debe escuchar mucho más que hablar. Debe actuar con generosidad para cosechar en los demás con prosperidad.

Aquí no caben ni el ego ni la soberbia. El auténtico líder sabe rodearse de personas más capaces que él en determinados asuntos y eso jamás le induce a intentar dominarlos o coartar la libertad del grupo para tomar iniciativas. Sabe que todo intento de controlar a otros, de vetarlos, muestra inseguridad e incapacidad para ver que son tan buenos profesionales como puede serlo él. Debe confiar en que son capaces de desempeñar perfectamente su trabajo; por algo están en su equipo.

Tal es la moraleja que nos deja una de las leyendas más antiguas de la cultura griega: la de Jasón y los Argonautas. Para conseguir el vellocino de oro, una empresa considerada utópica, se rodea Jasón de los mejores atletas, de los hombres y mujeres más hábiles de Grecia, incluido Hércules. Cada uno en su especialidad era el mejor. Jasón tan sólo lidera el grupo, marca la dirección y la motivación. Y así logran el triunfo, contra todo pronóstico.

Paciencia y perseverancia. Ya tenemos las herramientas. Estamos preparados. Tan sólo nos quedan las botas para caminar. Son dos botas perfectas, con nombre propio. Una se llama paciencia y la otra perseverancia. Sin ellas, cualquier proyecto personal o profesional tiene muchas probabilidades de fracaso. Una gota de agua, tenaz y perseverante, consigue horadar la piedra más dura. Seamos como el agua: tenaces, persistentes y pacientes. Nada se logra sin paciencia. Todo camino necesita su tiempo para ser recorrido: la perseverancia de dar cada día el número de pasos posibles y necesarios para llegar a la meta.

Gestión de las relaciones

El éxito del líder no sólo depende de su pálpito inteligente, su paciencia, su perseverancia y su proactividad. También ha de saber rodearse de un buen equipo: personas competentes y resonantes. Ningún líder llega al éxito en solitario. El liderazgo se vincula directamente con el tipo de relaciones que establece, puesto que no tendría sentido de otra manera. Por ello, la misma elección de los colaboradores se convierte en un punto clave. En ella, por supuesto, es de vital importancia la resonancia de su pálpito inteligente. Pero a continuación veremos alguna de las características que deben estar presentes en él o que ayudarán a corregir la estructura primaria de tal pálpito y su resonancia, hasta llevarlo al punto de madurez adecuada.

El criterio de selección ha de ser el de elegir a los más capacitados; buscar personas muy competentes, con personalidad, con empuje, con ideas propias, que sepan funcionar con autonomía, pero leales y honestas. Quien lidera ha de tener la suficiente seguridad en su pálpito inteligente como para rodearse de personas brillantes, sin temer que ninguna de ellas pueda hacerle sombra.

Sería un enorme error buscar exclusivamente a quienes pensaran de igual modo para no tener problemas. Siempre debe existir una base de empatía, como plataforma para la confianza mutua. No hay que temer ni las discrepancias ni la pluralidad de criterios; incluso deberían fomentarse. Las discusiones permiten que salga a la luz lo que cada cual piensa realmente. En todo caso, quien lidera debe cuidar los límites de tales discrepancias para que no deterioren la unidad, a través de la irritación o la violencia. El trabajo en equipo conlleva compartir información, estar abiertos a las discusiones, saber escuchar y ser receptivos a las buenas ideas que expongan otros. Por ello ha de crearse un ambiente participativo, en el que se puedan exponer libremente las opiniones, las ideas, las emociones o los pálpitos. Se admitirá y fomentará la discusión mientras se abordan o analizan los problemas, al estilo de las «tormentas de ideas». Pero, una vez tomada una decisión, el equipo debe actuar sin fisuras.

Para que un equipo funcione es esencial que haya armonía entre sus miembros, por lo que el líder deberá conseguir un ambiente de entendimiento entre sus colaboradores. Es fundamental que haya mucha comunicación dentro del equipo.

Para ello es necesario que sus miembros compartan la misma visión. Por lo que deberá motivarse en función de ella a menudo, para que se refuerce, se clarifique y asiente. De ahí la importancia de mantener reuniones frecuentes, diarias o semanales, que sirvan para estrechar lazos. Además, estas reuniones permiten realizar un seguimiento muy cercano de los asuntos, imprimiendo un ritmo ágil a la dirección. El líder fomentará dentro de su equipo la responsabilidad, la disposición para tomar decisiones, para asumir riesgos y responder por los resultados. Ha de saber delegar. Hay que evitar sobreproteger a los colaboradores. Al igual que el líder exigirá lealtad a su equipo, deberá mostrar una total lealtad hacia sus subordinados: sus compañeros. Deberá defender a su equipo si fuera objeto de ataques. Se preocupará de él, de su desarrollo profesional, de su aprendizaje, de su futuro, de todos y cada uno de sus integrantes. También tiene la obligación de apartar o reconducir a los mediocres e indiferentes. Si no lo hiciera, terminaría deteriorando la efectividad del equipo y afectando sus logros.

A la hora de liderar ha de saberse que en las reuniones del equipo surgen a veces situaciones tensas o discusiones acaloradas. Es entonces cuando sus integrantes se emplean a fondo y dan lo mejor de sí, exponiendo abiertamente sus puntos de vista, como dije antes. Lo que no se debe permitir es que estas tensiones sean la tónica general de las reuniones, ya que terminarían generando una crispación que afectaría a la unidad del equipo. Tampoco se puede permitir que en estas reuniones acaloradas se lleguen a traspasar los límites del respeto personal.

Cuando el líder se rodea de personas competentes, con personalidad, con sana ambición, es normal que en ciertas ocasiones puedan surgir fricciones entre ellas. Si estas diferencias se afrontas en su etapa inicial es fácil que se solucionen sin mayores complicaciones. Sin embargo, cuando el problema no se aborda convenientemente puede terminar enquistándose, originando una fuerte y peligrosa animadversión. Por ello, para evitar malos entendidos, es fundamental que haya una comunicación muy fluida dentro del equipo. De ahí la importancia, vuelvo a repetir, de establecer reuniones periódicas. Pero no conviene adoptar una actitud paternalista, tratando de acercar a sus colaboradores: debe tratarlos como adultos y propiciar que solucionen sus diferencias entre ellos. No obstante, si se alcanzara tal dimensión que afectara el buen funcionamiento del equipo, debe intervenir, dejando muy claro que no se tolerarán este tipo de situaciones y exigiendo a sus colaboradores que solucionen sus diferencias. Hay que tener muy claro que un equipo tan sólo puede dar lo mejor de sí mismo cuando actúa unido, por lo que no se pueden tolerar graves desavenencias entre sus miembros.

Han de cuidarse mucho los pequeños detalles, y en esto ha de servirse del pálpito y la empatía, para captar gestos que suelen pasar desapercibidos, ya que en ocasiones las diferencias entre los miembros del equipo apenas son perceptibles, pero debajo de las apariencias pueden esconderse enfrentamientos soterrados y las personas implicadas tienden a esconder sus desavenencias por miedo a la reacción.

También se deberá evitar dar pie a situaciones que puedan deteriorar las relaciones dentro del equipo, de forma consciente o inconsciente, por lo que el autoconocimiento, el autocontrol, la empatía y el respeto profundo y sincero, son de vital importancia. Cuando no es así, una broma descuidada, por ejemplo, puede resultar ofensiva y dolorosa. Además, han de evitarse las posibles diferencias injustificadas, que pueden manifestarse a través de retribuciones o de claras muestras de preferencia por algún miembro del equipo, destacando su trabajo o presentándolo continuamente como ejemplo. Del mismo modo, ha de cuidarse la creación de camarillas, compartiendo comidas o fiestas, con cierta frecuencia, con sólo una parte del equipo, por ejemplo.

Autoridad

En continuidad con lo que ya he dicho sobre este mismo tema, la persona que lidera, al margen de la autoridad jerárquica, que pudiera no existir, ha de tener una gran autoridad moral, que se base en el reconocimiento que le dispensan los demás miembros de la organización. Este reconocimiento no es gratuito, nace de las cualidades que el grupo percibe en ella, así como de la relación que establece con sus colaboradores o subordinados. Una persona muy eficaz y muy válida pero intratable, difícilmente va a conseguir el respeto y la admiración del grupo. La relación que se debe establecer ha de basarse en los siguientes principios:

1. **Fijar las reglas del juego**: Dejar muy claro qué es lo que se espera de cada cual y qué pueden esperar ellos a cambio, para evitar malos entendidos.
2. **Lealtad**: Exigir lo mejor, sin fallar al equipo. Debe haber un código de honor implícito, mantener la palabra, con un sentimiento mutuo de defensa, respaldo y apoyo. Y el único modo de lograr el apoyo del grupo es demostrarle que se estará ahí para defender sus intereses. Por otra parte, el apoyo de quien lidera es muy importante en los momentos difíciles que pueda atravesar cualquier integrante del grupo.
3. **Apertura**: Accesibilidad para todos y entre todos, con independencia del nivel que se ocupe en la estructura. Los niveles jerárquicos no pueden ser barreras infranqueables que impidan a los integrantes de un grupo contactar con quien los lidera o con sus compañeros. Debe escucharse atentamente a quien quiera comentar algo.
4. **Respeto**: Tener autoridad sobre otras personas o ser enormemente exigentes en el liderazgo, no tiene que ir reñido con un trato educado y respetuoso. Es importante saber cuándo reaccionar con rigor ante una actuación inaceptable. Pero ha de ser un rigor exento de humillación.
5. **Amabilidad**: Las relaciones deben ser cálidas y humanas, rechazando las frialdades habituales en muchos directivos, pero sin excesos. De fundamental importancia es tener siempre en cuenta que todos los miembros del equipo están en el mismo barco y luchan por el mismo objetivo.
6. **Compasión**: Ha de saberse mostrar comprensión cuando el error de un integrante del equipo no se deba a la mala fe; cuando, a pesar de haber actuado de manera responsable, no ha logrado los resultados previstos. La compasión no es muestra de debilidad, sino de preocupación e interés por las personas. La relación que la persona que lidere establezca con sus colaboradores influirá mucho en el trato que otros

líderes les dispensen. Su actitud es determinante en la formación de la cultura de la empresa o grupo social: debe servir de modelo para toda la organización.

Desarrollo de los demás

La generosidad, como capacidad para entregar y compartir parte de lo recibido, ha de ser una de las cualidades básicas del líder resonante; de quien se deja llevar por su pálpito inteligente. Una de las muchas diferencias entre un líder y alguien que no lo es consiste en esa marcada tendencia a concebir y desarrollar proyectos e ideas sin ánimos de detenerse hasta lograr hacerlos realidad. Así se muestra ese pálpito, esa pulsión inteligente, que constantemente necesita cauces de expresión y desarrollo. Y es tal su abundancia, que de forma natural busca compartir y generar mejores escenarios de trabajo y de cualesquiera otros aspectos de su vida en sociedad.

Como entrenamiento de esta cualidad e incluso como forma de visualizarla incorporada ya a nuestras habilidades de desarrollo del pálpito inteligente, podemos difundir y compartir estas reflexiones entre nuestro grupo laboral y entre nuestros amigos. Analicémoslas de vez en cuando, invitando a que las demás personas las desarrollen también en su propio entorno. Incluso resultará de sumo interés contrastar opiniones y experiencias al respecto, desde la perspectiva del enriquecimiento mutuo y colectivo. Agreguemos después las nuevas características que consideremos importantes, partiendo del impulso que generemos en los demás y que ellos inspiren en nosotros. Mejoremos las prácticas existentes y ayudemos a quienes nos rodean a crecer día a día. Éste es, tal vez, el principio supremo: compartir lo que alguna vez se recibió, para hacerlo crecer y multiplicar exponencialmente la prosperidad.

Catalizar el cambio

Volvemos otra vez a este asunto porque actualmente vivimos en un mundo en permanente cambio y no se nos puede olvidar. Lo que vale un día, puede quedar desfasado al siguiente. Esto exige mantenerse en estado de alerta permanente. Este escenario de continua transformación hace imprescindible que la organización se encuentre abierta al cambio, a la adaptación. En un mundo tan competitivo como el actual ninguna empresa o grupo social cualquiera puede permitirse el lujo de ir a remolque. Esta inestabilidad suele generar ansiedad.

La gente, por regla general, es reacia al cambio; lo rehuye. Se teme lo nuevo, lo desconocido. Tal temor provoca una actitud contraria a la innovación, porque no se reacciona hasta que no hay más remedio; cuando ya es demasiado tarde. Reaccionar tarde implica perder oportunidades de negocio, trastocar la comunicación intergeneracional o deslucir valores y ceder ventaja a los competidores. Adaptarse a los nuevos tiempos es absolutamente necesario para garantizar la supervivencia de la empresa o grupo social.

A quien lidera no sólo no debe preocuparle el cambio, sino que ha de saber encontrar en él una valiosa fuente de oportunidades. Ha de saber que si reacciona antes que los competidores tiene muchas posibilidades de ganar, en todos los sentidos. Ha de promover siempre una cultura favorable al cambio. Tratará de anticiparse a él, promoverlo y liderarlo. Debe combatir las inercias de «esto se hace así porque siempre se ha hecho así», cuyos efectos pueden ser muy nocivos. Necesita romper con la inercia de lo establecido, llegando incluso a enfrentarse con el poder para impulsar el cambio si no hubiera más remedio.

Se puede hablar de dos tipos de cambios externos a tener en cuenta:

- El que ocurre de improviso, de la noche a la mañana, como un sobresalto que todo el mundo percibe. Este cambio es tan evidente que implica una reacción inmediata.
- El paulatino, mucho más peligroso. Éste se produce de manera gradual, casi imperceptible, lo que hace que resulte muy difícil detectarlo. Cuando se quiere reaccionar es tarde; te deja fuera del juego.

Sólo una persona que mira al futuro, que está permanentemente oteando el horizonte buscando cualquier indicio de evolución, es capaz de percibir estos cambios graduales en su etapa inicial, con tiempo para reaccionar y ganar terreno ante los competidores. Quien lidera tratará continuamente de anticipar los posibles escenarios futuros, tomando las medidas oportunas para estar preparado. Además, en estos momentos de inestabilidad, quien lidera debe saber infundir confianza a los miembros de su equipo; transmitir la sensación de que todo está bajo control, de que la organización tiene un timonel que se encuentra alerta y que sabrá dirigir con éxito.

Estilos de liderazgo: usos y efectos

Cada estilo de liderazgo configura una estructura funcional, integrada por valores, creencias y capacidades, que determina la orientación de quien lidera. Pero lo importante, tal como se plantea desde el liderazgo situacional, es conocer los diferentes estilos, sus «pros» y «contras», así como sus ámbitos o circunstancias adecuadas de aplicación. Porque tal conocimiento y entrenamiento situacional permite desarrollar adecuadamente los impulsos interactivos del pálpito inteligente.

Por otra parte, se trata de comprender que hay un diálogo emocional, del que jamás se puede prescindir, seamos o no conscientes de él. Este diálogo lo mantiene cada persona consigo misma y también con aquellas con las que se relaciona. Por ello es más una cuestión de «resonancia» que de juicios sobre lo bueno o malo de las relaciones, actuaciones, interacciones o fórmulas de liderazgo, tal y como sigue pareciendo desde el aprendizaje normativo. En éste se fijan clichés para ser adoptados de forma fija y aplicarlos sin alternativa. Estos planteamientos, que han sido determinantes en nuestra cultura occidental, debido a la confusión de juicios de valor con juicios morales, así como a las normas y fórmulas rígidas de legislación, que nos siguen llevando a insalvables contradicciones y corrupciones sociales, nos han impedido aprender a relacionarnos desde el pálpito inteligente y por lo tanto desde el amor y la ternura que todos buscamos o necesitamos, de una u otra forma, como alimento y como expresión.

Con ello tampoco quiero juzgar y condenar tales procesos normativos. Tienen su sentido. Han sido y siguen siendo fundamentales en determinadas etapas de la evolución humana, aún mayoritarias entre la población general del mundo. El desarrollo de las relaciones desde el pálpito inteligente sigue siendo una cuestión de futuro. Es algo que ha sido valorado hasta ahora como utopía, desde múltiples propuestas ideológicas del pasado. Pero tal futuro se acerca, se abre paso como realidad tangible que necesitamos esforzarnos personalmente en construir.

Es en este sentido en el que deben tomarse todas las propuestas hechas hasta ahora, en este libro, y especialmente la exposición de los diferentes estilos de liderazgo, que vienen a continuación. Ninguno de ellos es «el» estilo adecuado. Dependerá de las circunstancias, las relaciones, las metas a alcanzar y nuestra propia situación personal, en función de nuestros conocimientos, habilidades y procesos emocionales del presente, que resulte más conveniente y adecuado situarse en una u otra plataforma relacional; es decir, que resulte más conveniente actuar desde un estilo u otro, para alcanzar los mejores resultados. En esta forma podremos seguir con mayor precisión y eficacia los impulsos, las indicaciones, de nuestro pálpito inteligente, entendiendo, en cualquier caso, que los mejores resultados financieros, de innovación, de integración de equipos y de plenitud de funciones y actitudes personales se obtienen cuando el liderazgo genera emociones positivas, en la propia persona y en aquellas sobre las que influye o a las que dirige, en cualquier sentido.

Veamos pues tales estilos y entrenémonos en ellos, jugando y practicando con gozo, alegría, sinceridad y ternura, dispuestos a observar los errores que puedan surgir y a rectificar desde ellos, de la misma manera que rectificamos en el aprendizaje de nuestros pálpitos, hasta lograr la fórmula más adecuada y eficaz, desde nuestra personalidad. Como ya dije anteriormente, el entrenamiento básico puede comenzar con ejercicios de interpretación, como si fuéramos actores, serios, responsables y comprometidos, en este gran teatro del mundo.

Autoritario

Los líderes que operan desde este nivel están motivados por necesidades de supervivencia. Son capaces de manejarse, en las crisis, de manera eficaz. Se muestran cautelosos en situaciones complejas. Crean y gestionan presupuestos con eficiencia. Comprenden las restricciones financieras, así como la importancia de las necesidades materiales y de seguridad de sus colaboradores.

En situaciones extremas, adoptan un estilo dictatorial para obtener lo que desean porque les resulta difícil relacionarse de manera sensible y abierta con las personas. Tienen miedo de sus emociones. No preguntan. Imparten órdenes. Temen soltar las riendas del poder porque tienen grandes dificultades para confiar en los demás. Cuanto mayores son sus temores, menos dispuestos se encuentran para asumir riesgos. Se enfadan rápidamente y se sienten incómodos discutiendo temas de índole emocional.

En resumen, *este estilo es apropiado para gestionar los asuntos vinculados con los recursos materiales y la supervivencia de la empresa*. También cuando se requiere llevar a cabo un cambio muy rápido o con personas conflictivas, pero su empleo habitual y excluyente puede crear entornos laborales emocionalmente insalubres.

Paternalista

En este nivel se encuentran motivados por necesidades de afiliación y pertenencia; tratan a las personas con respeto. Resuelven los conflictos. Practican una comunicación directa y abierta. Son accesibles para todo el personal. Se centran en la satisfacción de clientes externos e internos. Crean y promueven la armonía. Construyen lealtad entre el personal. Felicitan por las contribuciones y por el trabajo bien hecho.

Suelen tener la necesidad de agradar a los demás. Sin embargo, su necesidad de controlar tiende a ser excesiva, por lo que se pueden convertir en dictadores benevolentes. En situaciones extremas, exigen lealtad, disciplina y obediencia. Piden opiniones para hacer sentir a los demás que se les toma en cuenta, pero luego hacen lo que quieren. Pueden llegar a ser manipuladores y pretenciosos. Les resulta difícil confiar en los demás. Este tipo de actitudes de liderazgo suelen aparecer en empresas familiares, basadas en creencias como: «no se debe confiar en ninguna persona que no sea de la familia o que no haya estado con nosotros desde que fundamos la empresa», lo cual limita la aplicación del talento disponible en la organización.

En resumen, *es apropiado para gestionar personas y permite mantener relaciones armoniosas con colaboradores, socios y clientes, especialmente cuando se necesita superar diferencias, tensiones o enfrentamientos, motivar en situaciones críticas o fortalecer las relaciones, pero su empleo habitual y excluyente crea entornos laborales que limitan el espíritu emprendedor de las personas lideradas.*

Timonel

Lo utilizan quienes lideran o dirigen por medio de objetivos exigentes y que suponen desafíos, tal y como ocurre en los deportes de riesgo y en el capitalismo agresivo, muy característico de ciertos sectores comerciales y financieros. Es muy eficaz en la motivación al logro, al tener que generar nuevos enfoques para mejorar su rendimiento y el de las personas a su cargo. Su motivación no se encuentra directamente ligada con recompensas externas, sino más bien con la necesidad de satisfacer sus propias metas, desde un alto nivel de exigencia para sí y para las personas lideradas.

Es importante comprender que este estilo de liderazgo puede resultar muy negativo. Por ello habrá de usarse con medida y precisión, como si de un medicamento se tratara. Y es importante esta advertencia, precisamente en este estilo, porque suele considerarse que sus objetivos son admirables y deseables siempre, por su forma de alentar y ejemplificar niveles muy altos de rendimiento. Pero puede terminar degenerando en opresión o «quemando» a los integrantes del equipo, como ocurre con ciertos atletas o deportistas de élite, debido a la ausencia de empatía que produce una falta de consideración hacia las personas y el malestar generado en ellas, por centrarse exclusivamente en el logro de los objetivos. Por otra parte, en este estilo de liderazgo se tiende a no ver los propios errores, generando una apreciación distorsionada de la realidad, impaciencia y un carácter obsesivo que se centra con exceso en los detalles. Presenta dificultades graves en la comunicación.

En resumen, *puede ser bueno como complemento de otros estilos de liderazgo y en las dosis adecuadas, siempre y cuando se cuide la comunicación y la retroalimentación con los integrantes del equipo. Pero estos líderes suelen sentirse demasiado motivados por las cifras y los resultados, lo cual no suele resultar estimulante o inspirador para las personas que buscan la resonancia de su pálpito emocional.*

Técnico

En este nivel se sienten motivados por la necesidad de autoestima y diferenciación. Consideran que su trabajo es una ciencia; disfrutan de las estructuras, las mediciones, el análisis racional y el ejercicio de su intelecto. Son buenos para organizar información y para monitorear resultados. Se orientan a la calidad y la excelencia. Tienen amplias habilidades analíticas y facilitan la solución de problemas. Gestionan la complejidad a través de sistemas y procesos. Crean orden y eficiencia. Anticipan los problemas de sobrecarga de trabajo y logran que las tareas se lleven a cabo. Son productivos y logran sus metas. Planifican su trabajo y aportan estabilidad y continuidad. Elaboran cronogramas y disfrutan de mantener las situaciones bajo control. Se centran en el desarrollo de sus habilidades y disfrutan aprendiendo nuevas técnicas de gestión. Apoyan al personal en su crecimiento profesional.

Cuando su necesidad de progreso está impulsada por temores, se vuelven ambiciosos y competitivos. Juegan al maquiavelismo para obtener lo que quieren y evitan dar malas noticias a sus superiores. Su necesidad de orden puede inducirles al inmovilismo y sus deseos de recompensas puede llevarlos a trabajar demasiadas horas y desatender a su familia. Pueden crear conflictos de poder por exagerar su necesidad de competir con otras personas o sectores de su organización.

En resumen, *es apropiado para crear entornos productivos y eficientes, pero su empleo habitual y excluyente suele generar resistencia y resentimiento por su insensibilidad.*

Los comportamientos asociados con los estilos anteriores describen a directivos que operan como «gerentes de recursos», impulsados por su propio interés en alcanzar los resultados que les han sido encomendados.

Facilitador

Los directivos que operan desde este nivel se encuentran en un proceso personal de transición. Están aprendiendo a dejar de lado sus temores porque han resuelto sus necesidades internas de control y aprobación. Lo hacen con sus referencias internas, lo que les permite enfocar su trabajo desde un propósito vital. Están en pleno proceso de transformación, abiertos al aprendizaje, al cambio y a la evolución. A medida que van superando su necesidad de aprobación, comienzan a descubrir quiénes son realmente. Al dejar de lado su necesidad de controlar, promueven la participación de los demás. Facilitan el trabajo de sus equipos y permiten que sus integrantes expresen sus necesidades. No están casados con su carrera profesional, tan sólo desean desarrollar su visión y trabajar en su misión. Buscan un trabajo en consonancia con su pálpito y les gusta aprender acerca de sí mismos a través de actividades enfocadas a su crecimiento personal. Tienden a volverse cada vez más abiertos e innovadores y buscan el equilibrio entre su vida personal y su trabajo. Esto les permite ser objetivos con respecto a sus fortalezas y sus debilidades. Se centran en las habilidades de comunicación interpersonal, la resolución de conflictos y en la formación de equipos de alto rendimiento. Fomentan la mejora continua en su organización. Son capaces de abarcar la diversidad. Se centran en el aprendizaje continuo. Son fiables y responsables. Comparten conocimiento. Disfrutan con los retos. Asumen riesgos calculados. Se muestran flexibles y adaptables a los cambios. Construyen un fuerte espíritu de equipo. Apoyan a sus colaboradores en su crecimiento personal. Y buscan el consenso real de las personas a su cargo, así como de sus asociados.

En resumen, *describe a los directivos que están dejando de ser «gerentes de recursos» para transformarse en «líderes de personas». Este estilo de liderazgo es el más adecuado para implantar cambios «con y a través» de los demás.*

Integrador

Es un estilo motivado por la necesidad de encontrar un significado trascendente en su trabajo y abrazar una causa. Una manera de hacerlo es impulsando la creación de un espíritu de comunidad en su organización. Son creadores de capital cultural y de confianza en sus organizaciones. Prefieren obtener el mejor resultado para todos, antes que el mejor resultado para su propio interés. Son flexibles, se adaptan fácilmente y practican lo que predican. Resuelven los problemas de manera creativa. Reconocen que no tienen todas las respuestas. Están dispuestos a mostrarse vulnerables. Son honestos, buscan la verdad y no evitan enfrentarse con las personas y sus superiores porque tienen muy pocos temores. Se sienten seguros manejando cualquier situación. Esta confianza y apertura les permite ver los problemas como oportunidades. Son auténticos, comprometidos, democráticos y entusiastas, así como intuitivos, creativos, abiertos y generosos. Asignan prioridades, comunican su visión de manera congruente y planifican a largo plazo. Toman decisiones y actúan de acuerdo a sus principios y sus valores. Crean las condiciones para que la organización aporte un significado trascendente para la vida de las personas. Mantienen un enfoque proactivo. Actúan con integridad y honestidad.

En resumen, *crean un entorno laboral que alienta la cooperación entre las diferentes áreas de la organización y el pálpito resonante.*

Mentor

Este estilo se rige por la necesidad de marcar la diferencia y servir a quienes lideran, así como a la organización en su conjunto, creando asociaciones y alianzas estratégicas con otras empresas. Al mismo tiempo, cuidan a su equipo asegurándose de que cada persona alcance su autorrealización a través de su trabajo. Analizan las situaciones desde una perspectiva sistémica y ven más allá de los estrechos límites de causa y efecto. Adoptan sistemas de apoyo al personal y crean pactos mutuamente beneficiosos con proveedores y clientes. Mantienen un rol activo en su comunidad y conexiones que avalan la buena reputación de su empresa ante la opinión pública. Reconocen la importancia de la responsabilidad social y ambiental de la empresa y suelen ir más allá de lo que exigen las leyes para operar en armonía con el medio ambiente y con el entorno socio-político. Practican la escucha activa y la empatía. Inspiran a los demás con su propio ejemplo. Actúan como mentores y entrenadores de sus colaboradores.

En resumen, *crean un entorno laboral que alienta la colaboración con los clientes y los proveedores de la empresa, extendiendo hacia ellos la resonancia de su pálpito inteligente.*

Democrático

En este estilo se tienen en cuenta los valores personales y se estimula el compromiso mediante la participación. Su mejor ámbito de aplicación se da cuando el líder no tiene una idea muy clara sobre la dirección que se debe seguir. En tales circunstancias, sondear las perspectivas, propuestas o intereses del equipo resulta muy oportuno. En esta forma se genera un flujo libre y abonado para la comunicación. Y, como consecuencia de lo anterior, resulta fácil y conveniente delegar la autoridad.

Puede oscilar desde la persona que no toma decisión alguna sin la cooperación de los integrantes del equipo, hasta el que las toma sin consultarlas antes con ellos. Este enfoque implica relativamente poca supervisión y es útil cuando se trata de profesionales altamente capacitados. Pero tiene un punto débil: el grupo puede tardar mucho en tomar decisiones y el líder puede perder el control sobre los integrantes del equipo.

Las reacciones de grupo, cuando se aplica adecuadamente este estilo, deben ser: un alto índice de entusiasmo, una mayor calidad y cantidad de producción, un incremento notable de la moral del grupo y la satisfacción de las necesidades.

Liderazgo de formación (*coaching*)

Lo llevan a cabo quienes se esfuerzan por establecer puentes o poner en conexión los objetivos de las personas con los del grupo, desde una perspectiva de consejeros proactivos y empáticos. Por ello exploran los objetivos y valores de las personas a su cargo y las ayudan a ampliar su repertorio de habilidades. Se trata de líderes sinceros, capaces de ofrecer desinteresadamente su ayuda e ir más allá de los simples consejos, escuchando antes de reaccionar. Tienden a generar un considerable impacto emocional positivo. Las personas se sienten respaldadas por ellos y motivadas para asumir más responsabilidades, en niveles superiores de actividad. Este estilo tiene mucho que ver con una tutoría activa, con un sentido de formación continua, con un seguimiento práctico que ayuda a desarrollar el potencial de las personas a largo plazo. Y este apoyo al crecimiento y desarrollo de las personas es una clave fundamental del éxito del equipo, que no sólo genera buenos resultados, sino estabilidad, integridad y satisfacción.

Liderazgo del pálpito inteligente visionario

Este estilo se encuentra motivado por la necesidad de contribuir al bien común. Los líderes con esta orientación se preguntan constantemente: «¿Cómo puedo ayudar?». Su visión es global. Ven su propia misión y la de su organización como parte del ecosistema. Para ellos, el mundo es una compleja red de interconexiones y saben que su rol es importante en él, desempeñándolo con humildad. Son generosos, saben perdonar, son comprensivos con los errores y pueden relacionarse adecuadamente con personas de todos los niveles. Les preocupa la situación del mundo, en relación con la paz, la justicia, la ética, la ecología y las generaciones futuras. No están dispuestos a comprometer metas a largo plazo por ganancias a corto plazo. Disfrutan de la soledad y se mantienen serenos ante la incertidumbre. Buscan la sencillez y la eficacia. En resumen, despiertan la admiración de los diferentes ámbitos sociales por su sabiduría, su visión y su compromiso ético.

Si tenemos en cuenta la orientación hacia las personas y los objetivos, podemos encontrar también otros cuatro estilos característicos de liderazgo:

El donjuán

Desarrolla el máximo interés hacia las personas, con poca implicación en los objetivos. Cree en el sentimentalismo como motor, pero se vuelve descuidado con la gestión y la organización. Es un estilo muy motivador en situaciones de crisis. Pero alcanza su éxito en función de sus estados de ánimo, desde un pálpito no suficientemente depurado, por lo general.

El dictador

Desarrolla el máximo interés hacia los objetivos, con poca implicación hacia las personas. Tiende a ser una persona engreída, que se siente por encima de los demás. Sus decisiones son impuestas a la fuerza sin ser consensuadas, desde una actitud tiránica. Genera equipos de personas sin iniciativa ni creatividad.

El domador

Desarrolla poca implicación hacia las personas y hacia los objetivos. Sólo cree en el desarrollo individual, con un fuerte desinterés por el ser humano, en sentido amplio. Se mantiene a distancia de su equipo y sus colaboradores carecen de motivación.

El líder del pálpito inteligente

Se encuentra muy centrado en los objetivos y también en las personas. Crea sensación de equipo, dando valor a todas las ideas y opiniones. Transmite conocimientos con afecto y profesionalidad. Integra el orden y la disciplina con el interés por las personas.

6

DIAGNÓSTICO Y CORRECCIÓN
DE PROBLEMAS DE APRENDIZAJE

Evaluación

Los «síntomas» a los que se debe prestar atención en las empresas, grupos sociales o familiares son: estancamiento, desmotivación, mediocridad, falta de ilusión, de creatividad, de motivación, de metas y de realización personal. En general, se deben tener en cuenta todos aquellos estados de la conciencia que propician mantener los ojos abiertos a las realidades externas e internas; los estados emocionales propios y ajenos. Además, podemos catalogar las siguientes «enfermedades institucionales»:

Liderazgo tóxico
Implica que ningún líder es perfecto, ni tampoco necesita serlo. Pero lo cierto es que los líderes despóticos acaban generando entornos laborales, sociales o familiares más disonantes que resonantes; es decir, que envenenan el clima emocional del entorno correspondiente.

Liderazgo disonante
Se produce entre los líderes que carecen de ciertas competencias fundamentales de la inteligencia emocional como la empatía, el sentimiento de equipo y la preocupación por desarrollar lo mejor de sus empleados, colaboradores, amigos o familiares.

Enfermedad del «pelota»
La enfermedad del «pelota» es un fenómeno que se deriva del deseo natural de complacer a quien dirige o supone algún tipo de autoridad je-

rárquica. Este deseo lleva a las personas afectadas a ocultar a sus líderes información importante no sólo sobre su conducta y sus estilos de liderazgo, sino también sobre el estado general de la organización, empresa o estructura social. Como resultado, quien lidera sólo dispone de una información limitada respecto de lo que sucede a su alrededor.

Enfermedad del punto ciego

Aparece cuando las personas con un rendimiento escaso tienden a exagerar sus propias capacidades. Esto genera problemas personales y organizativos parecidos a un cáncer o enfermedad degenerativa de lenta evolución. Por la salud de la empresa o negocio, de la familia o grupo socio-cultural, debería permanecerse alerta. Quien lidera y observa este tipo de actitudes debe cuanto antes reconducirlas, ayudando a que la persona en cuestión alcance las competencias pretendidas, a través de un desarrollo real.

Tiranía exitosa

Se da en líderes cuya eficacia no se ve comprometida o reducida a pesar de presentar graves deficiencias en determinadas competencias de la inteligencia emocional, ya que saben contrarrestar esa limitación con otras fortalezas adecuadas. Se manifiesta en aquellos líderes agresivos y malintencionados que dan muestras de éxito, a pesar de no tener ningún escrúpulo a la hora de utilizar métodos mezquinos. Tales personas suelen ser hábiles para rodearse de auténticos líderes, que utilizan estilos de liderazgo resonantes para fomentar el trabajo en equipo. En esta forma logran excelentes resultados a corto plazo. Se trata de algo muy común en ciertas empresas. Es una enfermedad caracterizada por una fase corta, de elevada rentabilidad, que llega a consumir los recursos humanos y económicos fundamentales para poder estabilizar tales logros. Puede verse un reflejo actual en las organizaciones que abusan de los esteroides en el deporte.

Con los pies en la tierra

La gestión del pálpito inteligente, la inteligencia emocional o el liderazgo resonante no son cosas que puedan aprenderse tan sólo con la lectura de este libro, en un seminario o en un cursillo de fin de semana porque se necesita tiempo para adecuar los hábitos básicos, para corregir y ajustar el pálpito. Esto supone ir trabajando con perseverancia en los entornos cotidianos, poner en práctica los ejercicios propuestos, en forma lúdica y con buen humor. Al ir ejercitándonos en las estrategias adecuadas y contando con los recursos apropiados, en un entrenamiento continuado, los efectos se irán notando y nos conducirán a los resultados previstos.

El auténtico desarrollo del pálpito inteligente se asienta en una vivencia holística; es decir, que tenga en cuenta el ecosistema humano completo, yendo más allá de la adecuación de conductas laborales o de la mera planificación de una carrera profesional con la única finalidad de lograr un éxito parcial. Quienes deseen mejorar su rendimiento laboral deben hallarse emocionalmente comprometidos con su propio desarrollo personal y para ello es necesario que se centren y asuman lo que realmente les importa.

Se ha comprobado que trabajar o entrenar el pálpito inteligente en un grupo presencial, en el que sus integrantes interactúan abiertamente con ese propósito, tiene un gran efecto. Para lograrlo se precisa de cierta experiencia y de recursos idóneos que van tanteando en forma dinámica el pulso emocional de todo el grupo, para encauzarlo en la dirección adecuada. Por su parte, cualquier empresa, grupo u organización puede convertirse en auténtica promotora del liderazgo palpitante y resonante, lo cual supone una gran ventaja no sólo para las personas que trabajan o colaboran, sino también para el rendimiento global.

Los programas de capacitación ayudan a sensibilizar, identificar y transformar hábitos, conductas y pensamientos profundamente enraizados, convertidos en respuestas y comportamientos rutinarios o automáticos que atentan contra el autoconocimiento, la sensibilidad, la adaptación al cambio, la motivación, los estilos innatos de liderazgo y la transformación de la cultura empresarial o social correspondiente.

Educación emocional en el entorno social o laboral

¿Qué beneficios se logran en el entorno social y familiar por medio del aprendizaje en la corrección de los prejuicios y condicionamientos que dificultan la escucha del pálpito inteligente? La paz, la armonía, el cariño, la alegría, la cooperación: la felicidad.

¿Y qué beneficios se logran en el ámbito empresarial? El incremento de la cuenta de resultados. ¿Cuál puede ser la diferencia que existe, por ejemplo, entre los vendedores que facturan un millón de euros al año y los que sólo llegan a cien mil? ¿Cuál es la diferencia entre los trabajadores «estrella» y los corrientes?

Esa diferencia no parece residir tanto en su habilidad técnica o en su inteligencia racional, como en la forma en que gestionan sus emociones, en especial las negativas; en su grado de motivación, su perseverancia y el tipo de relaciones que establecen o en la sensibilidad que muestran hacia los demás, el modo en que se relacionan con ellos y otros pequeños detalles parecidos. Esas pequeñas cosas son, en última instancia, la variable fundamental.

Sobre los líderes de mayor éxito. ¿Cuál puede ser la variable que explica las diferencias de rentabilidad, clima laboral, crecimiento global y fidelización de trabajadores y clientes, que existen entre las distintas secciones de una gran multinacional? La clave de los beneficios de una empresa también depende del modo en que su líder gestiona las emociones y sus relaciones.

Quienes no saben gestionar adecuadamente su ira y explotan con facilidad potencian la ansiedad de las personas que los rodean, lo cual termina por influir en los resultados comerciales y financieros de la empresa que dirigen. Parece que las personas agresivas y arrogantes son las que generan mayores éxitos, pero sólo se trata de unos éxitos provisionales. A la larga, los conflictos terminan con ellas o con sus empresas, organizaciones o familias.

Hay estudios que muestran claramente el efecto del estilo emocional de los líderes en el clima emocional de sus subordinados. Si ese clima es positivo, los beneficios son mayores porque, en tal caso, los empleados dan lo mejor de sí. Si, por el contrario, a los trabajadores les desagrada su jefe o se sienten a disgusto en su puesto de trabajo, se limitan a cumplir estrictamente con su función sin necesidad de alcanzar un desempeño óptimo, lo que, a la larga, acaba resultando perjudicial para la empresa. Quienes lideran desde los estilos más positivos resultan más inspiradores, porque saben articular los valores compartidos para que sus empleados encuentren satisfactorio el trabajo que realizan. Este tipo de líderes sabe crear un clima emocional positivo en sus empresas, lo que necesariamente influye en la cuenta de resultados. Del mismo modo, los líderes que saben establecer relaciones más armónicas entre sus empleados y que dedican tiempo a conocer sus intereses personales, también obtienen mejores resultados. Por último, quienes colaboran con sus empleados y los que toman sus decisiones después de escuchar a todos, tienen también un impacto mucho más positivo.

En contrapartida, el líder autoritario, el que dice: «Eso es así porque lo digo yo» tiene un efecto muy negativo en el clima de la empresa. Tal vez este tipo de líder resulte eficaz en ocasiones muy puntuales cuando, por ejemplo, la empresa se enfrenta a una situación muy urgente, o cuando los subordinados deben atenerse a directrices muy claras. Pero si ésa es la única forma de dirigir que tiene, su efecto será inequívocamente nocivo.

La creatividad y la empatía que resultan del ejercicio natural del pálpito inteligente, involucran facultades distintas a las asociadas con la corteza cerebral. Éste es uno de los principales motivos por los cuales, para llegar a dominar una nueva competencia como por ejemplo, el liderazgo, no basta con la simple lectura de un manual o con un seminario de un par de días, sino que se requiere mucha repetición y mucha práctica. Y contrariamente a lo que sucede con el intelecto, cuando el aprendizaje del liderazgo se atiene a ciertos principios básicos, las mejoras logradas pueden ser permanentes, aunque ello, evidentemente, exija la adecuada motivación, el compromiso de los interesados y un esfuerzo deliberado y persistente.

Resumen de condiciones equilibradoras

Mientras se alcanza el punto de madurez adecuado en el desarrollo del pálpito inteligente, conviene tener en cuenta, a modo de resumen, algunos principios.

Quien lidera debe consensuar con su equipo los objetivos de la empresa o estructura social correspondiente a largo plazo. Hay que ser muy cuidadosos en la selección de estos objetivos. Deben ser difíciles, muy exigentes, pero también realistas y alcanzables. Si no fuera así, las personas podrían desentenderse en secreto de ellos por considerarlos absurdos. La empresa debe concentrar sus recursos en el logro de objetivos muy concretos. Es contraproducente el esfuerzo que se hace por alcanzar metas dispersas: se corre el riesgo de no conseguir nada.

Los objetivos deben estar cuantificados, como, por ejemplo, «ser el número uno por capitalización bursátil, doblar las ventas en tres años o ganar 4 puntos en cuota de mercado». No valen las ideas imprecisas, por muy positivas o bonitas que parezcan, del estilo «ser los mejores, crecer, diversificarse». Es fundamental tener en cuenta la opinión de las personas a quienes se les van a exigir estas metas: escucharlas, conocer sus argumentos, prestarles atención. Unas metas impuestas, en las que las personas afectadas no han sido consultadas resultan poco motivadoras. Una vez definidos los objetivos a largo plazo, se establecerán metas a corto plazo.

Estas metas menores han de conducir a la consecución de los objetivos a largo plazo. Permiten aumentar la presión sobre el equipo, ya que el largo plazo se puede ver como algo muy distante y podría generar una cierta relajación. Por otra parte, la consecución de metas parciales contribuye a aumentar la moral de los empleados.

Aunque es fundamental ajustarse firmemente al plan de acción definido y ser muy persistente en su consecución, a la hora de liderar no se puede renunciar a la flexibilidad; a dar un golpe de timón en un momento dado si surge una oportunidad que conviene aprovechar. En un mundo tan cambiante como el actual no caben actitudes rígidas.

Una vez fijadas las metas, se debe conceder autonomía a los distintos departamentos o miembros del equipo para que procedan como consideren más oportuno. A fin de cuentas, la persona que hace el trabajo es quien mejor conoce la forma de hacerlo. Aunque debe entenderse tal autonomía dentro de ciertos limites, para evitar el descontrol. La autonomía favorece que los empleados asuman responsabilidades, tomen decisiones y respondan por sus resultados. Fomenta la creatividad. Quien lidera no debe inmiscuirse en los pequeños detalles del trabajo de sus subordinados. Podrían sentirse incómodos, presionados o infravalorados. Sólo cuando la eficacia de algún departamento no esté a la altura de lo esperado, se podrá profundizar para ver los motivos de este fracaso y fijar los cambios pertinentes.

Cuando los diferentes departamentos funcionan con autonomía, resulta interesante establecer un sistema de comunicación dentro de la empresa que permita compartir experiencias. Si un departamento ha desarrollado un método de trabajo que resulta eficaz, podría también ser útil en otras áreas de la empresa. Por último, hay que dar a los departamentos los medios necesarios para que puedan cumplir sus objetivos. No se puede pedir al departamento de producción que rebaje los costes de fabricación, que mejore la calidad de los productos, sin proporcionarles las herramientas adecuadas, la tecnología necesaria o la formación requerida. Tampoco se puede pedir al departamento comercial que gane cuota de mercado sin darle una cartera de productos atractivos con los que poder competir.

Una vez fijados los objetivos a largo plazo y las metas a corto, se deben establecer unos sistemas de medición que permitan saber si la empresa se aproxima o no a la consecución de sus objetivos. Los sistemas de medición permiten identificar los aspectos en los que se avanza y aquellos en los que hay que redoblar los esfuerzos.

También permiten a los departamentos responsables conocer el resultado de sus actuaciones, experimentar nuevos métodos de trabajo y comprobar cuáles son los procesos más eficaces. Estos sistemas de medición tienen que ser absolutamente objetivos. Por ejemplo, si la empresa quiere medir la eficacia de su fuerza de ventas puede utilizar el ratio ventas/vendedor. Si el objetivo es mejorar la calidad percibida por el cliente, no puede quedarse en una mera declaración de principios, en un simple ideal, sino que hay que definir indicadores que midan este concepto, como, por ejemplo, «el número de reclamaciones de clientes por cada mil pedidos atendidos». Si se quiere mejorar la calidad del proceso de fabricación se podría utilizar como indicador el porcentaje de «piezas defectuosas sobre el total de la producción». Si se quiere mejorar la efectividad de la red comercial, algunos posibles indicadores serían «el número de clientes por vendedor», «el número de pedidos por vendedor», «el beneficio por vendedor», etc.

Medir el rendimiento de una actividad puede ser un asunto complejo, ya que puede haber diversos matices, como, por ejemplo: no es lo mismo mejorar las ventas concentrando el crecimiento en un solo cliente que diversificándolo entre varios. Por ello, es preferible no establecer un solo indicador para medir un aspecto determinado, sino una batería de indicadores. Esto permitirá controlar de forma más exhaustiva aquello que se quiere medir.

Los indicadores de eficacia que se vayan a utilizar deberían haber sido discutidos y consensuados con los departamentos que se vayan a ver afectados. En primer lugar, porque son los que mejor conocen su actividad y, por tanto, los que tienen mejor criterio para ver los «pros» y «contras» de cada uno de ellos. Además, no puede haber discrepancias sobre la validez de los indicadores utilizados. Los departamentos afectados son los primeros que deberían utilizar estos medidores para obtener información y poder tomar las medidas oportunas. Los indicadores permiten analizar la evolución de la efectividad en el tiempo; es decir, ver si la empresa mejora o no, así como comparar los resultados obtenidos con los de los competidores para ver en qué aspectos se está por delante y dónde hay que mejorar.

Prevenir las recaídas

Entre los peligros que acechan al líder y que pueden determinar que su influencia en la empresa llegue a ser negativa, podemos señalar los siguientes:

Endiosamiento. Todo líder debe tener un nivel de autoconfianza elevado, pero sin llegar a caer en el endiosamiento. Este sentimiento podría llegar porque suele moverse en círculos de poder, se codea con gente influyente, sus órdenes se cumplen sin rechistar, nadie cuestiona sus decisiones, su presencia infunde respeto a sus subordinados y entre sus ayudantes abundan los aduladores en busca de favores. Todo ello puede hacer que poco a poco el líder se termine endiosando, creyéndose un ser superior, infalible; en posesión de la verdad. A partir de entonces comenzará a no preocuparse por escuchar otras opiniones, a pensar que no necesita pedir consejos; se irá convirtiendo en un ser autoritario que todo lo gestiona dando órdenes. Entonces se hará distante, prepotente y avasallador; la organización, como consecuencia, comenzará a perder confianza en él. Todo ello irá deteriorando el ambiente laboral: un líder endiosado no es capaz de motivar. Su soberbia lo lleva a cometer errores que no reconoce y de los que responsabiliza al resto del equipo. Es frecuente la siguiente paradoja: los líderes más destacados, quienes tendrían más motivos para estar endiosados, son precisamente los que menos lo están, mientras que quienes tienen menos méritos son los que más. Para evitar el endiosamiento hay que cultivar la virtud de la humildad. También es fundamental rodearse de gente con personalidad, personas que sepan defender sus ideas y llevar la contraria al líder cuando sea necesario.

Perder contacto con la realidad. El líder va dedicando cada vez más tiempo a los temas estratégicos y comienza a despreocuparse del día a día, a despreocuparse de mantener contacto con la realidad, con el trabajo de base. Y al hacerlo, comienza a perder información. Esa información fundamental que proporcionan los vendedores, los recepcionistas y los clientes, para seguir manteniendo las riendas del negocio, anticipar los cambios y saber por dónde va la competencia. La información que recibe a través de los conductos reglamentarios suele ser de peor calidad. Cada escalón jerárquico supone un filtro y los empleados suelen ocultar información cuando creen que puede molestar al jefe. Normalmente, mientras más alto es el nivel jerárquico en el que se encuentra una persona dentro de la organización, peor es la calidad de la información que recibe.

Quedar obsoleto. Hay líderes que no evolucionan, que suelen aplicar siempre el mismo modelo de actuación, el que mejor les funcionó en el pasado. No parecen darse cuenta de que en un mundo tan cambiante como el actual, cada vez más complejo, lo que funcionó en un momento determinado puede no ser útil unos años más tarde.

Complacencia. El líder puede llegar a sentirse satisfecho con los objetivos conseguidos y esto puede llevarle a bajar la guardia, a considerar suficiente tratar de mantener el nivel actual de la empresa, lo que, en un mundo tan competitivo como el actual, es un planteamiento muy peligroso, que puede ser el inicio de la decadencia.

Pérdida de motivación. El líder que está muchos años al frente de la misma empresa puede terminar perdiendo la ilusión por el proyecto. Cuando una actividad se hace rutinaria pierde su atractivo inicial; aquel sentido de «aventura» que tanto lo ilusionó en su momento y que lo llevó a ver su trabajo como un auténtico desafío. Cuando esta ilusión se pierde, la dedicación al trabajo y el nivel de rendimiento se resienten inmediatamente.

El caso de Gemma

Gemma, una mujer acostumbrada a liderar su empresa, tuvo una enfermedad que la obligó a guardar reposo casi dos meses. Durante ese tiempo, pudo reflexionar sobre algunos aspectos de su vida, porque el estrés al que estaba sometida nunca le había dejado tiempo para ello.

Decidida y valiente, incluso un poco temeraria, siempre había sido la líder entre sus amigas. Tras estudiar Empresariales, alcanzó pronto la dirección de la organización en la que trabajaba. Desde muy pequeña se había hecho cargo de sus dos hermanos, pues su madre gozaba de poca salud. Su padre, aunque trabajaba mucho, nunca tuvo suerte en la consecución de sus metas y confió en que su hija, que era tan lista y decidida, consiguiera lo que se propusiera en la vida.

Gemma, agradecida por la confianza que él depositó en ella, no había descubierto aún que su afán por ocupar puestos de poder se debía también al rechazo que sentía hacia su madre. No quería ser como ella; debía superarla. Se identificó con el deseo de su padre. Y ante su enfermedad, comenzó a cuestionarse su intransigencia con respecto a las «debilidades».

El primer grupo humano que conocemos es la familia y nuestros primeros líderes son los padres, que son desbancados por otros que dirigen grupos mucho más amplios.

Quien lidera debe tener iniciativa, creatividad, madurez emocional y condiciones psicológicas para comprender las situaciones y pasar a la acción con rapidez. También ha de tener empatía, ser leal a los principios que representa, saber aceptar sus errores y mostrar responsabilidad. Teniendo en cuenta todas estas cualidades, se tiende a depositar en el liderazgo un ideal común, así como un conjunto de impulsos inconscientes que dominan a la sociedad en un determinado momento.

Cuanto mayor es el sentimiento de desamparo e inseguridad, mayor es la necesidad de creer y confiar en algún ideal encarnado. En épocas de incertidumbre, las personas, en su afán por sentirse protegidas, necesitan creer en liderazgos omnipotentes y salvadores para recomponer el narcisismo amenazado, sufriendo, a veces durante mucho tiempo, un estado de fascinación hipnótica que no les permite ver la realidad.

De esta manera, pueden llegar a negar la corrupción de sus dirigentes y de su entorno. Es el caldo de cultivo de los dictadores. Si el líder respeta a sus semejantes y no tiene demasiadas fragilidades narcisistas, cumplirá bien su función. Si tiene verdadera autoridad, no se sentirá infalible, no tendrá miedo de sus errores y aprenderá de ellos. Sin embargo, los líderes autoritarios nunca aceptan sus fallos porque llevan dentro de sí a un niño despótico e inmaduro. Cuando necesitan alimentar continuamente su sensación de triunfo y no aceptan sus derrotas, se trata de un cuadro narcisista, un trastorno de la personalidad o una neurosis que, al no poder cumplir con los propósitos previstos, puede provocar una situación depresiva.

Un paso más

Hemos estado considerando hasta ahora algunas fórmulas de análisis y corrección de problemas, desde la perspectiva de la alerta consciente y racional, mientras madura y se corrige el pálpito inteligente. Deben entenderse tales medidas como puntos de apoyo provisionales. Y debo enfatizar este aspecto, reiterando lo que ya dije antes en varias ocasiones, porque se corre el riesgo de tomarlo como fin y bloquear el proceso básico, tal y como ha venido ocurriendo en los últimos siglos en los modelos de educación y capacitación técnica. Ninguno de ellos fue malo. Han sido etapas importantes y necesarias para salir de la superstición y formar un sentido crítico eficaz. Pero necesitamos dar un paso más para llegar al verdadero pálpito inteligente, que también se apuntaba desde la Antigüedad como referencia a la sabiduría o maestría experta.

Para ello regresamos al trabajo íntimo, de ajuste personal profundo. En este sentido necesitamos hacer una planificación diaria o semanal, tal y como se sugería e incluso se imponía en las costumbres religiosas. Ha de ser un tiempo en que nos apartemos de las preocupaciones y tareas cotidianas, las obligaciones externas, para encontrarnos con nosotros mismos, para habitarnos. Tiene que ver con la auténtica meditación, con el encuentro de nuestra identidad profunda: nuestro ser real.

En las diferentes religiones, este proceso se vincula con la oración, la adoración o la dedicación a la divinidad, según las diferentes condiciones de las respectivas creencias. En la sociedad descreída o distanciada de los procesos religiosos, se sustituyó por la cultura del ocio y la diversión. Sin entrar a criticar ninguno de los planteamientos anteriores, lo que estoy proponiendo es algo diferente pero complementario con ambas cosas. En lugar o como complemento de los preceptos y tradiciones religiosas, se trataría de buscar nuestro pálpito más profundo, nuestros más profundos sueños, ideales y valores; aquellos que podamos llegar a sentir y emerjan con dulzura, en secreto, como el aroma de la rosa tierna del jardín interior. No debe suponer ninguna creencia teológica o moral determinada; es otra cosa. Más que del pensamiento, se trata de la sensibilidad, del gozo y de la paz de «habitarnos a nosotros mismos». Es una experiencia que sólo se puede sugerir metafóricamente porque se encuentra más allá de lo puramente racional. Por ello espero que sean suficientes las indicaciones dadas. No es fácil al principio. Sugiero que se intente reiteradamente, con ilusión y ternura, hasta que se llegue a descubrir la sensación de gozo, junto con la ausencia de necesidades y deseos, aunque sólo sea por unos instantes. Ayuda mucho contar con un ritmo armónico, tal como una música suave y agradable, la respiración pausada y profunda, pasear en soledad contemplando la naturaleza o a otras personas desde la empatía y el silencio, con mirada artística o poética, pero siempre con el propósito de permitir que aflore nuestra realidad profunda. Cuando esto ocurre, se alcanza la sensación clara de la serenidad y el gozo, a través de una discreta sonrisa de ternura interna.

La pauta inconsciente y no depurada del cerebro es quedarse atrapado en las dificultades, las irritaciones, las frustraciones y los pensamientos negativos. Superar este pálpito primitivo y de tendencias paranoicas requiere perseverancia y voluntad.

Cuando se practica lo anteriormente sugerido, también se encuentra el ocio y la diversión. Incluso puede aplicarse para disfrutar con más intensidad y menos dependencia de lo ajeno, en cualesquiera de las modalidades habituales. Es un entrenamiento eficaz, con alto rendimiento en lo personal, lo social y lo profesional, que también permite disfrutar, con ahorro de gasto global. La única barrera o dificultad se encuentra en nuestra propia imaginación y optimismo. Tal orientación no racional es en realidad «suprarracional». Es decir, que en lugar de evitar la razón, se trata de entrenarse para utilizarla en un sentido mucho más amplio, con apoyo de la imaginación, las emociones positivas y la creatividad.

Una vez conseguido este punto, este gozo personal y sereno con las pequeñas cosas, comenzará la segunda parte del proceso: la expresión. Ésta se irá desarrollando con apoyo de un pequeño «diario de intimidades», que podemos ir orientando hacia la realización, materialización o vivencia de nuestros «sueños» o deseos superiores; es decir, todo aquello que nos produzca autoestima, sensación de autosuperación, bienestar, valor, sano orgullo y felicidad, aunque a nadie más le importe. Se trata de actuaciones, pensamientos, obras o logros, en general, que podamos escribir o contar con satisfacción a cualquiera y que si únicamente lo viéramos nosotros en nuestro listado de logros personales, en nuestro diario secreto, nos produciría la misma sensación de bienestar. Estos sueños materializados deberían ser personales, sociales, artísticos, espirituales y profesionales. Es decir, en estos logros deben quedar reflejados **todos** los aspectos de nuestra dimensión humana integral, sin necesidad de compararnos con nada ni con nadie; sin atenernos, en este sentido, a pautas morales ajenas o a la imitación de personalidades ejemplares. Se trata de expresar, exclusivamente, nuestra identidad profunda, nuestro «ser real», con satisfacción plena.

Una vez conseguida la expresión personal profunda, el siguiente paso es la comunicación. Y esta comunicación de la intimidad genera, inevitablemente, relaciones profundas, de confianza, empáticas y regidas por el más auténtico sentimiento de la amistad como amor desinteresado. A partir de ahí, nuestro pálpito inteligente nos llevará a la gestación paulatina de la nueva humanidad que todos sentimos en la intimidad como utopía. Algunos seres, considerados excepcionales, lo han ido consiguiendo a lo largo de la historia. Pero ya nos toca dejar de considerarlo como algo excepcional o utópico, para convertirlo en real y cotidiano. Éste es mi pálpito y mi deseo; el que lanzo con entusiasmo hacia el horizonte abierto de cada día, desde la seguridad de que, en ese mundo, habito ya.

Te invito a compartirlo y contagiarlo, si te place, a tu forma y con tu propio pálpito inteligente, sonriente y amoroso, hasta el infinito y más allá.

Bibliografía

ALEXANDER, G.: *La eutonía*. Editorial Paidós, Buenos Aires, 1979.

AMO, J.: *Mente y emotividad*. Editorial TCD, Madrid, 1984.

BAMMER, K; NEWBERRY BENJAMIN, H.: *El stress y el cáncer*. Herder Editorial, Barcelona, 1985.

BARRAQUER BORDAS, Ll.: *Neurología fundamental*. Editorial Toray, Barcelona, 1976.

BERNARD, M.: *El cuerpo*. Editorial Paidós, Buenos Aires, 1980.

BERTHERAT, T.: *El cuerpo tiene sus razones*. Editorial Paidós, Barcelona, 1987.

BROCKERT, S. y BRAUN, G.: *Los tests de la inteligencia emocional*. Ediciones Robin Book, Barcelona, 1997.

CALLE, R. A.: *El yoga y sus secretos*. Ediciones Martínez Roca, Madrid 1974.

CALLE GUGLIERI, J. A.: *Sistema Nervioso y sistemas de información*. Editorial Pirámide, Madrid, 1977.

CENCILLO, L.: *Terapia, lenguaje y sueño*. Ediciones Marova, Madrid, 1973.

CONABLE, B. & W.: *Cómo aprender la técnica Alexander*. Ediciones Obelisco, Barcelona, 2001.

DE BONO, E.: *El pensamiento lateral: Manual de creatividad*. Editorial Paidós Ibérica, Barcelona, 1993.

DIGELMAN, D.: *La eutonía de Gerda Alexander*. Editorial Paidós, Buenos Aires, 1976.

EKMAN, P.: *Cómo detectar mentiras*. Editorial Paidos, Barcelona, 2005.

—: *¿Qué dice ese gesto?* Ed. Integral. Barcelona, 2004.

FELDENKRAIS, M.: *Autoconciencia por el movimiento*. Editorial Paidós Barcelona, 1985.

FERGUSON, M.: *Pragmagic: Ideas y experimentos para cambiar su vida*. Editorial Edaf, Madrid, 1992.

FRANKL, V.: *El hombre en busca de sentido*. Editorial Herder, Barcelona, 1995.

FREUD, S.: *El yo y el ello*. Editorial Orbis, Barcelona, 1983.

FROMM, E.: *El miedo a la libertad* - Buenos Aires 1971 - Ed. Paidós.

GARDNER, H.: *La nueva ciencia de la mente*. Editorial Paidós Ibérica, Barcelona, 1988.

GENEEN, H.: *Alta dirección*. Editorial Grijalbo, Barcelona, 1989.

GLEICK, J.: *Caos: La creación de una nueva ciencia*. Editorial Seix Barral, Barcelona, 1994.

—: *Inteligencia emocional*. Ed. Kairós. Barcelona, 1996.

—: *La práctica de la inteligencia emocional*. Editorial Kairós, Barcelona, 1998.

—: *Inteligencia social*. Editorial Kairós, Barcelona, 2006.

GOLEMAN, D., BOYATZIS, R. y McKEE, A.: *El líder resonante crea más*. Editorial Random House Mondadori, Barcelona, 2006.

HEDIGER *et al*: *La angustia*. Editorial Revista Occidente, Madrid, 1960.

HOLGADO MORATAL, P.: *Stress y depresión*. Editorial Cedel, Viladrau, 1986.

HOPKINS, T.: *Dominando el arte de vender*. Ediciones Maeva, Madrid, 1987.

HORNEY, K.: *Nuestros conflictos interiores*. Editorial Psique, Buenos Aires, 1959.

—: *La personalidad neurótica de nuestro tiempo*. Editorial Paidós, Buenos Aires, 1965

HUBER, G. K. M.: *Stress y conflictos*. Editorial Paraninfo, Madrid, 1986.

KESSELMAN, S.: *Dinámica corporal*. Ediorial Fundamentos, Madrid, 1985.

KIRSCHENER, M. J.: *Yoga*. Editorial Hispano Europea, Barcelona, 1971.

LAIR RIBEIRO, Dr.: *El éxito empresarial*. Ediciones Urano, Barcelona, 1999.

LÓPEZ BENEDÍ, J. A.: *Cómo interpretar los sueños*, Ediciones Obelisco, Barcelona, 2006. (9.ª edición).

—: *Hipnosis y sofrología*. Ediciones Obelisco, Barcelona, 2006. (2.ª ed.)

—: *Reír, para vivir mejor*. Ediciones Obelisco, Barcelona, 2005. (3.ª ed.)

—: *Regresiones*. Ediciones Obelisco, Barcelona, 2008.

—: *La preñez congénita*. Editorial Casa de Horus, Madrid, 1992.

—: *Hacerse mayor*. Editorial Sepha, Madrid, 2006.

LOVELOCK, J.: *Las edades de Gaia*. Tusquets Editores, Barcelona, 1993.

LOWEN, A.: *Bioenergética*. Editorial Diana, México, 1977.

MASLOW, A.: *Motivación y personalidad*. Editorial Díaz de Santos, Madrid, 1991.

—: *La personalidad creadora*. Editorial Kairós, Barcelona, 1987.

McKENNA, R.: *Marketing de relaciones*. Editorial Paidós Ibérica, Barcelona, 1995.

PANIAGUA, J. L.: *El hombre, energía estructurada*. Editorial Eyras, Madrid, 1986.

PELECHANO BARBERÁ, V.: *Cuestionario de motivación y ansiedad de ejecución*. Editorial Fraser Española, Madrid, 1975.

PÉREZ CASAS, A.; BENGOECHEA GONZALEZ, M. E.: *Morfología, estructura y función de los centros nerviosos*. Editorial Paz Montalvo, Madrid, 1975.

PERLS, F. S.: *Yo, hambre y agresión*. Editorial Fondo de Cultura Económica, México, 1975.

ROF CARBALLO, J.: *Biología y psicoanálisis*. Editorial Desclée de Brouwer, Bilbao, 1972.

—: *Teoría y práctica psicosomática*. Editorial Desclée de Brouwer, Bilbao, 1984.

ROF CARBALLO, J.; AMO, J.: *Terapéutica del hombre*. Editorial Desclée de Brouwer, Bilbao, 1986.

SAPIR, M.: *Técnicas de relajación y psicoanálisis*. Editorial Paidós, Barcelona, 1981.

SCHULTZ, J. H.: *El entrenamiento Autógeno*. Editorial Científico-Médica, Barcelona, 1969.

SENGE, P. M.: *La quinta disciplina*. Ediciones Granica, Barcelona, 1993.

SHAW, P. N.: *La timidez y la ansiedad*. Ediciones Norma, Bogota, 1981.

TROCH, A.: *El stress y la personalidad*. Herder editorial. Barcelona, 1981.

Índice